完善少数民族特色村寨保护政策研究

——基于湖北省恩施土家族苗族自治州的调查

● 杨春娥 著

中国社会科学出版社

图书在版编目（CIP）数据

完善少数民族特色村寨保护政策研究：基于湖北省恩施土家族苗族自治州的调查 / 杨春娥著 . —北京：中国社会科学出版社，2019.8

ISBN 978 - 7 - 5203 - 4822 - 5

Ⅰ.①完⋯　Ⅱ.①杨⋯　Ⅲ.①少数民族—村落—保护—研究—中国　Ⅳ.①K928.5

中国版本图书馆 CIP 数据核字（2019）第 167275 号

出 版 人	赵剑英
责任编辑	孔继萍
责任校对	沈丁晨
责任印制	郝美娜

出　　版	中国社会科学出版社
社　　址	北京鼓楼西大街甲 158 号
邮　　编	100720
网　　址	http://www.csspw.cn
发 行 部	010 - 84083685
门 市 部	010 - 84029450
经　　销	新华书店及其他书店

印刷装订	北京市十月印刷有限公司
版　　次	2019 年 8 月第 1 版
印　　次	2019 年 8 月第 1 次印刷

开　　本	710×1000　1/16
印　　张	17.5
插　　页	2
字　　数	268 千字
定　　价	98.00 元

凡购买中国社会科学出版社图书，如有质量问题请与本社营销中心联系调换
电话：010 - 84083683
版权所有　侵权必究

目 录

摘　要 ·· (1)

Abstract ··· (1)

绪　论 ··· (1)

第一节　选题缘起与研究意义 ·· (1)
　　一　选题缘起 ·· (1)
　　二　研究意义 ·· (2)

第二节　研究综述 ·· (4)
　　一　国外研究现状 ·· (4)
　　二　国内研究现状 ·· (11)
　　三　研究中的不足与展望 ··· (19)

第三节　研究理论、研究方法及创新之处 ································ (20)
　　一　相关理论 ·· (20)
　　二　研究方法 ·· (24)
　　三　创新之处 ·· (25)

第四节　调研地点基本情况 ··· (26)
　　一　恩施州概况 ··· (26)
　　二　样本村寨基本情况 ·· (31)
　　三　调查过程及其资料来源 ·· (39)
　　四　调研对象的统计情况 ··· (39)

第一章　少数民族特色村寨保护政策的理论基础 …………… (44)

第一节　少数民族特色村寨保护的价值 ……………………… (44)
一　历史价值 ……………………………………………… (45)
二　文化价值 ……………………………………………… (47)
三　经济价值 ……………………………………………… (49)
四　科学价值 ……………………………………………… (52)

第二节　少数民族特色村寨保护的目标 ……………………… (55)
一　传统资源有效保护与传承 …………………………… (56)
二　人居环境明显改善 …………………………………… (56)
三　发展能力得到提升 …………………………………… (56)

第三节　少数民族特色村寨保护的原则 ……………………… (57)
一　历史真实性原则 ……………………………………… (57)
二　风貌完整性原则 ……………………………………… (59)
三　生活延续性原则 ……………………………………… (60)
四　保护优先原则 ………………………………………… (62)
五　可持续利用原则 ……………………………………… (63)
六　利益平衡原则 ………………………………………… (64)

第二章　恩施州少数民族特色村寨保护政策的实践 ………… (66)

第一节　恩施州少数民族特色村寨本身存在的现状 ………… (66)
一　数量逐渐减少 ………………………………………… (66)
二　村寨"特色"淡化 …………………………………… (67)
三　生存与发展危机 ……………………………………… (70)

第二节　恩施州少数民族特色村寨保护政策的国家法律依据 …… (71)
一　法规保护体系 ………………………………………… (71)
二　配套政策体系 ………………………………………… (73)

第三节　恩施州少数民族特色村寨的地方保护政策 ………… (75)
一　法规保护体系 ………………………………………… (75)
二　配套政策体系 ………………………………………… (76)

第四节　恩施州少数民族特色村寨保护政策实践的特色做法 …… (78)

一　确定需要保护的少数民族特色村寨 …………………… (78)
　二　制订少数民族特色村寨保护规划 …………………… (80)
　三　保护性改造少数民族特色村寨整体面貌 …………… (81)
　四　保护少数民族特色村寨民族文化 …………………… (88)
　五　培育少数民族特色村寨优势产业 …………………… (93)
　六　开发少数民族特色村寨旅游资源 …………………… (95)
　七　提高村民素质 …………………………………………… (97)
　八　促进民族团结 …………………………………………… (99)

第三章　恩施州少数民族特色村寨保护政策存在的问题 …… (101)
　第一节　恩施州少数民族特色村寨保护政策立法的问题 …… (101)
　　一　政策体系缺陷 ………………………………………… (101)
　　二　政策保护目标偏离 …………………………………… (112)
　　三　政策公众参与原则缺失 ……………………………… (115)
　　四　政策保护机制不健全 ………………………………… (121)
　　五　政策监督力度不够 …………………………………… (124)
　第二节　恩施州少数民族特色村寨保护政策执法的问题 …… (127)
　　一　政策执行者素质不高 ………………………………… (127)
　　二　执行策略模糊不清 …………………………………… (130)
　　三　政策实施资金匮乏 …………………………………… (136)
　　四　权力内容落实不到位 ………………………………… (138)
　　五　保护内容不全 ………………………………………… (140)
　　六　重发展轻保护 ………………………………………… (143)
　第三节　恩施州少数民族特色村寨保护政策实践参与的问题 … (145)
　　一　利益分配失衡 ………………………………………… (145)
　　二　村民参与意识淡薄 …………………………………… (149)

第四章　恩施州少数民族特色村寨保护政策的完善 ………… (156)
　第一节　健全恩施州少数民族特色村寨保护政策体系 ……… (156)
　　一　修订自治条例 ………………………………………… (156)

二　制定单行条例 …………………………………………（158）
　　三　补充配套政府规章制度 ……………………………（161）
第二节　细化恩施州少数民族特色村寨保护政策的内容 ………（163）
　　一　规范政策主体及其地位与职责 ……………………（163）
　　二　完善少数民族特色村寨保护标准 …………………（181）
　　三　明确具体保护措施 …………………………………（183）
第三节　转变恩施州少数民族特色村寨保护的理念 ……………（191）
　　一　适度原真性保护 ……………………………………（191）
　　二　注重类型保护 ………………………………………（192）
　　三　强调整体性保护 ……………………………………（195）
第四节　调整恩施州少数民族特色村寨保护政策的落实途径 …（197）
　　一　提高居民保护意识 …………………………………（197）
　　二　支持居民参与 ………………………………………（201）
　　三　科学编制保护规划 …………………………………（205）
　　四　保障村寨建设资金专用 ……………………………（208）
　　五　维护群众利益 ………………………………………（212）

结　语 ……………………………………………………………（215）

参考文献 …………………………………………………………（225）

附录一　少数民族特色村寨保护政策调查问卷 ………………（241）

附录二　少数民族特色村寨保护政策访谈提纲 ………………（249）

附录三　田野调查相关照片 ……………………………………（252）

附录四　传统村落评价认定指标体系 …………………………（260）

摘　　要

少数民族特色村寨是指少数民族人口相对聚居且比例较高，生产生活功能较为完备，少数民族文化特征及聚落特征明显的自然村或行政村。在产业结构、居住式样、村寨风貌及风俗习惯等方面，少数民族特色村寨相对完整地保留了本民族的文化基因，体现了中华文化多样性，是民族文化传承的有效载体，同时也是民族地区发展的重要资源，具有重要丰富的建筑、艺术、历史、文化、经济、社会价值。

恩施州有土、苗、蒙古等28个少数民族，较好地保留了丰富的少数民族特色村寨。2012年，住房城乡建设部等部委确定的第一批列入中国传统村落名录的名单中，恩施州占14个。2014年，国家民委命名的首批中国少数民族特色村寨名单中，恩施州占15个。截至2015年年底，恩施州命名的少数民族特色村寨是117个。数据说明恩施州是少数民族特色村寨保存较多的民族地区。

恩施州少数民族特色村寨既是历史的产物，又是现实的延续，但保护历史文脉与发展现代生活存在矛盾，特别是近年来，随着工业化、城镇化迅速发展，恩施州少数民族特色村寨正在消失，表现为工业化、城镇化中一些村寨被人为破坏，旧村改造导致特色消失，旅游过度开发使村寨文化变异，自然性损毁与保护不力使村寨衰败。因此，如何使保护和发展和谐共生，是恩施州少数民族特色村寨面临的巨大难题。恩施州少数民族特色村寨保护政策是针对现实问题，依据国家政策制定并实施的，目前这项政策尚处于初级阶段，需要分析恩施州少数民族特色村寨保护政策所面临的问题，探讨完善的对策，充分发挥恩施州少数民族特色村寨保护政策的科学性和有效性。同时，对其他少数民族特色村寨保护政策产生一定参照示范功能。

本书采用民族学、法学、公共政策学、文化遗产学等交叉学科的理论，并借鉴文化多样性理论、可持续发展理论、文化权利理论、文化生态理论，运用政策文本分析法、文献研究法、田野调查法、统计分析法等研究方法，对恩施州少数民族特色村寨保护政策的制定、执行和完善进行整体考察与分析。

首先，分析少数民族特色村寨保护政策的理论基础。阐述少数民族特色村寨的历史价值、文化价值、经济价值、科学价值，确立保护的重要性和必要性。在此基础上尝试提出少数民族特色村寨保护的目标为传统文化有效保护、人居环境明显改善、发展能力得到提升。少数民族特色村寨保护的原则为历史真实性、风貌完整性、生活延续性、保护优先、可持续利用和利益平衡。

其次，本书分析恩施州少数民族特色村寨保护政策的国家法律依据，并在此政策背景下，分析恩施州少数民族特色村寨保护政策实践。分析恩施州自治条例、单行条例、部门法规等地方保护政策制定状况。考察政策执行方面的保护与发展规划、环境整治、文化传承、产业培育、旅游开发、村民素质提升、民族团结进步等特色做法。

再次，分析恩施州少数民族特色村寨保护政策存在的问题。在村寨本身现状方面存在数量逐渐减少、村寨特色淡化、生存与发展危机的问题。在政策立法方面存在政策体系缺陷、政策保护目标偏离、政策公众参与原则缺失、政策保护机制不健全、政策监督力度不够等问题。在政策执法方面存在政策执行者素质不高、执行策略模糊不清、政策实施资金匮乏、权利内容落实不到位、保护内容不全、重发展轻保护等问题。在政策实践参与方面表现为利益分配失衡、村民参与意识淡薄等问题。

最后，分析恩施州少数民族特色村寨保护政策的完善。共提出四个方面的建议，健全政策体系包括修订自治条例、制定单行条例、补充配套政府规章制度；细化政策内容包括规范政策主体及其地位与职责、完善少数民族特色村寨保护标准、明确具体保护措施；转变保护理念包括适度原真性保护、注重类型保护、强调整体性保护；调整政策的落实途径包括提高居民保护意识、支持居民参与、科学编制保护规划、保障村寨建设资金专用、维护群众利益。

关键词：少数民族特色村寨；保护政策；政策完善；恩施州

Abstract

The minority ethnic village refers to the ethnic minority population is relatively concentrated and high proportion of production and living function is relatively complete, minority cultural features and settlement features obvious natural villages or administrative villages. In the industrial structure, living style, village landscape and customs, etc. , minority ethnic village relatively complete has kept this nationality's cultural gene, embodies the Chinese culture diversity, is the effective carrier of national culture inheritance, is also the important resources in the development in national regions, has the important rich in architecture, art, history, culture, economy and social value.

there are 28 minority live in Enshi include tujia Miao, Mongolia and other 28 minority, and better retain the village rich ethnic characteristics. In 2012, the housing urban and rural development, and other ministries in the first in the list of Chinese traditional villages, Enshi contains 14. In 2014, the state ethnic affairs named the first batch of Chinese minority ethnic village list, Enshi accounted for 15. By the end of 2015, the number reached 117. The Data shows that Enshi perservas more preservation is more ethnic areas.

Enshi minority ethnic village is a product of history, as well as a continuation of the reality, There is a paradorx lies in the protection of historical context and the development of modern life. Especially in recent years, along with the rapid development of industrialization and urbanization, Enshi minority ethnic villages are disappearing, characterized by industrialization and urbanization in some villages of man-made destruction, the above features has disappeared, the excessive tourism development village cultural variation, natural damage and protect the poor village rout. Therefore, how to keep the harmonious between the protecting the enviroment and developing the economy. Enshi minority ethnic village faces huge problems. Enshi minority ethnic village protection policy is aimed at practical problems, Oriented from the national policy formulation but implementation of the policy is still in its infancy, what we need to do is analyze. Enshi minority ethnic village protection policy, and the problems faced to explore perfect countermeasure, give full play of the scientific and effective of the policy.

At the same time, the other minority ethnic village has certain referenceto function demonstration protection policy.

This paper based on the ethnology, law, public policy, cultural heritage and other interdisciplinary theory, and mainly theory of cultural diversity and sustainable development, the theory of cultural rights, the cultural ecology theory. Using the methed of policy text analysis, literature research, field survey method, statistical analysis and other research methods. Analyzing the formulation, implementation and improvement of the protection policy.

First of all, the paper analysis the theoretical foundation of ethnic village protecting policy. Ilustrating the value of the minority ethnic village like historical value, cultural value, economic value, scientific value, establishing the importance and necessity of protection work. And then brings forward the goal of effective protection policy is protecting the traditional culture, improving the living environment significantly, and promoting the development ability. The priple of the protection policy is to keep the historical and authenticity, the integrity of the style, the continuity of life, the priority of the protecting, and the sustainable utilization and balance.

Secondly, the paper analyzes the national legal basis ofEnshi minority ethnic village protection policy, and, the analysis the practice work of Enshi minority ethnic village protection policy under the background. Analysising of Enshi autonomous regulations and separate regulations, department regulations such as local protection policy. Reviewing the unique character like such as policy enforcement, environmental renovation, cultural heritage protection and development planning, industry training and development of tourism, the villagers quality promotion, national unity and progress.

Then, this paper analyzes the existing state of Enshi on the protection of minority villages featured policy issues. From the village situation, we can see the gradually reduce the number of village, desalination, survival and development crisis. From the policy point of view, we can see the defective part of legislation exists policy system, policy protection, lack of policy goal deviation. From the principle of public participation, we can see that the policy protection mechanism is not perfect, the policy supervision made was not enough and so on. From the point of view of the enforcement of law and policy, the policy implementation quality is not high, the implementation of strategy is vague, policy implementation lacks the funds, the content of the right implementation is not in place, the development light protection and other issues. From the point of policy practice participation, the imbalance of distribution of interests and the lack of awareness of villagers' participation.

Finally, this paper analyzes the characteristics of perfect national village protection policy. Made a total of four aspects of the proposal, perfecting the policy system includes the revised regulations on the exercise of autonomy, formulate separate regulations and supplementary supporting government regulations; refine the policy content includes regulating the subject of policy and the position and responsibilities, improve the ethnic characteristics of village protection standards, clear specific protection measures; transforming the protection concept including moderate authenticity protection, pay attention to the type of protection, emphasizing the overall protection; policy adjustment implementation ways including improve the awareness of the protection of the residents and support the participation of residents and scientific protection planning, security village construction funds, safeguard the interests of the masses.

Key words: Minority ethnic village; Protection policy; Policy perfect; Enshi

绪　论

第一节　选题缘起与研究意义

一　选题缘起

少数民族特色村寨是指"少数民族人口相对聚集且比例较高,生产生活功能较为完备,少数民族文化特征及其聚落特征明显的自然村或行政村"[①]。少数民族特色村寨作为民族文化遗产保护的有效载体与文化空间,具有重要的历史、经济、文化、艺术、建筑、社会价值。

工业现代化的不断推进,加快了经济全球化步伐,也催生了文化全球化。在文化全球化影响下,现代主流文化的强势介入,渐进淡化了少数民族文化保护自觉意识。少数民族特色村寨及其包含的民族文化遗产迅速濒临消失或面目全非。"有的保下枝干,丢了根基;有的得其形表,失却神魂;有的则留驻孤影,家园难寻。"[②]

少数民族特色村寨保护的核心是保持原生态的开发与发展,完善少数民族特色村寨保护政策本身是关键。恩施州少数民族特色村寨保护工作从政策制定到实践初期取得了一定的成效,由于基本理论和具体实施的立法缺失及相应具体实施措施不全和政策执行不力,随着时代的发展,少数民族特色村寨保护范围与规模不断扩大,面对诸多的难题与挑战,政策本身及执行过程中出现了许多需要解决的问题。

[①] 国家民委办公厅、财政办公厅:《关于少数民族特色村寨保护与发展试点工作的指导意见》。

[②] 贺学君:《关于非物质文化遗产保护的理论思考》,《江西社会科学》2005年第2期,第103页。

二 研究意义

（一）学术意义

一些学者从民族学、人类学、历史学、社会学等宏观角度探讨了少数民族特色村寨的保护问题。另外一些学者则从特定视角的微观层面对少数民族特色村寨保护与发展的某一方面进行研究。也有学者从政策的视角对少数民族特色村寨的保护提出了许多不同的观点和看法，对在保护过程中存在的问题也都提出了相应的建设性对策。但从政策层面的系统深入研究的成果还不多。

（二）现实意义

1. 保持文化多样性的客观需要

少数民族特色村寨保护对于世界传统民族文化自身的存在与发展同样具有重要意义。少数民族特色村寨是物质文化遗产与非物质文化遗产生存与发展的基础。每个民族都有它自身的文化特色，亦因这一文化特色而造就了少数民族特色村寨的独特魅力。"我们珍惜本世纪一切文化建树，主张毫无偏见地集中全人类的智慧，从多方面探索新的道路；我们要像保护生物多样性那样保护地区文化的多样性，在自然资源相对短缺的条件下，充分保护、利用文化的多样性是人居环境建设的必由之路。"① 少数民族传统文化与所居住的少数民族特色村寨相融为一体，一个民族特色村寨就代表着某一群体的文明象征符号，有利于捍卫文化多样性和保障文化传统，更有利于文化创新。因此，少数民族特色村寨的保护是保持文化多样性的客观需要。

2. 促进民族文化的有效传承

每一个少数民族特色村寨都承载着它的文化特色，给民族文化的生存、延续、发展提供了良好的生长环境。少数民族特色村寨的人文、地理、生态等环境促进了少数民族文化的有效传承。少数民族特色村寨中的每一个村民都可以作为传承主体对民族文化进行传承、延续与发展。每一种文化的传承人都会在这种氛围下，让每一天的生活、习俗、习惯

---

① 吴良镛：《世纪之交展望建筑学的未来——国际建协第20次大会主旨报告》，《建筑学报》1999年第3期，第6—10页。

都无时无刻不展现着自身民族特有的文化。同一个民族长年累月集体生活在这个村寨中，随着社会历史的发展，对自己的民族文化有共同的认同意识。

（三）建构社会和谐价值

少数民族特色村寨是社会与人类的共同创造物。形成之因有几个方面：有的是在各民族和各个族群体在生存、生产、生活方式中为了解决某些问题或者避免形成一些问题而创造形成；有的是在规范群体的社会生活保障次序方面形成；有的是在处理人与自然和谐相处的关系方面形成；还有的是为了治愈某种疾病或强身健体，在独特思维方式和处理问题技巧等方面具有很强的创造力，为解决各种社会问题做出了重要贡献。少数民族特色村寨作为民族文化的一个重要内容，是少数民族群体生存居住的民族文化家园，他们有共同的情感经验、伦理道德准则和生活传统习俗，在促进民族认同、民族凝聚力等方面具有重要的社会和谐价值。每一个民族都有独特的文化意识形态和个性文化，也正是少数民族特色村寨这个文化载体造就了一些传统文化内容，规范着每一个民族的群体生活方式、认同价值取向和思想道德意识，有效地维系着民族团结与社会和谐稳定。

（四）选点具有代表性

本书选取恩施州作为调查点是有一定代表性的。2012年，第一批列入住房城乡建设部等部委确定的中国传统村落名录的名单中，恩施州占4个。2014年，国家民委命名的首批中国少数民族特色村寨名单中，恩施州占15个。截至2015年年底，恩施州命名的特色村寨是117个。数据说明恩施州是少数民族特色村寨保存较多的民族地区。恩施州少数民族特色村寨是川渝古村落群组成部分，具有不同于皖南古村镇群、粤中古村镇群、太湖流域水乡古村镇群、晋中南古村镇群的特殊性，其保护与发展具有差异性。对恩施州特殊地区、特殊类型及特殊价值的少数民族特色村寨保护政策的调查与研究具有必要性和独特价值。

第二节 研究综述

一 国外研究现状

(一) 关于保护的理论研究

萨尔瓦多·穆尼奥斯·比尼亚斯分析了保护的界定,保护的对象,真实、客观与科学保护的原则,从客体到主体的论辩,保护的原因,可持续的保护模式。①

(二) 关于政策定位与基本原则研究

国际方面关于保护目标与基本原则研究也出台了一些公约与宪章,提出了确保历史名城区域与整个城市之间的和谐关系的指导方针,以及"整体性"保护原则、真实性、延续性原则等。如 UNESCO 提出了"整体性"保护原则,指出每个历史地区及其周边环境均构成一个整体,其平衡与特性取决于这个整体中的各个构成要素的有机整合,如建筑、空间组织与环境,且包括当地居民的活动在内。ICOMOS 提出了保护和保存历史文化名城的若干原则和指导方针,并指出任何保护计划"都应旨在确保历史名城区域与整个城市之间的和谐关系"。ICOMOS 认为,当代有关乡土建筑、建筑群和聚居地的工程应当尊重建筑及群落文化价值与传统特色。对乡土建筑物的改变必须尊重并维持其布局、它们与物质环境和文化景观的关系,以及各个建筑物之间的关系。如德国文化遗产的开发必须坚持以文物保护第一、经济追求第二的理念为基本保护原则;希腊对于奥林匹亚村寨遗址保护的基本原则理念是:以真实性为第一原则、追求"人文"精神、将村落特色保护上升到爱国主义高度进行保护。②

(三) 关于保护的主体研究

国际公约、宪章及各国立法上所确立的保护主体主要是政府公共部门、民间组织与当地市民。如德国建立了多层次的保护主体,文化遗产

---

① [西] 比尼亚斯 (Salvador, M. V.):《当代保护理论》,张鹏等译,同济大学出版社 2012 年版。

② 国家民委经济发展司编著《中国少数民族特色村寨保护与发展经验研究》,民族出版社 2013 年版。

保护主体分为三个层次，即政府公共部门、民间组织与当地市民，三个层次各自承担的职责不同。另外，瑞士对于马伦伯格露天博物馆文化遗产保护设定的主体与欧洲其他国家有较大的区别，州政府是保护主体。①

（四）关于保护的模式研究

西方国家对于民族村寨相关保护模式和中国少数民族特色村寨保护模式有相同之处，也有它独特的一面，主要有整体保护、原貌保护、申报世界遗产与设立自然保护区、露天博物馆、社区参与模式等。

如瑞士、德国等大多数国家对特色村落的保护模式采取的是整体保护；希腊采取的是原貌保护；意大利对乡村旅游村寨采取的是重视申报世界遗产与设立自然保护区模式；英国莱奇沃斯对传统田园特色保护采取的是"田园城市模式"。对于露天博物馆模式的研究，ICOMOS分析有法国模式；以"新乡村运动""民俗村"建设为代表的韩国模式；美国著名的"格兰维尔模式"；以及德国模式。自20世纪70年代中期以来，露天博物馆在德国发展势头就很强劲。2006年，德国有该类博物馆130家，其中80家为民俗学、乡土文化博物馆。黑森州的一个著名的村落博物馆"黑森公园"就是其中之一。在社区参与模式方面，Liu介绍了马来西亚Kedah州的一种家庭住宿经营（home-stay operators）模式，认为这种操作模式既使游客获得了本地文化的体验，又使村民在社区参与合作中获益，从而有较好的推广。②

（五）关于保护政策的问题研究

ICOMOS指出，历史小城镇正面临着经济活力不足、人口外迁、古镇风貌被破坏等威胁；还提出古城镇中的较小建筑群及其自然形成或人工建成的典型村庄所面临的各种问题，并告诫人们滥用规划可导致破坏性的后果。在国外保护问题研究方面，主要是对于民族村寨旅游发展方面的相关问题研究。Moya认为，对于乡村文化旅游，要特别关注旅游发展

---

① 国家民委经济发展司编著：《中国少数民族特色村寨保护与发展经验研究》，民族出版社2013年版。

② Schiller A. Pampanga culture village and international tourism in east Kalimantan Indonesian Borneo. Human Organization, 2001 (4): 414–422.

过程中文化庸俗化的问题。①

（六）关于保护政策的完善研究

国际上关于少数民族特色村寨保护政策完善的相关研究主要集中于国家立法、地方政策、保护规划、尊重文化价值和传统特色等方面。ICOMOS 提出，对历史小城镇进行再生或者复原的措施必须尊重当地居民的权利、习惯、风俗和愿望；保护的政策措施应该包括国家立法、地方政策、保护规划三方面。乡村聚落和小城镇的建筑遗产及环境是不可再生的资源，提出小聚落保护要注重地方文化特色和传统工艺使用的建议。乡土性的保护也要通过维持和保存有典型特征的建筑群、村落来实现，认为乡土建筑、建筑物和村落的保护应尊重文化价值和传统特色。

（七）国外立法研究现状

1. 国际保护政策的发展与演变

20 世纪 60 年代，国际社会开始关注历史文化村镇和乡土建筑遗产的保护。1964 年 5 月，《关于古迹遗址保护与修复的国际宪章》（威尼斯宪章）指出："历史古迹的要领不仅包括单个建筑物，而且包括能从中找出一种独特的文明、一种有意义的发展或一个历史事件见证的城市或乡村环境。这不仅适用于伟大的艺术作品，而且亦适用于随时光流逝而获得文化意义的过去一些较为朴实的艺术品。"其中的"乡村环境"引发人们开始关注历史文化村镇的保护、保护"较为朴实的艺术品"的思想。

随着文化遗产和自然遗产越来越受到破坏的威胁，除了年久失修的原因之外，更主要的是社会环境与经济环境的加速变化，遗产生存环境日益恶化，时常面临损毁与破坏，造成难以挽回的损失。联合国教科文组织（UNESCO）于 20 世纪 60 年代至 70 年代初，参与了一系列文物保护事件，特别是从埃及努比亚古迹抢救的国际行动中深深体会到，国际社会有必要通过制定一项公约，按现代方法组织并建立一个永远有效的制度，来共同保护这些遗产。于是，1972 年，UNESCO 通过《保护世界

---

① MOYA K. Rural cultural economy tourism and social relations. Annals of Tourism Research, 2001 (3): 762 – 783.

文化和自然遗产公约》（即《世界遗产公约》）。公约要求："各缔约国要承认确定、保护、保存、展出本国领土内的文化遗产和自然遗产，并将它传给后代，主要是本国的责任，要尽力而为，在适当时候利用国际援助与合作。"① 该公约明确表明缔约国在尊重国家主权、不侵害国家所有权的同时，要承认这些遗产属于世界遗产的一部分，将遗产保护正式以公约立法形式上升到国际保护层面。自 1975 年《世界遗产公约》开始生效以来，至今有 186 个国家和地区加入该公约，是目前缔约国数量最多的国际公约之一，也是遗产保护领域最具普遍性的国际法律文书。截至 2007 年 7 月，全世界共有 851 处遗产列入《世界遗产名录》，分布在 140 个国家和地区。② 在《世界遗产公约》制定和实施后的 30 多年里，国际社会共诞生了数十份有关文化遗产保护的公约、建议、宪章、宣言、决议和原则，众多国际政府间以及非政府组织通过这些国际文件来推广保护文化遗产的先进理念③。

1976 年 11 月，UNESCO 通过《关于历史地区的保护及当代作用的建议》，明确提出了"历史地区"的概念。该建议指出："历史地区属于城市和乡村环境中形成的人类聚落，其范围包括史前遗址、历史城镇、老城区、古村落及古迹群，是不可移动的世界性遗产，政府和公民都有责任进行"保护"。该建议提出的保护措施包括诸多方面，如法律、行政、技术、经济、社会等。"

1999 年 10 月，国际古迹遗址理事会通过《关于乡土建筑遗产的宪章》，该宪章指出："全球化趋势下乡土建筑对表达地方文化多样性的意义和价值，乡土建筑保护能否获得成效，关键在于社区对这项保护的理解、支持和参与。"该宪章还提出了乡土建筑保护的基本原则和行动指南，已成为乡土建筑保护的国际纲领性文件。

---

① 单霁翔：《从"文物保护"走向"文化遗产保护"》，天津大学出版社 2008 年版，第 10 页。
② 同上。
③ 2007 年 10 月，国家文物局编辑出版了《国际文化遗产保护文件选编》，共收录了 20 世纪以来文化遗产保护领域部分重要的国际文件 47 部，其中《世界遗产公约》制定和实施后的相关国际文件 38 部，包括近年来在我国诞生的相关国际文件 7 部。

2003年10月，UNESCO通过《保护非物质文化遗产公约》。迄今为止，这是联合国相关非物质文化遗产保护最重要的文件。UNESCO也充分认识到对文化遗产的整体环境保护。在关于非物质文化遗产的定义中，提出了"文化空间"这一重要概念，"文化空间"即传统的或民间的文化表达方式有规律性进行的地方或一系列地方。文化空间兼具空间性、时间性、文化性，称之为三合一的文化形式。设立文化空间的目的仅对文化遗产进行原状保护或是生态保护是不够的，还要大力保护特殊文化存在的空间，维持社区文化存在环境，通过扶持、指导，使当地礼仪、习惯等民俗文化继续保持于人们生活方式中，并在现实生活中得到传承与发扬①。因此，有些重要的传统文化表现形式存在和展示的"文化空间"，应作为文化遗产的一个重要类别进行保护。

2005年，《实施世界遗产公约的操作指南》附录中表明，文化景观分为"由人类有意设计和建筑的景观""有机进化的景观"和"关联性文化景观"三种类型。其主要意义是"人类长期的生产、生活与大自然所达成的一种和谐与平衡，与以往的单纯层面的遗产相比，它更强调人与环境共荣共存、可持续发展的理念"②。"文化景观反映了人类和自然环境共同作用所展示出的多样性。"③ 保护文化景观可以促进现代可持续的土地利用技术，可以保护和提高景观方面自然环境的价值。因此，保持传统可持续土地利用技术也是保证了世界生物多样性的可能，保护文化景观遗产也为保持生物多样性做出了贡献。2005年10月，国际古迹遗址理事会第十五届大会暨科学研讨会通过《西安宣言》。该宣言将文化遗产的范围扩大到"环境"，包含了物质和非物质遗产、文化与自然遗产更广泛的内涵。宣言将遗产区域定义为"紧靠古遗址的和延伸的，影响古遗址重要性或是其重要性组成部分的周边环境"，它有力地推动了制定有关对

---

① 在联合国教科文组织2001年公布的第一批人类口头和非物质遗产代表作名录的全部19种代表作中，就有五类属于"文化空间"类型。分别是：多米尼加的圣灵兄弟会文化空间；几内亚的索索·巴拉文化空间；摩洛哥的吉马文场文化空间；俄罗斯的塞梅斯基文化空间和口头文化；乌兹别克斯坦的博逊地区的文化空间。

② 刘红婴、王建民：《世界遗产概论》，中国旅游出版社2003年版，第103—104页。

③ 吕舟：《第六批国保单位公布后的思考》，《中国文物报》2006年8月18日。

保护和管理遗址区域适当进行规划的工具与战略。《西安宣言》是具有里程碑意义的国际性文化遗产保护文件。

从上述各公约、宪章、决议、建议、指南所表明的主要内容来看，国际社会从保护各国文化财产发展到"人类共同遗产"；从保护物质文化遗产发展到保护非物质文化遗产。国际保护领域从文物单体保护发展到历史街区保护；从名胜古迹、纪念性建筑保护发展到传统建筑、乡土建筑的保护。特别是从2003年以来，将研究保护对象拓展到对自然环境、人工环境、文化特色的保护。少数民族特色村寨是中国特定发展时期的产物，尽管国际相关立法没有明确提出少数民族特色村寨这一保护对象，但其所提出的乡村环境、历史性小村镇、乡土建筑、历史地区、文化景观、文化遗产、非物质文化遗产、文化环境等，都与少数民族特色村寨保护具有必然联系，甚至一脉相承，几乎涵盖了少数民族特色村寨保护的所有方面。可以说，国际保护政策是相当完善的，对全世界国家及地区保护政策的制定与实施提供了正确的理论指引。

2. 国外保护政策的实践经验

世界很多国家和地区都在积极地开展少数民族传统文化保护和特色村寨保护工作。有些国家开展此项工作比我国早，积累了很多宝贵的经验，在很多方面值得我们学习与参考，对我国少数民族特色村寨保护政策完善具有重要的借鉴意义。下面重点介绍日本的经验。

日本是一个高度发达的资本主义国家，始终将保护、传承与发展传统文化和塑造民族文化精神作为强国与民族复兴的基础。日本在保护乡村传统文化方面积累了许多经验财富，值得我们参考借鉴。

第一，颁布《文化财产法》，对传统保护实施立法保护。日本是最早开始立法保护文化遗产的国家。1871年5月通过的《古器旧物保存法》是日本政府第一次以政府令形式颁布的文化遗产保护法。随后，1897年《古社寺保护法》、1919年《古迹名胜天然纪念物保护法》、1929年《国宝保存法》、1933年《重要美术品保存法》等文化遗产保护法规相继出台。上述法规共同的保护对象主要是历史名胜古迹、天然纪念物、具有重要历史价值与美术典范的工艺品、书法、古文书等文物。1974年修改后的《文化财产保护法》将无形文化财产、地下文物一并列入文化遗产保护范围，乡村有形和无形文化遗产也被纳入国家立法保护范围。颁布《文化财产法》的意义主要体现在：提出无形文化遗产的理念，确定文化遗产保护多层责任制，培育全民保护意识，强调整体保护，强调保护文化持有者的重要性，注重以人为本。此外，各地方政府也纷纷出台相关法案，推动全社会重视和保护无形文化遗产形成浓厚氛围。

第二，执行"人间国宝"计划，保护乡村无形文化遗产。"人间国宝"意指重要无形文化财持有者，相当于我们国家命名的"传承大师"类。日本政府对那些经过严格筛选确认后由国家保护起来的大师级艺人、工匠，每年发放特别扶助金200万日元（约14万元人民币），用来磨炼技艺，培养传人。截至2010年，日本已有400人被认定为"人间国宝"，1000余项成为国家级无形文化遗产保护项目。[①]

第三，推动乡村博物馆建设，促进乡村有形文化保护。现在日本每一个乡村都有几座或十几座古宅被政府认定为保护单位，政府给民居主人以资助，便于对民居进行修缮保护。与中国政府统一出资为村民修缮民居外观相比，更符合民意。因此，日本民间也积极支持政府保护工作，乡村农户在重建住宅时，多数依旧采用日本传统住宅建筑风格，保持原有风貌，在旧有建筑基础上配置现代生活设施，没有受到西方建筑风格影响。

第四，注重培育民众保护意识。日本除重视立法保护外，还十分重视培育民众文化遗产保护意识，促进民众积极参与文化遗产的保护工作。日本《文化财保护法》明确了文化遗产多层责任制。事实上该法提出由国家、地方公共团体、文化财产所有者及全体国民一起来保护文化遗产，非常有利于培育文化遗产保护全民意识，创造了良好的培育环境。

第五，适度引入商业行为。日本在国家政府支持的同时，对特色乡村都适度地引入商业行为，如餐饮、手工艺品、民宿及开放重要文化遗产建筑物来收取参观门票等。这样可以增加收入，弥补保护经费不足，拓展就业机会，留住更多的村民，为文化遗产的活态保护提供深厚的生

---

① 国家民委经济发展司：《中国少数民族特色村寨保护与发展经验研究》，民族出版社2013年版，第54页。

存土壤。

二 国内研究现状

国家对于少数民族特色村寨的关注起始于 2009 年《关于做好少数民族特色村寨保护与发展试点工作的指导意见》的纲领性文件出台。学者们对于古村落的相关研究，是 1989 年关于古村落相关文章的发表，较早出版对于古村落相关研究的著作是刘沛林（1997）之《古村落：和谐的人居空间》。之后，从古村落研究中逐渐细分出对于中国少数民族村寨的研究并出专著名为"中国民族村寨研究"丛书。

学术界对少数民族特色村寨的相关研究程度与概况，可以从 CNKI 系列数据库检索中得到展现。检索涵盖少数民族特色村寨、少数民族特色村寨保护与发展、少数民族特色村寨保护政策问题和完善少数民族特色村寨保护政策方面为主题研究的期刊和博士、硕士学位论文。通过"全文""主题"与"题名"检索方式搜索到相关文献，部分因检索方式有少量重合文献，但并不影响对整个研究程度与概况的分析。根据"全文"检索"关于少数民族特色村寨的研究"，从 2000 年起始，期刊类约 15799 篇，硕博学位论文类约 4498 篇；通过"主题"为"少数民族特色村寨"的检索期刊类约 142 篇，硕博论文类约 69 篇。从 1995 年起始，根据"主题"为"少数民族特色村寨保护与发展"的检索期刊类约 68 篇，硕博学位论文类约 31 篇；通过"题名"检索期刊类约 62 篇，仅硕士学位论文约 4 篇而无 1 篇博士学位论文。从 2000 年起始，根据"主题"为"少数民族特色村寨保护与发展政策研究"的检索期刊类约 31 篇，硕博学位论文类约 29 篇；通过"题名"检索期刊类约 27 篇，硕博学位论文类仅约 2 篇硕士学位论文。从 2001 年起始，根据"主题"为"少数民族特色村寨保护与发展政策完善研究"的检索期刊类约 28 篇，硕博学位论文类约 23 篇，通过"题名"检索，目前期刊类、硕博学位论文类无记录。另外，关于少数民族特色村寨保护与发展相关研究，于 2013 年 8 月，民族出版社所出版的"中国少数民族特色村寨保护与发展"丛书是由国家民委经济发展司编著的《中国少数民族特色村寨保护与发展经验研究》，该丛书由中南民族大学副校长段超教授带领小组成员及国家民委经济发展司编辑委员会主任乐长虹教授、副主任王铁志教授带领成员共同编著。以上各数据库检索截止日期为2014年12月6日。

从以上所检索到的宏观综合数据分析，对于少数民族特色村寨相关研究所涉及学科领域主要集中在民族学、人类学、社会学、建筑学、文化学、政治学、经济学、生态学、环境学等研究领域，对于政策学、法学研究的不是很多；对于少数民族特色村寨保护与发展的地方性及针对某一个方面主题研究较多，宏观、综合全面而系统性研究较少，目前，特别是对于选题为"少数民族特色村寨保护政策研究"的博士学位论文没有一篇。探讨少数民族特色村寨保护政策具有重要的学术价值。

关于少数民族特色村寨保护政策研究，始终是少数民族特色村寨研究的核心问题，研究少数民族特色村寨的文献成果很多，不同的研究视角与观点也很多，列举具有代表性的观点做出简要概述。

（一）关于少数民族特色村寨保护的本体研究

自2009年国家正式以政策文件形式明确定义少数民族特色村寨以来，研究少数民族特色村寨本体价值成为保护政策实践依据。如肖青（2008）《试论民族村寨文化的研究模式建构——以费孝通重读〈江村经济·序言〉为切入点》，从费孝通在《重读〈江村经济·序言〉》中反思所进行的"微搜社会学"研究，提出了系列研究模式，即任何一个少数民族村寨都可以成为具有相同条件的民族村寨研究模式、社区模式、纵向发展模式、村寨文化现代建构模式。[①] 肖青、李宇峰认为，民族村寨文化构建是文化变迁的一种积极形式，可以反映出文化自身的调节与更新，外来文化条件对寨内文化的再造具有推动作用，不断变化与其相适宜的文化才是特色村寨存在的基础。[②] 以上观点表明了少数民族村寨文化是本民族村寨凝聚文化共同体的精神纽带，是一个自成体系而不断发展与建构的动态过程，少数民族村寨文化对于少数民族特色村寨的保护具有重要的理论与现实意义。

---

① 肖青：《试论民族村寨文化的研究模式建构——以费孝通重读〈江村经济·序言〉为切入点》，《云南民族大学学报》（哲学社会科学版）2008年第3期。

② 肖青、李宇峰：《民族村寨文化的理论架构》，《云南师范大学学报》（哲学社会科学版）2008年第1期。

(二) 关于少数民族特色村寨保护政策的目标定位与基本原则研究

对于少数民族特色村寨保护的目标与原则研究，国家政策层面与学术界都提出了相关观点。《国家民委关于印发少数民族特色村寨保护与发展规划纲要（2011—2015 年）的通知》明确表明，少数民族特色村寨保护的目标是："人居环境明显改善、群众收入大幅提高、村寨风貌与特色民居得到合理保护、民族文化得到有效保护、村寨基本公共服务体系进一步完善、民族关系更加和谐"；基本原则是：立足发展与保护利用原则、因地制宜与突出特色原则、科学规划与统筹兼顾原则、政府主导和社会参与原则、村民主体和自力更生原则①。另外，2014 年 4 月，住房城乡建设部、文化部、国家文物部、财政部《关于切实加强中国传统村落保护的指导意见》中明确表明了现阶段主要目标是"在中央、地方、村民及社会的共同支持与努力下，使列入中国传统村落名录的村落，用 3 年的时间将文化遗产得到基本保护，具备基本的生产生活条件、防灾安全保障、保护管理机制，逐步增强传统村落保护发展的综合能力"；保护基本原则是"注重村寨因地制宜的特色性保护与发展、合理规划与有序建设、保护优先与适度开发、注重实实在在的为民生服务、注重政府主导和社会参与相结合原则"②。

也有一些学者对于保护目标与基本原则有一些新的提法，认为主要目标是保护与传承民族优秀文化，改善村民生活环境，发展特色优势产业，加快脱贫致富步伐，实现少数民族农村地区的经济社会全面发展；基本原则是坚持以人为本原则③。

(三) 关于少数民族特色村寨保护的主体研究

对于少数民族特色村寨保护的主体认识较为一致，认为保护少数民族特色村寨的主体是国家、社会团体、企事业单位和村民多元保护主体。

---

① 国家民委关于印发少数民族特色村寨保护与发展规划纲要（2011—2015 年）的通知参见 http://www.seac.gov.cn/art/2012/12/10/art_149_172616.html。
② 住房城乡建设部、文化部、文物部、财政部：《关于切实加强中国传统村落保护的指导意见》，2014 年。
③ 国家民委经济发展司编著：《中国少数民族特色村寨保护与发展经验研究》，民族出版社 2013 年版。

李强阐述了研究少数民族村寨保护主体的重要性，认为经济分享主体和文化自觉意识的形成是少数民族特色村寨民族文化保护与传承的两个关键因素，也是其民族文化可持续发展的关键。① 在立法层面，《非物质文化遗产法》、《国家文物保护法》、《民族区域自治法》、《历史文化名城名镇名村保护条例》及各民族地区《自治条例》等立法条例中规定国家、社会团体、企事业单位和公民为保护主体。

（四）关于少数民族特色村寨保护的模式研究

针对少数民族特色村寨保护模式研究，有很多学者从不同角度及不同方面分析了保护模式，主要的模式有：生态博物馆、文化生态村保护模式、民族村寨旅游开发模式（原生自然式、原地浓缩和异地开发）、社区参与式发展模式、可持续发展模式及整体区域性保护模式等。

关于少数民族特色村寨为整体，以生态博物馆的保护模式为研究对象的相关观点也很多。如陈燕写到生态博物馆借助社区参与的形式，以原地保护方式对民族村寨的文化进行原生态状况下的保护与展示，强调文化的演变和社会的发展。② 肖明艳阐述了生态博物馆建设与民族村寨旅游发展之间的共性与差异性，共性均是基本单元的活态的文化系统；差异性在于二者在建设重点、管理模式以及发展理念上存在差异，因此，她认为二者应该适当结合实现双赢。③ 尹绍亭、乌尼尔认为，生态博物馆在实质上属于西方发达国家的博物馆文化，对中国保护模式的研究具有一个很好的经验借鉴作用，但真正成功适用于中国，必定有一个不断探索和改良的过程。④ 黄萍、王元珑认为，建立"文化生态村"是实现四川民族旅游可持续发展的一种有效模式。⑤ 丁健、彭华从空间角度将民族旅

---

① 李强：《少数民族村寨旅游的社区自主和民族文化保护与发展》，《贵州民族研究》2010年第2期。

② 陈燕：《民族村寨旅游开发的传统模式与生态博物馆模式比较》，《玉溪师范学院学报》2009年第3期。

③ 肖明艳：《生态博物馆建设与民族村寨旅游发展关系探究》，《金田》2011年第11期。

④ 尹绍亭、乌尼尔：《生态博物馆与民族文化生态村》，《中南民族大学学报》2009年第5期。

⑤ 黄萍、王元珑：《创建四川民族文化生态旅游可持续发展模式研究》，《西南民族大学学报》（人文社会科学版）2005年第8期。

游的开发模式分为原地开发模式（包括原生自然式、原地浓缩）和异地开发模式两种。① 张华明、滕健从另一角度比较分析了现有民族村寨旅游开发的三种模式：梭嘎模式、深圳民俗村模式、郎德上寨模式，并以西双版纳勐景来村寨为例，提出 CCTV 模式（Conservancy, Company, Topic, Vil-lager）。② 罗琳从社区居民参与、利益分配、社区发展等角度对五龙寨社区参与式发展模式进行了深入的探讨。③ 少数民族特色村寨的保护与发展模式尚在探索实践阶段，在参考民族村寨开发模式的成功经验的基础之上，更应当结合自身特色，探索出更好的可持续发展模式。房亚明提出，以试点工作为平台，积极整合和统筹使用各方面资金，并结合"农家乐""生态旅游"等多种发展形势，大力发展特色旅游、特色工艺品和特色种养业等产业，促进少数民族群众增加收入，取得了较好的效果。④ 另外，石雯慧、李忠斌认为，特色村寨发展模式应该在强调特色文化保护与传承的同时，从经济发展层面，发展特色的村寨旅游产业，并结合村寨特有的资源优势选取特色产业，大力扶持，形成产业与产业之间的互动，增强村寨自身的造血功能，坚持保护与发展并举的可持续发展模式。⑤

（五）关于少数民族特色村寨保护政策的问题研究

近年来，国内学术界对于新农村建设、特色民居及加速城镇化进程的政策历史背景下，对现行少数民族特色村寨保护政策实践过程中出现的各种问题都有了较多的关注，众多学者们观点各异，主要凸显在少数民族特色村寨自身存在的问题、保护政策措施实施中存在的问题（保护、

---

① 丁健、彭华：《民族旅游开发的影响因素及开发模式》，《中南民族大学学报》（人文社会科学版）2002 年第 2 期。

② 张华明、滕健：《民族村寨旅游开发的 CCTV 模式——以西双版纳"中缅第一寨"勐景来为例》，《贵州民族研究》2006 年第 3 期。

③ 罗琳：《社区参与式旅游发展模式个案研究——以四川省北川羌族自治县五龙寨为例》，《阿坝师范高等专科学校学报》2007 年第 2 期。

④ 房亚明：《关于少数民族特色村寨保护与发展的思考》，《农村财政与财务》2011 年第 3 期。

⑤ 石雯慧、李忠斌：《少数民族特色村寨保护发展研究综述》，《民族论坛》2013 年第 2 期。

建设、利用与发展中的问题)、制度缺失方面的问题。关于少数民族特色村寨自身存在的问题，田力认为村寨自身条件差、人才紧缺、资金匮乏、立法缺位是制约特色村寨发展的主要因素①。关于少数民族特色村寨保护政策措施实施中存在的问题，即保护、建设、利用与发展中的问题，段超指出，少数民族特色村寨保护与发展试点工作中，政府部门急于求成、急功近利的心态导致保护与发展规划及方案不尽科学，部门之间协作不力导致群众积极性不高、社会参与不够、村寨经济发展不平衡等问题②。另外，石雯慧、李忠斌的主观问题研究方面和段超有相同的观点。房亚明指出，特色村寨保护试点规划编制的科学性不高和可行性不强；部分地方在规划方面缺乏具体建设内容，特点不突出；资金使用分散，试点的示范效果不明显等问题。③ 贺能坤认为，民族村寨开发过程中主要存在开发目标错位、开发主体越位、村民精神上的幸福感缺位的问题。④ 姚俊一提出如何促进少数民族特色村寨的可持续发展的问题。⑤ 刘石磊认为，湘鄂西少数民族特色村寨传统体育文化保护与开发中，尚有传统体育文化传承人才欠缺、受众面窄、开发效果较差、注重经济效益而淡化了文化价值、现代化的强烈冲击导致后继乏人等方面的问题。⑥ 关于制度缺失方面的问题，石雯慧、李忠斌所研究的客观问题表明制度缺失的问题，认为法律法规滞后，行政管理制度不健全，制度上的缺失导致各种问题与问题之间也存在着千丝万缕的联系，系统解决各种问题，使特色村寨建设走向良性发展，就更需要长期的探索研究，需要更多的理论与实践

---

① 田力：《关于开展少数民族特色村寨保护与发展工作的思考》，2011年，参见湘西民族网。
② 段超：《保护与发展少数民族特色村寨的思考》，《中南民族大学学报》2011年第5期。
③ 房亚明：《关于少数民族特色村寨保护与发展的思考》，《农村财政与财务》2011年第3期。
④ 贺能坤：《民族村寨开发的基本要素研究》，《贵州民族研究》2010年第1期。
⑤ 姚俊一：《少数民族特色村寨保护与发展政策研究——以来凤县舍米湖村为例》，硕士学位论文，中南民族大学，2012年。
⑥ 刘石磊：《湘鄂西少数民族特色村寨建设中传统体育文化的保护与开发研究》，硕士学位论文，吉首大学，2013年。

支持①。

(六) 少数民族特色村寨保护政策的完善研究

在少数民族村寨旅游发展规划和方案完善方面，诸多学者在不同的选点调查研究过程中均得出共性观点，合理的规划与方案才是少数民族特色村寨旅游可持续发展的重要源泉。黄惠琨认为西双版纳曼景兰的旅游新村发展的总策划应该从传统与现代两个高度展开。②林文励、张锦鹏、杨华星对云南少数民族村寨经济的发展现状做初步分析，由此提出相应的发展政策的建议。③江晓云从多方视野对所研究村寨的旅游发展规划做了有益探讨，并提出了几点具有重要参考价值的建议。④罗奋飞建议，应结合双凤村实际情况来做好相应规划，并引进战略投资者对双凤村进行整体开发投资；引进新型农民合作组织形式的开发与保护方式，找准投资者与村民之间的利益最佳结合点来充分调动当地村民保护与发展的积极性⑤。姚俊一、陈应新以恩施官坝村为例提出了在大力发展旅游业的同时，不要忽视对环境的保护，不能把民族特色本身视为唯一获取经济利益的工具，在保持传统民族特色的同时，应当在形式上有所创新⑥。田力认为，应倡导创新保护方式，注重点面有机结合，尽快着手制定保护少数民族村寨民居的专项法规⑦。向明提出了多元化的产品结构策略、公平化的旅游经营策略、系统化的旅游管理策略、全面化的环境保护策略以及完善化的旅游支撑策略，对村寨旅游的可持续发展具有一定

---

① 石雯慧、李忠斌：《少数民族特色村寨保护发展研究综述》，《民族论坛》2013年第2期。

② 黄惠琨：《西双版纳曼景兰旅游新村总策划》，《思想战线》2001年第5期。

③ 林文励、张锦鹏、杨华星：《云南少数民族村寨经济现状及发展对策》，《云南民族学院学报》(哲学社会科学版) 2002年第4期。

④ 江晓云：《少数民族村寨生态旅游开发研究——以临桂东宅江瑶寨为例》，《经济地理》2004年第4期。

⑤ 罗奋飞：《湘西州少数民族特色村寨的保护与开发研究》，2011年，参见中国民族宗教网。

⑥ 姚俊一、陈应新：《少数民族特色村寨的保护与发展》，《学习月刊》2011年第11期。

⑦ 田力：《关于开展少数民族特色村寨保护与发展工作的思考》，2011年，参见湘西民族网。

的实践指导意义①。

在少数民族特色村寨保护地方应用性完善方面，学者们也提出了一些观点。吴泽荣对于地方应用性对策完善的观点是要科学规划，谋定而动；整合资金，重点突破；三位一体，形成合力。②姜爱认为，民族特色村寨的保护与建设中产业发展、文化传承与环境保护三者必须协同发展；政府重视、学者支持、村民热情参与的原则是村寨建设成败的关键；特色建构型村寨虽然部分与历史文化真实不尽一致，但在村寨保护与发展中具有不可估量的作用。③刘石磊提出了应积极采取推进传统体育文化进校园的进度，把少数民族传统体育融入大众体育健身，大力发展以少数民族体育文化为主题的旅游特色产业，加强民族特色村寨传统体育文化的创新，实施民族特色村寨传统体育文化的动态保护与开发等对策。④田敏莉、龙晔生、李忠斌认为，要发挥政府、当地居民、企业及社会各界的力量，促使特色村寨保护试点成为促进民族团结进步的民心工程、推动各民族共同繁荣发展的德政工程、造福少数民族群众的幸福工程⑤。

对于研究少数民族特色村寨保护政策理论创新分析方面，学者们分析指出，少数民族特色村寨保护与发展试点工作的范围比以往要广，主要涉及村落及其文化保护与发展方面的问题，这项工作具有史无前例的挑战性、开创性学术研究价值和现实指导意义。黄柏权、安仕邱指出，开展少数民族特色村寨保护与发展试点工作，是在新的历史条件下进行的一项富有挑战性、学术价值和现实意义的工作。其挑战性在于，这项工作尚处于试点阶段，没有先例可以借鉴。此前实施的兴边富民工程、

---

① 向明：《基于社区居民感知与态度的民族村寨旅游发展研究——以德夯苗寨为例》，硕士学位论文，陕西师范大学，2008年。
② 吴泽荣：《广东少数民族特色村寨保护与发展思考——以连南南岗千年瑶寨和乳源必背瑶寨为例》，《广东技术师范学院学报》2012年第4期。
③ 姜爱：《湖北少数民族特色村寨保护与发展经验解析》，《湖北社会科学》2012年第9期。
④ 刘石磊：《湘鄂西少数民族特色村寨建设中传统体育文化的保护与开发研究》，硕士学位论文，吉首大学，2013年。
⑤ 田敏莉、龙晔生、李忠斌：《少数民族特色村寨的保护与发展——以咸丰县官坝村为例》，《民族论坛》2014年第1期。

扶持人口较少民族发展和社会主义新农村建设，主要是针对少数民族和民族地区的发展问题，对村落及其文化的保护方面涉及较少。学术价值在于，这项工作具有开创性。现实指导意义在于，通过在实践中把保护与发展民族特色村寨作为个案来进行深入研究，总结经验教训，探索不同地区、不同类型的少数民族特色村寨保护与发展的模式和路径，可以为今后的少数民族特色村寨保护与发展工作提供指导[①]。

三 研究中的不足与展望

目前学术界从不同视角分析少数民族特色村寨保护政策的理论基础、存在问题、保护主体、基本原则、保护模式等状况，探讨少数民族特色村寨保护政策完善的基本思路，讨论消除少数民族特色村寨保护政策的瓶颈和不足，提出政策的制度化、规范化、精细化对策，相关研究提供了许多经验可以借鉴，但仍处于起步阶段。

（一）交叉研究薄弱

对于完善少数民族特色村寨保护政策的研究，目前多从民族学、建筑学、人类学、社会学、文化学、法学等单一视角来看待少数民族特色村寨保护存在的不足，缺乏对少数民族特色村寨保护进行全方位、交叉整体性研究，导致结论存在片面性。

（二）在研究方法上尚单一

依靠问卷调查得出结论多，而深入的访谈、参与观察和追踪调查不足。问卷调查可以反映少数民族特色村寨基本概貌，但其弊端是反映问题不深刻，少数民族特色村寨特殊性难以表现出来。

（三）一般性的研究多，对具体问题研究少

主要借鉴国际乡土建筑研究理论与方法，对国内不同地区、不同类型、不同民族村寨的特殊性缺乏本土化实证研究。需要将本土状况和特点做详细研究，寻找出哪些方面保护较好，哪些方面存在政策失灵，并分析其原因，提出的对策才有针对性。

[①] 黄柏权、安仕邱：《少数民族特色村寨：如何在保护与发展中实现创新》，2009年，参见中国民族宗教网。

(四) 对列入名录的特色村寨研究较多

研究中注重政绩工程，缺乏村寨群全面研究，对未列入名录和社会衰败村寨关注较少。

(五) 定性研究多

研究主要通过定性方法展开少数民族特色村寨理论探讨，缺乏对少数民族特色村寨的客观描述与量化研究，缺乏对衰落影响因素的全面、深入的分析。且研究仍然停留在问题分析的层面，未深入少数民族特色村寨的实践层面，政策策略与实践行动的研究还比较薄弱。

因此，在现有研究成果的基础上，需要以法学和民族学交叉视角为研究范式，运用民族学、法学理论与方法对不同类型、地区、民族、价值的少数民族特色村寨进行研究，建构少数民族特色村寨本土化、有特色、可操作的政策体系。同时把定性与定量研究结合起来，以便更深入、更全面地开展少数民族特色村寨政策研究。

第三节 研究理论、研究方法及创新之处

一 相关理论

本书拟借鉴文化多样性理论、可持续发展理论、少数民族文化权利理论和文化生态理论对少数民族特色村寨保护政策进行研究。

(一) 文化多样性理论

2001年，《世界文化多样性宣言》指出，文化多样性是人类共同的遗产，不同的文化在不同的时期、不同的地方具有各自不同的表现形式。这种表现形式具体而言就是各民族群体和社会的特性方面所拥有的独特性和多样性。文化多样性有很多表现形式，如通过丰富多彩的文化形式来对人类的文化遗产进行表达、弘扬及传承等。每个民族都有自己独特的文化。文化就是人在社会环境下的产物，文化是人的基本特征，与文化相关的一切问题都是人的问题，这是人与动物最基本的区别，不同的文化可以区别不同的社会群体，文化也决定了不同群体之间的差异性。因此，可以说，每一个正常的人都具有学习语言、技术、社会规则的生理条件，但他将学到什么却取决于出生的时间和空间，而不依赖于种族

遗传。①

人处在社会群体中,作为社会成员,当拥有共同的文化时,一些社会成员就会自发形成一个社会小群体即文化群体。那么,一种被认为是文化的思想和行为一定是被一处居民或一群人共同享有的,任何一种文化都离不开它所属的社会群体,任何社会群体都有其独特的文化个性,文化成为一个群体的纽带。②基于共同的文化所集结成的最普遍的群体在理论上被称为民族或族群,那么不同的文化就成为划分不同民族或族群的界限,也是不同民族或族群之间相互区别的基本象征。

我国是一个多民族文化共同繁荣与发展的国家,56个民族共同创造了中国5000年历史的灿烂文化。在中国农村城镇化加速推进的过程中,少数民族特色村寨日渐衰落,同时因全球主流文化的渗透与各民族之间相互交融的影响,文化同质化的倾向越来越明显。做好少数民族特色村寨保护工作,必须坚持文化多样性理论,提高对本民族文化认同意识,彰显本民族文化特色。

(二) 可持续发展理论

1989年5月,联合国环境署在第十五届理事会上通过了《关于可持续发展的声明》,声明对可持续发展有了新的界定,即"指能够满足当前需要但又不能以削弱或牺牲后代子孙为代价来满足其需要能力的发展",可持续发展的基本内容主要包括社会群体结构、经济增长、自然环境、生态资源及国家主权等方面。对于可持续发展的研究,学者一直秉持各种争议,但也达成多方面的共识观点。有人认为环境保护与经济可持续发展本身是一对矛盾,现实中二者存在着互相制约的关系,而大多数人认为环境保护与经济可持续发展之间并不冲突而是相容。目前,对于环境保护与经济可持续发展观点持认可态度极具代表性的要属挪威前首相布伦特兰夫人。其观点从本源出发,主要是指生态可持续发展,主张对不可再生资源或可再生资源通过能源节约、寻求替代、复制、复现等方

---

① [美] P. K. 博克:《多元文化与社会进步》,余兴安译,辽宁人民出版社1988年版,第12页。

② 马广海:《文化人类学》,山东大学出版社2003年版,第392页。

式来延缓自然资源耗竭速率或使资源消耗率低于再生速率，实现对自然资源的永续利用与发展，最终达到经济发展体量和环境承载能力的协调。①

在实践中，可持续发展的基本出发点主要表现在三个方面：需要、限制、公平。首先，需要。可持续发展必须以符合人类的需要为目的。其次，限制。人类对自然、生态环境的开发行为要适度并要受到自然环境的制约，要合理利用资源，不能破坏环境与消耗资源。最后，公平。可持续发展思想上的公平发展分为两个纬度（时间纬度上的公平和空间纬度上的公平），时间纬度上的公平指人类当代发展不能以损害子孙后代利益为代价，空间纬度上的公平指一个国家或地区的发展不能以损害他国或地区发展能力的利益为代价。②

（三）*少数民族文化权利理论*

我国《宪法》第47条规定："中华人民共和国公民有进行科学研究、文学艺术创作和其他文化活动的自由。国家对于从事教育、科学、技术、文学、艺术和其他文化事业的公民的有益于人民的创造性工作，给以鼓励和帮助。"国际法《经济、社会和文化权利国际公约》第15条规定："少数民族成员作为一名普通公民应享有参与文化活动的权利、积极展开创造文化的权利、享受文化成果的权利及个人进行的艺术文化创造所产生物质与精神上的利益应当受到保护的权利。"吴宗金、张晓辉认为，少数民族文化是指少数民族从古到今在长期的社会实践中创造与发展所形成，并在世代流传中保持自己本民族形式与特色的文化，是每个民族所特有的固态文化与传承文化，既包括物质文化也包括精神文化。③ 少数民族文化权利是属于少数民族的一种基本权利，是一种法律意义上所赋予的权利，是一种关乎精神或上层建筑方面的权利。对于少数民族文化权利的主张，就是要保护少数民族在传统文化开发中所应得的利益。

政府必须积极履行的义务是保护少数民族文化权利，要为少数民族

---

① 吴建雍：《历史文化名城保护与国际大都市发展战略》，社会科学出版社2003年版。
② 李龙熙：《对可持续发展理论的诠释与解析》，《行政与法》2005年第1期。
③ 吴宗金、张晓辉：《中国民族法学》（第二版），法律出版社2004年版，第346—348页。

提供各种支持或创造有利的条件来促进其实现自身的文化权利。自由属于人权范畴，那么在国际人权法的体系中，少数民族文化自由已上升为一种法定权利即少数民族文化权利。通俗来说，我们利用少数民族文化权利来保护少数民族传统文化时，要尊重少数民族自身的意愿，无论是涉及个人还是群体，都要尊重少数民族的选择自由，有了少数民族作为主体的配合，就能很好地达到保护少数民族传统文化的目的。政府部门最重要的是要为少数民族提供选择和创造的机会，以此来尊重其文化自由，并充分尊重少数民族选择文化自由的权利，给这些少数民族提供文化自由发展的空间，有效维护少数民族文化权利的主体利益，促使少数民族自觉选择、借鉴、融合外来文化，实现本民族传统文化的良性传承与发展。

（四）文化生态理论

美国文化人类学家朱利安·斯图尔德（Jualian Steward，1902—1972）首次提出"文化生态学"概念，其在《文化变迁理论》中所提出的文化生态的定义指人类文化与行为和它所处的自然生态环境间相互作用的关系。有学者认为："所谓文化生态是指借用生态学的方法来研究文化的一个概念，是关于文化性质和所存在状态的一个概念表达，文化如同生命体一样也具有生态的特征，文化体系作为与生态系统中相类似的一个体系而存在，完全可以把文化体系类比为生态系统来进行分析研究。"[①] 文化生态是借鉴生态研究方法研究文化事象的一个概念，主要从生态学角度来研究文化，这是应用新的领域来研究文化的新思路，使我们可以更好地了解文化的演变过程及发展规律。

文化生态学认为："人类与物种群的生成体皆属于一定环境中的总生命网的一部分，共同构成一个生物层的亚社会层，通常称为群落。在含有人类的总生命网中注入文化因素，即在生物层上建立了一个文化层，生物层与文化层之间纵横交错，相互影响与相互作用，在生态环境下处于一种共生共存的关系。"自然环境影响了文化的产生与创造，而作为文

[①] 邓先瑞：《试论文化生态及其研究意义》，《华中师范大学学报》（社会科学版）2003年第1期，第93页。

化本身的民风民俗、宗教信仰、道德风尚、价值观念等因素又影响了文化的发展与变异，文化与自然环境互相影响、互相制约。文化生态学理论将人类文化的创造活动与自然环境联系在一起，文化研究与自然科学研究相互融合，这是一种先进的、开放的、综合整体性的理论观念与研究方法。

以上这些理论观点对促进我国少数民族特色村寨保护具有重要的启示与理论借鉴意义。少数民族特色村寨体现了少数民族群体，文化"特色"代表了个性文化与差异性。它本身是一种民族传统特色文化，代表了一种具有少数族群文化特色的"特色"村寨，是一种少数民族文化权利符号的象征。"特色"村寨是少数民族村民世居的生存、生活、生产空间，村寨的可持续性发展为少数群体的世代繁衍创造了条件。文化多样性理论契合了少数民族特色村寨的"特色"文化的保护。可持续发展理论为少数民族特色村寨保护优先与可持续利用奠定了理论基础。少数民族文化权利理论声张了少数民族群体应当拥有的与生俱来的文化保护权益。文化生态理论体现了人类文化行为与其所处的自然生态环境之间相互影响、相互作用的关系，遵循世间万物自然规律，维持生态平衡，自然生态环境与人居环境彼此吻合，互相制约、互相影响。因此，对于解决少数民族特色村寨保护政策问题，完善少数民族特色村寨保护政策研究，需以上述理论作为研究的理论参考。

二 研究方法

本书运用民族学、社会学等相关学科的研究方法，通过大量的田野调查，获取第一手资料。

（一）文献搜集

通过文献检索和收集国内外相关研究成果，包括专著、论文、统计报表、新闻报道、国家宏观调控方针政策条文、地方政策实施及地方志等，还有国外政策法律法规、措施、案例等相关文献资料，为本书研究提供前期研究支撑。目前学术界对少数民族特色村寨包括少数民族特色村寨保护政策问题及政策完善已有丰硕的研究成果，这是本书研究的基础。在研究中，作者力求充分利用、借鉴已有成果，并能有所创新。

（二）实地调查

根据研究的需要，选取湖北省恩施州地区有代表性的屋口村、舍米湖村、黄柏村、官坝村、麻柳溪村、彭家寨为田野调查点，采取观察、访谈等方法，搜集第一手资料，并对资料进行整理、分析，提出看法。

（三）问卷调查

由于大部分被调查者文化水平较低，普遍年龄偏大，对调查问卷的理解有限，因此问卷调查主要采用访问调查法，即由调查者按照问卷内容向被调查者当面提出问题，然后再由调查者根据被调查者的口头回答来填写问卷，这不仅有利于灵活运用各种访谈技巧并对回答结果做出分析和评价，而且也保证了问卷调查的回复率和有效率。

（四）统计分析

运用 SPSS 分析软件对调查问卷进行统计分析，同时结合深入访谈和观察所得的资料，对恩施州少数民族特色村寨保护政策实践及存在问题进行分析，并推断完善恩施州少数民族特色村寨保护政策的路径。

三　创新之处

首先，视角的创新。对于少数民族特色村寨研究所涉及学科领域而言，主要集中在民族学、人类学、民俗学、社会学、建筑学、文化学、政治学、经济学、生态学、环境学等研究领域，对于政策学、法学所研究的不是很多。本书以民族学与法学为视角的研究范式，运用民族学、法学的理论与方法，以政策问题和政策完善为侧重点，对政策层面进行具体的理论基础与实证体系的全面而系统研究。

其次，观点的创新。对于恩施州少数民族特色村寨保护政策的完善，主要提出四个观点。一是健全恩施州少数民族特色村寨保护政策体系，主要包括修订自治条例、制定单行条例和补充配套政府规章制度。二是细化恩施州少数民族特色村寨保护政策的内容，主要包括规范政策主体及其地位与职责、完善少数民族特色村寨保护标准、明确具体保护措施。三是转变恩施州少数民族特色村寨保护的理念，主要包括适度原真性保护、注重类型保护、强调整体性保护。四是调整恩施州少数民族特色村寨保护政策的落实路径，主要包括提高居民保护意识、支持居民参与、科学编制保护规划、保障村寨建设资金专用、维护群众利益。

最后，研究方法上的创新。在对恩施州少数民族特色村寨保护政策研究的论述中，笔者不仅应用传统文献梳理的方法对少数民族特色村寨保护的价值、少数民族特色村寨保护的目标、少数民族特色村寨保护的原则及恩施州少数民族特色村寨保护政策的国家法律依据、恩施州地方保护政策进行了研究与分析，还对前期文献基础理论与一些学者相关基本观点的研究现状等进行梳理与分析。同时，本书拟突破目前民族学、人类学、社会学、民俗学、文化学、生态学、建筑学、法学、政策学等学科的隔离研究及跨学科研究的片面性，利用交叉学科结合角度综合研究的方法，从理论与实践中，运用民族学、社会学的田野调查方法并充分结合法学的法理学原理、社会、价值比较分析与归纳的方法进行研究，使结论更具有科学的合理性、全面性、独特性。

第四节　调研地点基本情况

一　恩施州概况

（一）行政沿革

恩施州是湖北省唯一的少数民族自治州，也是湖北省内享受国家西部大开发政策的唯一民族地区，州内有汉族、土家族、苗族、侗族等29个民族。全州由8个县市组成，即恩施市、利川市、巴东县、建始县、鹤峰县、宣恩县、咸丰县、来凤县，面积约为2.4万平方公里，人口约为380万人，以土家族、苗族为主的少数民族人口约占52.6%。恩施州少数民族的居住格局以散杂居为主要特征。从人口比例与分布来看，恩施州是一个主要以汉族、土家族、苗族为主体民族的多民族混合聚集区。据2011年第六次全国人口普查资料统计显示，恩施州以2010年11月1日零时标准时点核计，总户籍人口为3975661人，常住人口为3290294人。目前，各少数民族人口比例还没有明确，但以恩施州巴东县为例，2010年11月1日零时，全县有常住人口420840人，全县有户籍人口（含"户口待定人口"）494583人，全县常住人口中，汉族人口为208321人，占全县常住人口的49.5%。少数民族为212519人，占全县常住人口的

50.5%。与2000年第五次全国人口普查相比，少数民族人口增加了6.51个百分点。①

在古代春秋时期，恩施州属巴国疆域，也是古代巴人所聚集的地方之一。后来在战国时期时，巴国被楚国灭掉属楚巫郡，秦始皇统一中国后，将其正式纳入中国版图，属黔中郡。汉朝时期，恩施州的北部属南郡，南部属于武陵郡。三国、两晋时代也分为两部所属地，北部属于建平郡的沙渠县，它的南部属于武陵郡。在南北朝时期，它仍属于平郡的沙渠县。在北周建德二年即公元573年，开始命名为施州也就是现在的恩施，还有一地命名为业州，也就是现在的建始县。隋朝时代，将施州改名为清江郡，下设为清江、建始和开夷三个县，并隶属于荆州。进入唐朝后，将施州下设为清江、建始二县，并隶属于黔中都督府。五代时期虽仍为施州，但隶属范围扩大，属于前、后蜀，它的西南部还设有羁縻感化州和珍州。宋朝期间，将恩施州分属为归州的巴东县，施州的清江县、建始县和辰州、富州、高州、定州等分设出许多小羁縻州。在元朝时代，施州又属于归州巴东县和施州的建始县，还有它的南部少数民族地区又实行了土司制度，先后设置了散毛、唐崖、金峒、龙潭、忠建、毛岭、施南等土司城，如元代的唐崖土司城遗址还保存到现在。明朝时期，将施州改为施州卫军民指挥使司，将建始划到夔州，它的西部和南部仍为土司管辖。清朝初期，依旧沿袭土司制度。雍正六年也就是公元1728年，将施州卫军民指挥使司改名为恩施县，辖境内设有各土司管理，恩施命名也就从这个时期开始延续使用。雍正十三年即公元1735年，国家实行改土归流，将土司制度废除而改为流官制度，设制一府六县，即施南府与恩施、宣恩、来凤、咸丰、利川和由四川回归的建始。"中华民国"成立时期，撤销了清朝设置的施南府，将其所管辖的各县直属于湖北省的管辖范围。民国时期又经历多次变动，最后固定成形于1936年。②

---

① 资料来源：恩施州民宗部门内部资料。
② 向国成、王平主编：《恩施土家族苗族自治州民族志》，民族出版社2003年版，第2—4页。

1949年中华人民共和国正式成立之后,湖北省恩施专区成立,依旧为8县之治。1978年10月,湖北省恩施专区改名为湖北省恩施地区行政公署;1980年,在以前基础上,将来凤、鹤峰两县改为土家族自治县;1983年8月19日,又成立了鄂西土家族苗族自治州,所管辖的范围也有所变动,将来凤、鹤峰两个自治县撤销,下设8个县市即恩施市、利川县、巴东县、建始县、鹤峰县、来凤县、宣恩县和咸丰县;1986年11月14日,将利川县建制为利川市;1993年4月4日,经国务院批准,正式命名鄂西土家族苗族自治州为恩施土家族苗族自治州,所管辖范围为6县2市。于2005年起始,国家法定的恩施州庆日为每年的8月19日。①

(二) 民族文化

恩施州以它独特的自然地理生态环境造就了多姿多彩的民族特色文化。它是中原汉文化与西南少数民族文化的相互融汇之地,同时也受到中南少数民族的文化辐射。同时,土著文化与外来的汉文化及其他少数民族文化相得益彰,使恩施州具有深厚的民族文化底蕴和显著的民族文化特色,积存了丰富的民族文化资源。

民间文学方面,有丰富多彩的神话传说、民间故事,还有独具民族特色的民间歌谣。在文人文学方面,有以"田氏诗人群"为代表的土家族诗人所创作的大量诗歌和当代少数民族作家创作的大量文学作品。这些文学作品具有汉族文学作品所固有的外在特征,还有各少数民族传统文化本身所特有的精神文化内涵。在建筑艺术文化方面,恩施州的8个县市大量分布着土家族、苗族和侗族,人民世代居住在以"干栏式建筑"为主要特色的吊脚楼及吊脚楼群落;汉族人民居住的传统建筑与少数民族的传统建筑相互结合形成了完美的古建筑群,有的已有上百年历史,至今保存完好;恩施州还有着独具特色的公共文化艺术建筑,如土家族舍米湖特色村寨的摆手堂、苗族的佛塔、侗族的风雨桥等具有民族文化特色的公共艺术建筑。民间传统艺术主要包括歌舞艺术与戏曲艺术两个方面。歌舞艺术类有摆手歌、哭嫁歌、山歌、五句子情歌、号子、竹枝词等反映了劳动人民日常生产生活及青年男女抒发爱情生活的歌曲。还

---

① 向国成、王平主编《恩施土家族苗族自治州民族志》,民族出版社2003年版,第4页。

有形式、风格各异的民间传统舞蹈如摆手舞、跳丧舞、八宝铜铃舞、猴儿鼓舞、板凳龙等，这些都是各族人民在长期历史发展过程中不断创作与传承下来的民间舞蹈，表现了各族人民能歌善舞的鲜明个性。在民间戏曲艺术方面，大多是由汉族地区传入与少数民族文化紧密结合而成的具有民族特色的地方戏曲，主要有南戏、愿戏、傩堂戏、柳子戏、灯戏、小曲等为代表的十多种地方戏曲。恩施州各个少数民族的通用语言是汉语，是全国民族团结、相互融合较好的少数民族自治州。现在说少数民族的本民族语言很少了，几乎不使用了，除了本民族之间偶尔用民族语言交流外，对外都是使用汉语。来凤县舍米湖特色村寨还保留有土家族语言，宣恩县小茅坡营村是唯一讲苗语的村寨。

恩施州的少数民族都有自身独特的风俗习惯，特别是土家族的典型民俗事象如哭嫁、跳丧、摆手节、牛王节、女儿会、赶年等；还有苗族独特的四月八、苗年、侧门迎亲、三日不同宿、背布引葬、还猪愿、还牛愿等民俗文化事象。此外，侗族、白族、蒙古族等其他少数民族都保存着有本民族特色的民俗文化事象。这些民俗文化事象极具保护与开发价值。少数民族的宗教信仰方面都不同程度地保存着自然崇拜、图腾崇拜、祖先崇拜等原始宗教。土家族主要有崇尚白虎、敬奉向王、崇拜祖先等信仰，苗族有崇拜盘瓠、敬奉神灵、祭祀祖先等信仰。佛教、道教及国外的天主教传入恩施州民族地区后，也逐渐渗透到各个少数民族的原始宗教信仰中，而且这些宗教场所一直保存到现在，如来凤县的仙佛寺、利川市的花梨岭天主教堂等，吸引着大量的群众信仰与虔诚追随。正是这些本土原始宗教与外来宗教的引入，使恩施州的宗教文化绚丽多彩。

恩施州境内保存最多的是土家族的历史文物古迹。全州8个县市均不同程度地保留着历史文物古迹，如自战国至汉代以来，各个时期埋藏着数量丰富的青铜器；再如，分布于恩施州境内的长江、清江、唐崖河、建南河和西水等水系里有大量的崖葬遗迹。还有分布于多处的民族文化遗址，主要是以土司遗址为主，如唐崖土司皇城遗址、柳州城遗址、容美土司遗址等。

（三）地理位置及经济特征

恩施土家族苗族自治州（简称恩施州）地处中国西南部云贵高原与东部低山丘陵的过渡区域内，总面积约为23961平方公里，相交于武陵山余脉与大巴山之间，它的南部接壤于湖南省的湘西土家族苗族自治州、张家界市，西部、北部相连于重庆市的黔江、万州等地，东部、东北部分别毗邻湖北省的宜昌市、神农架林区，属于湖南、湖北、重庆市三省市交界的武陵山区。恩施州交通四通八达，地理位置极为重要。恩施境内处于东西走向的318国道公路和长江水道是通往我国中西部地区的生命线，还有境内处于南北走向的209国道公路也是连接着我国南北部地区的重要通道之一。恩施州主要以高山地带为主，平均海拔都在1000米的高度，其中29.4%的面积都处于海拔1200米以上的高山地区，43.6%的面积处于海拔800—1200米的半高山地区；27%的面积处于海拔800米以下的低山地区。境内崇山峻岭，山峦起伏，整个地势处于由北部、西北部及东南部偏高并逐渐倾斜于中部、南部而呈现相对走低的趋势，也因这一地理环境的走向使境内的气候终年属于小气候发育，气候环境属于亚热带季风气候。恩施州的亚热带季风气候具有很显著的特征：首先是一年四季分明，冬暖夏凉，具有冬无严寒、夏无酷暑、雾多湿重、雨热同期、雨水充沛的特点，平均年降水量约1532.5毫米。其次是地势海拔越高温度越低、海拔越低温度越高的特点，主要表现为海拔最高的高山地区年平均温度为9℃左右，平均无霜期为210天左右；海拔处在高与低之间的高山地区年平均温度为13℃左右，无霜期为240天左右；海拔最低的低山地区年平均温度为16℃左右，无霜期270天左右。

恩施州位于长江水库，清江河的发源地，所以江河密集、纵横交错，长江河道上云集了清江、酉水、溇水、唐崖河、郁江、沿渡河等分支河流。每一个分支河流都发源于不同的地方，而流入不同的水域，最后归入长江流域。恩施境内最大的河流是清江流域，它发源于利川，途经恩施、宣恩、建始、巴东、长阳、宜都等六个县市，流入长江水域，清江河也因此被命名为鄂西土家族的"母亲河"。其次是酉水，它的发源地是宣恩，从宣恩流向来凤、重庆的酉阳、秀山及湖南的龙山等地，流经沅水，到达洞庭湖。然后是溇水，它的发源地是鹤峰，流经湖南省的慈利县，奔向澧水；还有唐崖河和郁江，它们的发源地均为利川，沿途向西经过重庆黔江、彭水，汇入乌江流域。最后就是沿渡河流域，它的发源地是巴东北部，直接向南流入长江流域。

恩施州也因它独特的天然地理、生态、气候环境，而造就了生物的多样性繁育与生长。目前，全州的森林覆盖率已达到62%，素有"鄂西林海""华中药库""天然植物园""烟草王国"的美名。恩施州的自然条件非常优越，农作物与经济作物品种丰富，普遍性的农作物主要种植有水稻、小麦、玉米、薯类等；经济类作物主要种植有烟叶、茶叶、药材等。恩施州是湖北省的主要林区，也因它良好的生态环境孕育了许多珍贵的动植物，恩施的利川市被称为水杉之乡。恩施的土质含硒，素有"世界硒都"之美誉，硒茶久负盛名。正是这些天然的自然条件，使境内所产的土特产和药材如板桥党参、鸡爪黄连、石窑当归、毛坝生漆、金丝桐油、富硒茶叶等畅销海内外。农业产业结构发展主要以六大农业为主导型，即烟叶、茶叶、畜牧、林果、药材及特色蔬菜。农业结构逐渐进行调整，在稳定粮食面积范围同时，对经济作物面积逐年增加。恩施的天然矿产资源也是相当丰富，目前所探明的矿产品种约60种，所占比例是全国的40%，湖北省的55%。其中，有16种矿产储量在D级以上的级别，居全省第一位的矿产有铁、硒、煤、石煤、天然气、磷、硫铁矿、耐火黏土等种类。在这些有利的矿产资源附近又有储备丰富的水能资源，正是这一有利的组合优势给矿产资源的开发利用提供了便利。同时，天然的生态地理优势使恩施的旅游产业也极为丰富。

二　样本村寨基本情况

从恩施州纳入保护范围的少数民族特色村寨整体数量来看，截至2015年年底已有117个村寨纳入保护范围。基于保护政策视角下，本书选取了6个具有典型代表性的特色村寨进行了长期实地驻寨调研，即恩施市芭蕉侗族乡戽口村、宣恩县沙道沟镇两河乡彭家寨、咸丰县黄金洞乡麻柳溪村、咸丰县高乐山镇官坝村、来凤县百福司镇舍米湖村、来凤县三胡乡黄柏村。

(一) 选点缘由

根据分布地区、民族情况进行选点。

麻柳溪村90%的人口为羌族，是一个羌族文化特色浓郁、生态环境良好的羌族村寨，是恩施州少数民族特色村寨中民族文化保护较好、特色产业发展较快的示范村，也是黄金洞旅游景区的景点之一。黄柏村是来凤县政府以景区模式打造的生态型特色村寨，是远近闻名的千年杨梅古寨。依托当地丰厚的民族文化和良好的生态环境，发展了生态文化旅游、烟叶、茶叶等主导产业，是恩施州少数民族特色村寨中特色产业发展较好的示范村之一。戽口村是以侗族特色民居著称的侗族村寨，保存完好的传统民居与新近改造的现代民居交相辉映，茶叶产业强劲发展，生态文化旅游方兴未艾，是恩施州少数民族特色村寨中特色民居改造最精美、特色产业发展最强劲的示范村之一。彭家寨是以传统吊脚楼群著称的土家族村寨，全村皆为土家族，拥有全州规模最大、保存最完整的土家族吊脚楼群，是国家级文物保护单位，是恩施州少数民族特色村寨中传统民居保存最完整的示范村。舍米湖村是传统文化保存最完整的土家族村寨，保存了原生态摆手舞、土家语、吊脚楼等具有代表性的土家族传统文化，生态文化旅游产业逐渐兴起，是恩施州少数民族特色村寨中民族文化保存最完整的示范村。官坝村是恩施州建筑规模最大、传统文化保存较完整的苗族村寨，鳞次栉比的吊脚楼将诸姓苗族连为一体，以传统文化资源打造的生态文化旅游加快发展，其他特色产业逐渐兴起。

(二) 样本村寨基本情况介绍

1. 戽口村

戽口村寨位于湖北省恩施市芭蕉侗族乡东南方，与宣恩县椒园镇接壤。全村辖10个村民小组，1032户3774人，其中侗族、苗族、土家族等少数民族人口占80%以上。全村有耕地面积2055亩，现有茶园8904亩，人均茶园2.37亩，是典型的茶叶生产专业村之一。[①] 十年前，戽口村还是一个偏僻、贫穷落后的穷山沟，房屋破旧、公路不通，农民

---

① 资料来源：恩施市芭蕉侗族乡政府经济发展办公室内部资料。

仅靠种玉米、水稻、出门打短工谋生,别人一听说垕口就"甩脑壳"。如今的垕口村,一栋栋侗族特色民居依山而建,鳞次栉比,掩映在青山绿水之间,溪水潺潺,青山吐翠;田间、院后、山坡上、茶园苍翠欲滴,乡风文明,村容整洁,环境优美怡人,犹如仙境,是全州乡村旅游的示范村之一。该村着力推动"茶叶、民族、旅游"对接,不断转变农村经济增长方式,努力打造湖北省少数民族特色村寨,努力建设独具侗族文化特色的新农村。先后被评为"湖北省新农村建设示范村""湖北省首批宜居村庄"和"湖北省十佳少数民族特色村寨",获得恩施州青年眼中最美乡村金奖,现已向国家建设部申报"中国美丽宜居村庄",向国家农业部申报"中国美丽乡村"。另外,村寨内聚集成片的一处最具有原始风貌的侗寨吊脚楼,始建于清嘉庆五年(公元1800年),距今已有300余年的历史,称唐家大院。唐家大院位于垕口村彩虹山组卧塘坪,海拔609米,距209国道6公里。院子坐东朝西,垕口河从院前流过,院落、茶园、小桥流水,构成一幅玲珑雅静、古色古香的山水田园图画。唐家大院是清康熙、雍正年间湘、黔侗族迁居恩施后,以姓聚居的典型院落之一。1933年,贺龙红军部队驻扎在宣恩庆阳坝时,红军侦察员曾在此食宿,故亦称"红军屋"。院中现居住着10户40多人,基本以唐姓为主。院子共6栋36间木瓦房,占地两千多平方米,房屋以一正两厢房、一字形吊脚楼建筑形式为主,是保存十分完好的侗族特色村寨之一。2012年4月,恩施市人民政府公布其为文物保护单位,划定整个院落为保护范围。

2. 彭家寨

彭家寨属于宣恩县沙道沟镇两河村8组,占地500余亩,全寨48户260余人,均系世居土家族。现存30余栋吊脚楼和干栏式建筑,其建筑面积约12000平方米,占地面积约35000平方米。① 彭家寨是一片典型的土家族吊脚楼建筑群。同姓同宗族人都居住在一起组成土家村寨,寨子通常以居民们的姓氏来命名,彭家寨人都姓彭,所以取名为彭家寨,它是武陵山区没有被破坏的历史遗存。宣恩县彭家寨的水府庙有一块至今

---

① 资料来源:宣恩县民宗局部门内部资料。

仍保存完好的石碑，据碑文记载是乾隆五十七年（1792）所立，上面记载了当时集资建庙人的姓名，由此证明了1793年，彭家寨古建筑群已具相当规模，发展趋于完善。但随着历史发展，有的建筑销声匿迹或只留废墟，有的还顽强生存到现在。彭家寨目前最古老的一座房屋建筑和一座凉亭桥均始建于清朝，建筑风格与布局基本保持了当初的原始风貌。后来那些已消失或已成废墟的房屋古建筑在新中国成立后慢慢恢复与发展，到现在展示给我们的是一幅土家族吊脚楼古建筑群落的美丽风景画。2013年3月5日，彭家寨已被确定为全国第七批重点历史文物保护单位。此外，彭家寨所蕴含的民族传统文化资源也十分丰富，被称为歌舞之村。2007年，宣恩县沙道沟镇被湖北省人民政府命名为"省级民间文化艺术之乡"①。而且，当地的民间舞蹈如"宣恩耍耍舞、宣恩山锣鼓、上家八亲铜铃舞"被列入省级非物质文化遗产名录。

3. 麻柳溪村

麻柳溪村位于湖北省风景名胜区唐崖河畔，处于咸丰县黄金洞乡西北角，是恩施州最大的羌族姜姓村民聚居地，东与黄金洞村毗邻，南与咸丰县小村乡连界，西与利川毛坝小村乡接壤，北与兴隆坳村相连，距咸丰县城65公里，距乡集镇9公里，县级循环路土麻公路贯穿全境。村域范围29877亩，其中耕地面积3577亩，林地25800亩，其他用地500亩。② 麻柳溪村辖8个村民小组，365户1280人，劳动力780人，其中外出务工260人。主要以羌族为主，还有土家族、苗族、朝鲜族等少数民族居民，少数民族居民占全村总人口的90%以上。全村现有特色民居318栋，是恩施州干栏式建筑保存较为完整的村寨。麻柳溪村拥有良好的天然生态环境，得天独厚的自然环境和古朴村寨、民族风情造就了良好的旅游商机。村内拥有亮孔寨、女儿寨、老熊溪瀑布、生态休闲观光茶园等多处旅游景观。村寨内自然风光秀丽，民居建设特色鲜明，民族文化底蕴丰厚，是一处不可多得的少数民族聚居村寨。吊脚楼是土家族的传

---

① 《省文化厅关于开展2014—2016年度湖北省民间文化艺术之乡评审命名及中国民间文化艺术之乡申报工作的通知》。

② 资料来源：咸丰县民宗局部门内部资料。

统民居，燕子楼则是麻柳溪村以姜姓羌族为主的各族群众最常见的房屋，它们在麻柳溪或群居，或独处，共同形成了麻柳溪的民居特色。麻柳溪村气候宜人、植被丰富、土壤含有硒元素，适宜茶叶种植，硒茶久负盛名，远销海内外。村民也有种茶的技术，茶叶产业是该村的主导产业，现有标准化茶园1650亩，是国家农业部第一个通过验收的有机茶叶示范基地。近年来，麻柳溪村以茶叶产业为支撑、以生态旅游开发为后劲，走"一村二品"之路。随着黄金洞乡旅游开发的顺利推进，"唐崖·土司江山"正式投入运营，麻柳溪整村成为旅游景区。目前，村内已完成游客接待中心、演艺厅、吊脚楼宾馆、民族工艺品演示和展览中心、茶叶加工流程观光和茶艺表演中心、旅游陆路观光无轨火车等设施建设。与此同时，村内"姜大姐""亮孔寨"等近十家"农家乐"应运而生。① 现如今，麻柳溪村已成为国家4A级景区"湖北唐崖河风景名胜区"核心景点之一。

4. 官坝苗寨

官坝苗寨，地处咸丰县东大门，距县城22公里，东与宣恩县小关乡接壤，全村耕地面积12378亩，辖32个寨子（28个村民小组），1521户5378人。少数民族占全村总人口的75.8%，其中苗族占47.9%，土家族占21.3%，侗族占6.56%。官坝苗寨主要由官坝院子和夏家院子等组成，其中官坝院子823人，夏家院子892人。官坝院子主要居住着陆姓、滕姓人家，夏家院子主要居住陆姓、夏姓、唐姓人家。其中以陆姓人居多，苗族195户近800人，约占60%。据相关资料考证，官坝陆姓属红苗，崇拜盘瓠。② "官坝"这一名称已有500年历史，从很多历史传说与记载中可知，官坝陆姓原籍江西，明初迁至湖南麻阳，先世曾参加过湘西苗民起义。清雍正三年从湖南迁来此地落户，迄今已有二百七十多年十四代人了。现存于苗寨陆姓后人陆承志手上的陆氏族谱记载："因违皇规早朝未到，视为谋反论罪，降旨斩陆，象山闻讯潜逃，必渡乌鸦河关隘，朝廷派马伏波带兵5000镇守，幸得伏波同情，暗地放行，象山幸免于难。

---

① 资料来源：恩施州咸丰县黄金洞乡政府部门内部资料。
② 资料来源：咸丰县民宗局部门内部资料。

后由抚州金溪徙湖南宝庆，旋徙辰州、麻阳，居石桥溪之陆家湾，延绵子孙。后因不满朝廷统治，遭到官府追剿，他们中的一支遂迁至今麻阳洞居住，由于人丁兴旺后对生活以及居住条件提出更高要求，他们中的一部分人与滕姓部分人，隧迁徙官坝，安身繁衍。"①

官坝苗寨是鄂西南苗族人民群众的主要聚居地，区位独特，山川秀美，民风淳朴，历史文化灿烂多彩，被誉为"荆楚第一苗寨"。官坝苗寨的物质文化遗产方面：寨门最早建于100多年前，为当地陆、曹、夏等姓人集资所建。在现今夏家院子进口处，仍耸立着一高大威严的寨门，杉木立柱，丛木穿方，青瓦覆顶，高约8米，进深4米。这是进出寨子的必经之处。庙宇在官坝很多，但规模最大、最有代表性的是伏波庙，它建于官坝院子后面的香擂堡山顶，小地名称为"老水井"，顶部鱼塘自然生成。伏波庙是陆姓族人为纪念恩人马伏波专门建造，可以说是官坝陆姓族人的家庙。庙内神龛两边贴有一副对联，上联是"南蛮寇贼平三载"，下联是"东汉英雄第一人"。1985年，伏波庙被拆除，现仅剩遗址。还有匾牌，分为孝廉匾和贞洁烈女匾两种。孝廉匾有一定的历史由来，现保存于官坝院子陆承佩家中，在同治版《咸丰县志》中可以找到对官坝孝子陆必瑞的记载："陆必瑞，龙坪人，笃天伦，事母尤孝，颠沛流离中无忘也。咸丰己未年（1859）五月，大水淹尽田庐，瑞负母置高处，旋就水次捞取财物，失足落水，适有木漂过，跨抱其上，出没洪波中，无敢援手者。岸上有人，惟闻瑞呼号：陆某命在倾刻，无生还理，家有老母，爱我者祈寄声我兄弟，当善养母如我在，售我分业，甘旨可供也。流百余里，呼如一，后遇渔舟得不死。人皆谓孝格天云。卢令慎微作陆孝子传。详旧府志。"清咸丰十年（1860），湖北巡抚对陆姓行孝典范进行褒奖，授木质匾牌一块，长2米，宽0.8米，正面书"庸行千古"四个行楷大字。贞洁烈女匾是对贞女德行进行褒奖之匾，《旧县志》上只记载了有关陆家院子贞女腾代昌之妻陆年甫的德行，没有具体事迹，志书之做记载，盖以让万民效尤之。清同治十一年（1873），朝廷对贞女腾代昌妻陆年甫的德行进行褒奖，赐匾一块，上书"式瞻清懿"四个行楷大字，

---

① 资料来源：恩施州咸丰县民宗局内部资料。

长2米，宽0.8米，现高悬于官坝院子滕玉成家大门上方。①

官坝苗寨的非物质文化遗产方面，它的民间艺术都是苗寨人在不同历史时期的务农生产、生活过程中形成与发展的，而且每一种舞蹈与歌曲都有不同的古老传说，都与苗寨人的日常生活习俗密切相关。如民间艺术草把龙又称青苗灯，相传已有几百年历史。牛虎灯相传是100多年前，官坝牛栏界一农夫，在地里用一头水牛犁土。响午，农夫将牛放到林边吃草，回家吃饭。牛正吃着，突然从林中窜出一只猛虎，向水牛袭来，水牛凭着自己强壮的身躯，没有畏惧和退缩，与老虎搏斗，趁老虎向它迎面扑来的一瞬间，一跃上前，将老虎顶向土坎，并用头不断猛撞老虎，老虎拼命反抗，水牛累得嗷嗷直叫，粗气连连，形势十分危急。一位猎人正好从这里路过，眼见水牛有被老虎咬死的危险，而耕牛是当时农民最主要的生产工具，是最主要的财产。猎人没有犹豫，顾不上自身安危，抄起随身带的虎叉冲向老虎。几经扭打，终于将老虎打死，救出了水牛。牛的主人为了感谢猎人，并向乡邻展示他所喂养的水牛勇猛，便将这一故事用牛虎灯的形式向人们表演展示，并逐步发展成为一种深受当地群众喜爱的艺术形式，一直流传至今。还有穿花、哭嫁、唱孝歌、三棒鼓、摇钱树、打土地、说福事、干龙船、薅草锣鼓、木雕等民间艺术，古往今来，流传百世。②

5. 舍米湖村

舍米湖村是来凤县百福司镇河东村的一个土家村落，位于恩施州来凤县百福司镇的西南方，属湖南、重庆、湖北三省市交界之地，东南与湖南龙山县毗邻，西南与重庆酉阳县接壤。项目区东起磨刀湾，西至鱼鳞堡，面积1.571平方公里。舍米湖村居住着土家族、苗族和少量侗族人，共有6个村民小组181户608人，其中农业劳动力457人。土家族占人口总数的97%，其中彭姓土家族人占全村人口的95%，均是在清朝时期，从湘西彭姓土家族迁徙到此后所形成的聚居村寨。该村面积403公顷，耕地面积871亩，水田489亩，旱地面积382亩，有林地面积532

---

① 资料来源：恩施州咸丰县民宗局内部资料。
② 资料来源：恩施州咸丰县民宗局内部资料。

亩，荒山面积678亩。① 该村贫穷、经济落后、人烟稀少，但民族传统文化氛围很浓厚。至今还完整地保存着摆手堂和摆手舞，也是恩施州原生态摆手舞保存最完整的村落，被誉为恩施州摆手舞的发源地。此外，它也是恩施州唯一还保存有土家语、土家族的风俗习惯和民族文化艺术最为完整的传统村落，现在还有部分老人常用土家语进行日常生活的交流。土家族是很信仰祭拜菩萨的，神堂（现在叫摆手堂）里面供奉有三个土菩萨，据说每年农历四月十八是这个菩萨的生日，村民都会集体在摆手堂跳摆手舞。平时，过年过节从大年三十直到过了正月十五元宵节，都会在晚上集体跳摆手舞，而且这早已成了村民世代的文化习俗。

6. 黄柏村

黄柏村隶属来凤县三胡乡，位于来凤县城西北方向18公里，与本乡阳河村、石桥村、三堡村接壤；与本县革勒车乡、咸丰县忠堡镇相邻；248省道横贯其中。黄柏村交通十分便利，距恩施市130公里、距张家界200公里，平均海拔760米，属中亚热带大陆性季风湿润型气候，年平均温度15.8℃，相对湿度81%，夏无酷暑、冬无严寒、温暖湿润、四季分明，适宜休闲度假。黄柏村主要居住着苗、汉、土家族，苗族所占比重最大，占总人口的70%。全村辖14个村民小组，444户1724人，总劳力1253人，面积16309.5亩，其中耕地面积2155亩（水田面积1325亩），林地面积2150亩，全村人平均粮食占有量为455公斤，人均纯收入3898元，高于来凤县2011年农民人均纯收入3895元。② 该村是以生态旅游类打造的特色村寨，是湖北省第一批优秀少数民族特色村寨。旅游资源丰富，地理条件得天独厚，杨梅种植已有上千年历史，是武陵山区杨梅种植面积最大的自然村。其中300年以上的古杨梅树就有330株，已成为黄柏村的支柱产业和重要的旅游资源。村寨依托古杨梅自然生态景点，结合吊脚楼的民居改造，投资60万元，打造了黄柏村的民族特色旅游景点"古梅人家"。

---

① 资料来源：来凤县民族宗教事务委员会《2011年关于少数民族特色村寨的基本情况统计资料》。

② 资料来源：来凤县民宗局部门内部资料《黄柏村特色村寨保护与发展规划文本》。

三 调查过程及其资料来源

在前期理论资料及地方相关文件资料整理与提炼基础上，对恩施州代表性村寨进行了初期民族式考察（初期调查时间分别为 2014 年暑假与寒假期间）。

2015 年 3 月直接进入恩施市芭蕉侗族乡戽口村、宣恩县沙道沟镇两河乡彭家寨、咸丰县黄金洞乡麻柳溪村寨、咸丰县高乐山镇官坝村寨、来凤县百福司镇舍米湖村寨、来凤县三胡乡黄柏村寨这 6 个村寨进行实地调查，调查对象包括村寨所属县（市）民宗部门相关领导、乡（镇）相关领导及主要负责人，以及进入村寨投资商、村委会负责人和当地村民。调查形式主要包括面对面的结构式与非结构式深度访谈、参与式体验与观察。该阶段，共访谈了 150 名对象，并将每个村寨所访谈内容与自己所体验与观察到的事象以民族志的方式写出田野笔记，取得了宝贵的第一手资料。

将所获得的材料进行分析得出初步的结论，并再次修改调查问卷对 6 个村寨进行调查。在 2015 年 12 月、2016 年 2 月进入村寨针对关键性问题重点访谈，在此期间共发放了 150 份问卷，回收有效问卷 150 份，有效率 100%。问卷有如此高的回收率，主要是采用访问问卷调查法，从而保证了回收质量。

调查结束后，将调查问卷进行编码，录入 SPSS17.0 统计软件中，采用该软件对所有问卷数据实施统计分析，取得了宝贵的第一手数据论证资料。

四 调研对象的统计情况

在 2014 年暑假与寒假期间，对恩施州少数民族特色村寨进行总体宏观调研分析的基础上，从 2015 年 3 月开始，选出 6 个具有代表性村寨进行长期驻村调查。在对调研对象进行选择的时候，主要选择世代居住在该村寨里的原住民进行调查。首先，采取地毯式的挨家挨户寻访对象，根据调研对象的意愿，选用录音与笔录两种方式交叉进行访谈并写出田野笔记完成调查。其次，基于选题现实需要与村寨居住特点，共采用抽样与随机两种方式进行选择对象，人数比例方面采用抽样方法确定进行分析。最后，从所调研对象的性别、年龄、受教育程度、职业四个方面进行统计、归纳分析。

（一）调研人数情况分析

表 0—1　　　　　　　　　调研人数情况统计

地点＼人数	男性	女性	总计
庠口村	21	11	32
麻柳溪村	9	8	17
官坝村	18	2	20
彭家寨	7	8	15
舍米湖村	13	4	17
黄柏村	19	11	30
其他	13	6	19
总计	100	50	150
占总人数比例（％）	67	33	100

从调研人数情况统计可以看出，庠口村与黄柏村调研人数居多，其他村寨平均居少，主要原因是这两个村寨地理交通位置离县（市）很近，当地经济发展比较好，当地就业机会相对那些交通不便利、偏远村寨的村民而言要多些，当地就业机会相对多，在家里生活的村民人数相对要多一点。所调研对象男女比例呈现 2∶1 的主要原因，源于笔者在实地调查中发现：一是村寨里男多女少，单身男子多；二是具有农村典型传统男权思想，夫妻俩在家时，都是男当家配合调查；三是大部分男性见的世面多，文化程度稍高一点，对村里政策方面的情况比较熟。因此，在进行抽样调查时，主要选择以男性为主，如男主人不在家妇女留守时，则选择女性。由于不太清楚每家每户是否有人在家，则采用随机走访。对于 6 个选点村寨以外的人员进行了一定人数的调查，是想通过村寨局

外人的视角来看待村寨保护的现实感受,并了解具体情况。被调研对象包括所属村寨的县(市)、乡(镇)级相关领导,以及其他没有纳入选点调查的特色村寨村民等。

(二)调研对象年龄情况

表 0—2　　　　　　　　调研对象年龄分布情况

地点 \ 人数	年龄 (6—20岁)	年龄 (21—38岁)	年龄 (39—69岁)	年龄 (70岁及以上)	总计
岸口村		18	14		32
麻柳溪村		2	13	2	17
官坝村		9	9	2	20
彭家寨		3	10	2	15
舍米湖村		3	12	2	17
黄柏村			28		30
其他			19		19
总计		37	105	8	150
占总人数比例(%)	0	25	70	5	100

在所调研对象的年龄选择方面,主要采用随机性选择。具体选择要求方面,主要通过自观角度,年龄70岁及以上,言语思维不清,身体障碍的不列入被调查对象。调查中发现,6—20岁的人群几乎没有遇到,主要是在调研时间这类人群有的去镇上上小学、初中、高中,还有的大部分初中或高中毕业就到外地打工去了;21—38岁的人群绝大部分不在村寨,大部分去外地打工,其中部分妇女陪小孩在镇、县(市)读书,还有的在村寨附近务工或经商。调研对象主要集中在39—69岁,占总人数的70%,这部分人群很多是年轻出门打工,存点积蓄,年纪大了,自家孩子出门打工了,他们就回来创业、务农、就近务工及照顾子女的孩子;还有少量70岁及以上的,但比例很少,仅占总人数的5%,这类人群主要是离退休教师、干部,其有一定的知识积累,对问题看法有深度。

（三）调研对象的教育情况

表0—3　　　　　　　　　调研对象的教育情况

地点 \ 人数	小学以下	小学	初中	高中	大学	总计
屏口村	3	2	4	20	3	32
麻柳溪村	1	2	7	5	2	17
官坝村	1	1	9	9	—	20
彭家寨	3	3	9	—	—	15
舍米湖村	—	3	12	2	—	17
黄柏村	2	23	5	—	—	30
其他	—	—	15	—	4	19
总计	10	34	61	36	9	150
占总人数比例（%）	7	22	41	24	6	100

从所调研对象受教育程度来看，大部分处于初中及以下学历，占总人数比例的70%。其中初中41%、小学22%、小学以下7%，而高中占总人数比例的24%，大学更少，仅占6%。这表明绝大部分村民学历教育程度低，从事体力劳动者居多。

（四）调研对象职业情况

表0—4　　　　　　　　　调研对象的职业统计

地点 \ 人数	务农	经商	务工	上学	干部	其他（退休及养老）	总计
屏口村	3	3	19	—	2	5	32
麻柳溪村	3	4	4	—	3	3	17
官坝村	1	1	16	—	1	1	20
彭家寨	5	4	3	—	3	—	15
舍米湖村	4	1	10	—	—	2	17
黄柏村	20	7	—	—	2	1	30
其他	—	16	—	—	3	—	19
总计	36	36	52	0	14	12	150
占总人数比例（%）	24	24	35	0	9	8	100

基于选题需要，对各类职业人群都进行了一定数量的调查。特别是村寨所属的村、乡（镇）、县（市）级相关领导是抽样调查的必选人群之一，其他都进行随机调查。调查表明，村民们的职业主要是务农、经商、务工、干部之类。各类职业之间比例相关不大，务农24%、经商24%、务工35%，干部9%，其他占8%。

第 一 章

少数民族特色村寨保护政策的理论基础

国家民委《少数民族特色村寨保护与发展规划纲要（2011—2015年）》指出："少数民族特色村寨在产业结构、民居式样、村寨风貌以及风俗习惯等方面都集中体现了少数民族经济社会发展特点和文化特色，集中反映了少数民族聚落在不同时期、不同地域、不同文化类型中形成和演变的历史过程，相对完整地保留了各少数民族的文化基因，凝聚了各少数民族文化的历史结晶，体现了中华文明多样性，是传承民族文化的有效载体，是少数民族和民族地区加快发展的重要资源。"阐释少数民族特色村寨的历史、文化、经济、科学等价值，合理确定少数民族特色村寨保护的目标，针对性采取少数民族特色村寨保护的原则，关系到少数民族特色村寨的保护政策的科学性和有效性。

第一节 少数民族特色村寨保护的价值

《执行世界遗产公约的操作手册》第 24 条[①]和联合国教科文组织的

[①] 《执行世界遗产公约的操作手册》第 24 条规定：(1) 代表一种独特的艺术成就，一种创造性的天才杰作；(2) 在一定时期内或世界某一文化区域内，对建筑艺术、纪念物艺术、城镇规划或景观设计方面的发展产生过重大影响；(3) 能为一种已消逝的文明或文化传统提供一种独特的至少是特殊的见证；(4) 可作为一种建筑或建筑群或景观的杰作范例，展示出人类历史的一个（或几个）重要阶段；(5) 可作为传统的人类居住地址使用地的杰出范例，代表一种或几种文化，尤其在不可逆之变化的影响下变得易于损坏；(6) 与具有特殊普遍意义的事件或现行传统或思想或信仰或文学艺术作品有直接或实质的联系。保护内涵包括艺术成就，重大影响，文明或传统的见证，建筑的范例和人类居住的文明及具有特殊普遍意义的事件有直接或实质的联系。

《宣布人类口头和非物质遗产杰作（代表作）国际评审委员会议事规则》①，对文化遗产的价值标准做了规定。少数民族特色村寨属于文化遗产，是物质文化遗产与非物质文化遗产的综合体，其符合国际法所规定的保护价值判定标准。《中华人民共和国非物质文化遗产法》第1章第3条规定："国家对于非物质文化遗产采取认定、记录、建档等措施予以保存，而体现中华民族优秀传统文化，具有历史、文学、科学、艺术价值的非物质文化遗产则采取传承、传播等措施予以保护。"该法对非物质文化遗产明确区分出保存与保护两种方式。一种是保存价值，另一种是保护价值。当然，具有保护价值的同时，一定具有保存价值。保护价值明显要高于保存价值，因为保存价值只具有历史文化价值，而保护价值不是孤立、单一存在，是一个综合的价值体系。② 少数民族特色村寨是一个由少数民族聚集的乡土社区，既包括人的生存生产活动、乡土社会生活、文化生活、精神生活，也包括经济生活，是一种价值体系的综合表现。它的保护价值不仅体现了一般的历史文化价值，更体现了重要的历史价值、文化价值、经济价值、科学价值。

一 历史价值

少数民族特色村寨的历史价值是指少数民族特色村寨在一定历史条件下产生的人类社会生活历史遗存，含有丰富的历史文化内容，是过去时代流传下来的历史财富，为少数民族的历史研究提供基础。少数民族特色村寨的历史价值主要表现在以下几个方面。

少数民族特色村寨在历史进程的发展变化中，从不同侧面都真实反

---

① 每个申报项目参照的具体评选标准为：（1）应该具备体现人类的创造天才的优秀作品的特殊价值；（2）具有特殊价值的非物质文化遗产的集中体现；（3）在历史、艺术、人种学、社会学、人类学、语言学及文学方面有特殊价值的民间传统文化表达；（4）表明其深深扎根于文化传统或有关社区文化历史之中；（5）能够作为一种手段对民间的文化特性和有关的文化社区起肯定作用，在借鉴和交流方面有重要价值，并促使各民族和各社会集团更加接近，对有关的群体起到文化和社会的现实作用；（6）能够很好开发技能、提高技术质量；（7）对现代的传统具有唯一见证的价值；（8）由于缺乏抢救和保护手段，或加速的演变过程，或城市化趋势，或适应新环境文化的影响而面临消失的危险。

② 王文章：《非物质文化遗产概论》，教育科学出版社2013年版，第70页。

映了村寨政治、经济、文化、科学、技术、艺术、宗教与习俗等方面的不断变化。法国前总统密特朗说："肩负重任的人都清楚地知道，不了解过去就确定不了未来。"① 少数民族特色村寨作为民族文化空间上的载体，以固定形态表现出一定的文化内涵。各族人民祖祖辈辈聚集生活在村寨里，那些历经上百年甚至几千年的历史传统文化完好保存到现在，并随着历史的发展而不断演变形成。少数民族特色村寨历史久远，从它的产生到现在的延续，最少也有100多年以上的历史。如传统村落一般形成于100—300年。以上都具有深厚的历史文化底蕴，蕴含着比较丰富的历史文化资源，这也是由它们形成与发展的历史过程所决定的。每一个村寨都会留下特定的历史信息，从历史遗迹可以发现，村寨商贸、民族古建筑、居住及传统文化等方面都能反映出当时的社会关系、经济关系，这都是重要的历史内容。如恩施州宣恩县庆阳坝凉亭古街，沿河建屋，依水布街，从宋代"以盐易粟"，当地便开始有了商贸活动。这条街被誉为我国现存最完整的具有古代遗风的土家街市，也被称为"土家商街的活化石"。

少数民族特色村寨反映了民族居住格局，是我们了解历史、认识事物发展规律、把握现在、展望未来的重要的露天历史博物馆。不同的特色村寨有不同的历史特点，都存留着所有的历史信息，每个传统村寨都蕴含着不同的历史背景与社会背景，都反映了不同历史时期所展现出的自然生态发展状况及当时所处的社会政治、经济、文化与社会发展等现状，还有少数民族人类历史演变的全部过程的展示，具有重要的历史价值。例如，恩施州少数民族特色村寨有一部分是在古代文化线路上，凭借交通之便利而形成的古场集市（就是现在的少数民族民俗固定在每月农历初二、初六、初八赶场的地方）和古集镇（建始县高坪镇石垭子村石垭子古街是在历史上的施宜古道形成的古集镇、宣恩县椒园镇庆阳坝村庆阳街是在巴盐古道上形成的古集镇）；有的是传统的土家族聚居村落（来凤县百福司镇舍米湖村、宣恩县沙道沟镇彭家寨等）；有的是土司司治及遗址村落（咸丰县唐崖司镇唐崖司村是原唐崖土司司治、宣恩县椒

---

① 《第十一届国际档案大会报告集》，档案出版社1990年版，第1页。

园镇水田坝村是原施南土司遗址村落）；有的是明清时期的移民聚落和军屯聚落，如宣恩县高罗乡小茅坡营苗寨、咸丰县高乐山镇官坝苗寨等都是清代湘西苗族移民至此形成的苗族聚居村落；还有来凤县大河镇五道水村徐家寨、宣恩县高罗乡火烧营村等都是清代军屯聚落演变的传统村落；有的是历代迁入恩施州的散居少数民族家族聚落（恩施市芭蕉侗族乡二官寨村小溪、宣恩县晓关侗族乡野椒园村、鹤峰县铁炉白族乡铁炉村风情寨和中营乡三家台蒙古族村、咸丰县黄金洞乡麻柳溪村等）村寨，分别是侗族、白族、蒙古族、羌族迁入恩施州后逐渐形成的少数民族聚居村落；有的是世代传承独特民俗文化和民间艺术的文化社区（恩施市白杨坪乡熊家岩村是恩施灯戏的发源地、利川市柏杨坝镇栏堰村是龙船调的发源地，还有巴东县野三关镇石桥坪村、来凤县大河镇桐子园村世代传承土家族撒叶儿嗬、牛王节等民俗文化）。

　　从少数民族特色村寨所涵盖的传统建筑文化来看，反映了民族文化的交融历史。少数民族古建筑作为一种固态形式表现出少数民族特色村寨的文化内涵，吊脚楼建筑的产生与发展相当于一部少数民族民俗文化发展史。如土家族的吊脚楼，自土家族这个民族产生后，最先的居住方式是洞穴、巢穴和棚屋，后来随着居住本身的地势特征和时代经济的向前发展，巢居逐渐演变成依山而建的干栏式木制建筑，即土家族人所称的转角楼。近现代以来，少数民族居住格局发生了变化，特别是和汉族长期一起生活，相互影响与借鉴下，土家族的吊脚楼融入了汉族建筑元素，在土家族转角楼原有的基础上，吸取了汉族修建四合院和马头形的封火墙等设计风格，形成了新式土家族特色的居住建筑，也就是现在的土家族吊脚楼、凉亭桥、花桥，最具有典型民族特色。如恩施州宣恩县沙道沟镇彭家寨，是一片典型的土家族吊脚楼建筑群。

　　总之，少数民族特色村寨是鲜活的历史，为人们提供了最直观、最形象生动的形式去认识历史所存在的条件，具有重要的历史保护价值。

二　文化价值

　　少数民族特色村寨的文化价值是指少数民族特色村寨包含丰富的文化资源，生动地记载着不同民族、不同族群智慧的结晶和创造的成果，是了解文化发展史的活化石,更是巨大的文化财富,为少数民族文化研究提供基础。少数民族特色村寨的文化价值主要表现在以下几个方面。

少数民族特色村寨浓缩着民族传统文化的精华,原生态地反映了少数民族的文化身份与文化特色,展现了少数民族特有的思维风格、审美方式、发展格局的韵律,体现了少数民族特有的文化发展足迹,体现出鲜明的文化价值。联合国教科文组织《世界文化多样性宣言》指出:"文化在不同的时代和不同的地方具有各种不同的表现形式。这种多样性的具体表现是构成人类的各群体和各社会的特性所具有的独特性和多样化。文化多样性是交流、革新和创作的源泉,对人类来讲就像生物多样性对维持生物平衡那样必不可少。从这个意义讲,文化多样性是人类的共同遗产,应当从当代人和子孙后代的利益考虑予以承认和肯定。"该宣言还指出,保持文化多样性有助于促进文化的创新与发展,"每项创作都来源于有关的文化传统,但也在同其他文化传统的交流中得到充分的发展。因此,各种形式的文化遗产都应当作为人类的经历和期望的见证得到保护、开发利用和代代相传,以支持各种创作和建立各种文化之间的真正对话"①。

少数民族特色村寨保护具有文化价值,也体现了对文化多样性的保护。如恩施州民族文化大体上可划分为清江流域文化、酉水流域文化、溇水流域文化、唐崖河流域文化四大板块,每个流域的民族文化都各具特色。清江流域土家族与古代巴人有密切的历史渊源,他们在文化传承上与古代巴文化一脉相承,至今保留巴文化的痕迹。被称为跳丧舞的撒叶儿嗬,相传源于巴人古代的战舞和祭祀仪式,用亦歌亦舞的方式悼念死者,是土家族先民巴人在长期生产与生活中所形成的独特习俗,保持着浓厚的巴人遗风。在巴人西迁途中,留下了廪君与盐水女神缠绵悱恻的爱情故事。巴人后裔土家族以爱情为主题的民歌浩如烟海,流行于利川市的《龙船调》、恩施市的《六口茶》、建始县的《黄四姐》、巴东县的《伙计歌》等均是情歌海洋中几朵绚丽的浪花。以爱情为主题的恩施女儿会,被誉为"东方情人节",于每年农历初二或十二举行,保存着古

---

① 《世界文化多样性宣言》,参见联合国教科文组织网站。

代巴人原始婚俗的遗风，是恩施土家族青年在追求自由婚姻的过程中，自发形成的以集体择偶为主要目的的节日盛会，是恩施州三大民族节日之一。同样，以爱情为主题的哭嫁、陪十弟兄、陪十姊妹等传统婚俗至今仍有遗存。崇拜白虎、向王天子，被视为巴人白虎图腾崇拜在土家族原始宗教信仰中的文化传承。

但是，少数民族特色村寨和其他文化领域一样，面临着文化多样性丧失的严重威胁。更为严峻的现实是，文化多样性的重要性及消失的严重程度并没有引起更多人的认识、理解和接受。有许多人并没有认识到如果文化多样性遭到破坏，数代人遗留下来的文化遗产、丰富的文化精神世界、精神文化生活都要受到巨大损失。因此，一定要重视少数民族特色村寨文化保护，珍惜文化价值。在文化全球化的冲击下保持文化的多样性、民族性、本土性。《世界文化多样性宣言》指出，人类文化是"某个社会或某个社会群体特色的精神与物质、智力与情感方面的不同特点之总和；除了文学和艺术外，文化还包括生活方式、共处的方式、价值观体系、传统和信仰"①。文化的这些特征在少数民族特色村寨中也都直观地表现出来。通过保护少数民族特色村寨，就可以使不同民族的文化独特性得到充分保持，更是对世界文化多样性的保持。

少数民族特色村寨体现了特定民族的文化基因和精神文化特质。村寨少数民族一脉相承的生活态度和社会行为受到了这些维系民族血脉的元素塑造与延续，形成少数民族特有的精神文化传承。少数民族在长期的生产劳作和社会实践中沉淀而成的民族文化精神，是代代相传沉积下来的思想精髓、文化观念，包含了民族价值观、心理情感认同观等内在族群精神、族群意识，也是民族之魂、民族文化之本。保护与保存具有丰富历史文化内涵的少数民族特色村寨，保护好少数民族文化的精华，传承其所拥有的重要文化价值是当代人义不容辞的责任。

三 经济价值

少数民族特色村寨的经济价值是指少数民族特色村寨既有大量保存

---

① 《世界文化多样性宣言》，参见联合国教科文组织网站。

完好的乡土建筑，又有与自然和谐统一的村寨环境，还有历史传统格局与历史风貌，具有浓郁的地域特色的生态文化景观资源，具备发展乡村旅游的优势条件，为村寨的保护与发展提供经济基础。正视并合理开发、利用少数民族特色村寨的经济价值，有利于提升自我延续、自我传承和自我发展的能力。

2012年12月10日，国家民委与财政部制定并颁布的规划纲要明确表明，少数民族特色村寨保护与发展试点工作的实施内容是："加强村寨基础设施建设、开展人居环境改善、特色民居保护、特色产业培育、特色文化发展、民族团结进步活动创建。"此内容事实上是对村寨保护与经济发展做出要求。村寨经济发展就需要对其所蕴藏的具有潜在经济价值的资源进行合理开发与利用，在市场化、商品化的大背景下就显得尤为重要。但更要认识到，少数民族特色村寨充分利用丰富的文化与生态资源发展文化产业，会促进少数民族特色村寨更好地保护与发展。如恩施州民族文化遗产保护条例第5条规定："对于民族文化遗产保护工作，应当实行以保护为主、抢救第一、合理利用、有序开发的方针。"因此，在做好抢救和保护的前提之下，对少数民族特色村寨中的文化资源、生态资源和经济资源加以合理开发，科学利用其经济价值。

将少数民族特色村寨中生态资源、文化资源与经济资源转化为现实经济发展、转化为生产力，带来可观的经济效益，才会为少数民族特色村寨带来持久保护的经济基础。消极的保存式保护难以长久，只有积极的保护才是长久的保护。如恩施州咸丰县黄金洞乡麻柳溪村将其生态环境资源、含硒的稀土资源与羌族文化资源进行开发利用，将其当作发展经济的一种方式与途径。麻柳溪村拥有良好的天然生态环境，得天独厚的自然环境和古朴村寨、民族风情造就了良好的旅游商机。村内拥有亮孔寨、女儿寨、老熊溪瀑布、生态休闲观光茶园等多处旅游景观。村寨内自然风光秀丽，民居建设特色鲜明，民族文化底蕴丰厚，是一处不可多得的少数民族聚居村寨。吊脚楼是土家族的传统民居，燕子楼则是麻柳溪村以姜姓羌族为主的各族群众最常见的房屋，它们在麻柳溪或群居、或独处，共同形成了麻柳溪的民居特色。麻柳溪村气候、植被、土壤含有硒元素，适宜茶叶种植，硒茶久负盛名，远销海内外，村民也有种茶的技术，茶叶产业是该村的主导产业，现有标准化茶园1650亩，是国家农业部第一个通过验收的有机茶叶示范基地，村民人均纯收入1万元以上。近年来，麻柳溪村以茶叶产业为支撑、以生态旅游开发为后劲，走"一村二品"之路。随着黄金洞乡旅游开发的顺利推进，"唐崖·土司江山"正式投入运营，麻柳溪整村成为旅游景区，目前，村内已完成游客接待中心、演艺厅、吊脚楼宾馆、民族工艺品演示和展览中心、茶叶加工流程观光和茶艺表演中心、旅游陆路观光无轨火车等设施建设，与此同时，村内"姜大姐""亮孔寨"等近十家"农家乐"应运而生。①

将少数民族特色村寨各种资源转换成旅游资源，通过旅游业来加快村寨经济发展，群众收入得到大幅度提高，随之而来的积极式保护就会增强。旅游资源是非常丰富多彩的，国际旅游组织前总裁奥瑟-豪洛特指出："我们的旅游业，就如同我们在舞台演戏一样，戏中有古代明星，也有现代明星；有古代文化，也有现代文化；有绚丽的风景、建筑和历史遗迹等。换句话说，我们所拥有的资本，不只是金钱，更重要的是伟大的传统和人类历史最卓越的成就。"② 从这个意义上来说，少数民族特色村寨中那些历史传统建筑、居民特色建筑、传统手工制造、宗教活动场所、民间文艺、宗教礼仪、民俗、民间歌舞等，也都是不可多得的人文旅游资源。如恩施市三岔乡莲花池村打造的"三岔傩文化"品牌，编导傩文化系列，研制傩面具旅游产品；白杨坪村有"灯戏""少和"等民间艺术。二官寨旧铺保存有恩施州罕见的800多栋淳朴的土家吊脚楼群，被专家称为"南方少数民族的建筑活化石"。两岸还有千亩梯田，更罕见的是两棵"千年古杉"。梯田修竹拥抱环绕着一个古老、文明、建筑规模宠大的古村落"康家大院"。该村落里保存大量文物遗址遗迹和非物质文化遗产名录。如始迁祖墓地、官碑、古桥、古道、落脚朝门、五进堂、河对门房屋、指路碑，还有使用60年以上的风车、水渠遗址、店房遗址等。保存有南戏、三棒鼓、莲香、油茶汤、吊脚楼制造工艺、蓑扎技艺、

---

① 资料来源：恩施州咸丰县黄金洞乡政府部门内部资料。
② 陈昌茂、吕庆华、袁媛：《从历史文化宝库到旅游审美天堂——论安龙历史文化的旅游开发》（http://max.book118.com/html/2015/0325/13752555.shtm）。

山民歌、陪十弟兄、陪十姊妹、打夜锣鼓、板凳拳等。① 另外，麻柳溪村寨通过招商引资，成立了湖北天韵羌寨贸易有限责任公司，该公司投资200万元建成了集旅游产品销售中心、茶艺表演和民俗文化展示于一体的旅游配套服务公司，是目前恩施州唯一的综合性旅游产品销售中心。②

对少数民族特色村寨，既要保护又要发展，以保护带动发展，用发展来促进保护。可以说在少数民族特色村寨保护与开发的问题上，一定要严格遵从保护第一、合理利用的原则，更要正视市场经济作用下消费社会的现实，合理开发与利用其经济价值。不能无视经济价值一味地消极保存式保护，更不能因噎废食地盲目否定对少数民族特色村寨的经济开发和利用。作为少数民族特色村寨保护价值体系的一部分，在国家市场经济与消费社会条件下，经济价值已成为少数民族特色村寨的一种重要的保护价值。

四 科学价值

少数民族特色村寨的科学价值是指少数民族特色村寨本身就具有较高的科学含量和内容，它所承载的物质文化遗产与非物质文化遗产也含有相当程度的科学因素和成分，为科学研究提供基础。少数民族特色村寨的科学价值主要表现在以下几个方面。

少数民族特色村寨是少数民族历史发展的产物，是不同历史时期的发展阶段对当时少数民族生产力发展、少数民族文化发展、科学技术，以及艺术造诣水平、少数民族群体认知、创新能力的原样保存与反映。它作为一种民族历史文献的空间载体，凝聚了少数民族特有的人文精神与深厚的传统文化底蕴，也积存了丰富的科学技术遗存，具有较高的科学价值。少数民族特色村寨中有"许多民间习俗保留着原始文化的粗犷和纯真，对于研究人类历史具有重要的科学价值。另外，许多非物质文化遗产本身含有相当程度的科学因素和成分（比如中国的传统医药、传

---

① 崔平：《恩施市少数民族特色村寨保护与发展调研报告》，《鄂西民族》2015年第3期。
② 资料来源：恩施州咸丰县黄金洞乡政府部门内部资料。

统酿酒技艺），都具有科学研究的价值，为后人创新奠定了基础"①。

少数民族特色村寨的传统建筑是具有极重礼制的历代官式建筑，在适应当地的地理环境、风土人情与习俗、满足少数民族人民基本生存生活需要等诸多方面，都显示出惊人的机智巧妙，极富有浓郁的地方特色和灵动之气。无论是木建筑的构造、竹木构造、土木构造还是石木构造的特色传统民居，它在整个建构的过程中，尤其注重功能的实用设计。如在采光性、通风性、隔热性及防寒、防潮、防震、防水、防火、防风、防虫、防盗等方面都有独特巧妙的设计。村寨格局布置、道路设置、建筑规划中更是蕴藏着独具人文特征、地理属性的营造理论、设计手法。

不同的建筑文化反映了每个民族不同的审美取向、社会价值、生活观念和地域属性。譬如恩施州宣恩县沙道沟镇彭家寨的建筑设计极具特色。特殊的地域属性造就了自成一体的吊脚楼古建筑群落。彭家寨吊脚楼建筑群是一个非常古老的建筑形式，以前称为"干栏""阁栏""廊栏"等，自古以来都流行在百越族群所在地域。它们的形成原因还是根据武陵地区的地理位置而定的，由于那片地区山多田少，村民在选择建房时，为了适应山坡地形而建造吊脚楼为居住住所。彭家寨形成于百余年前，彭氏家族迁徙沙道沟时，看到了现居之地，是一块背靠大山的缓冲坡地，为了适应地形的变化，建房时以吊脚之高低，朝向以斜坡面方向，依山而建成了居住所。经历数百年几代人的创造建设，终于形成现在独具特色的土家族吊脚楼的整体上的形体优美、空间立体、层次错落有致、轮廓分明的古建筑群。别致的建筑形式与风格成就了土家族独特的建筑文化。从彭家寨现有的吊脚楼可以看到土家族吊脚楼构思巧妙，形式各样。彭家寨现存有23栋居民房，从溪河对岸远望去，彭家寨前后像耸立9个以上的"龛子"的样子，飞檐翘角，脊口塑饰，还有十多个处在正屋尽端的山面"龛子"层层叠起，交错在一起，"争芳斗艳"；再从形式方面来看，每个吊脚楼都有自身的特点，互相竞秀。"龛子"下面的空间，有的用来建设户连户的通道，有的用来自身居住形成"立体化"交通走廊，呈现独具风格形式的吊脚楼群落。中国古建筑专家，华中科

---

① 王文章：《非物质文化遗产概论》，教育科学出版社2008年版，第85页。

技大学教授张良皋先生歌咏赞叹:"未了武陵今世缘,频年策杖觅桃源;人间幸有彭家寨,楼阁峥嵘住地仙。"① 和谐的居住环境体现地域文化特色。彭家寨建在依山面水的缓坡上,后山一片森林覆盖,东面和寨前各有小溪河为界,彭家寨吊脚楼古建筑群充分利用了地势资源,还达到了与周边环境的和谐相融,人与自然有利结合,是具有鲜明地域特色的生态建筑。彭家寨吊脚楼古建筑群是地域文化的空间载体和典型代表,它凝聚着吊脚楼发展的足迹,凝聚着土家人的智慧和创造才能,更用事实说明:"吊脚楼解放地球表面,宜山宜水宜平地。"②

从科研角度来看,少数民族特色村寨的物质文化遗产对于各类科研人员来说是非常宝贵的实物资料和研究基地。从物质文化遗产价值来看,土家族的吊脚楼建筑工艺过程就具有科学研究价值。吊脚楼建筑从不同的角度和不同侧面都反映出其所属时代的科学技术水平与生产力水平。因此,各时代的文化建筑本身都不同程度蕴藏着当时的科学技术信息,对当代乃至以后科学建造技术的发展都具有很大的借鉴作用。

少数民族特色村寨所包含的非物质文化遗产具有鲜明的多学科、跨学科、交叉领域的知识属性,是少数民族特色村寨历史发展过程的真实反映,具有重要的科学研究价值。村寨中少数民族群体保留着自身对传统生活情感的态度、风俗习惯、信仰禁忌、传统技艺等民族历史文化点滴,皆属于科学研究价值的一部分。例如,恩施州土家族的家族传统历法主要反映了土家族的先民与自然长期共存与交往过程中,在一定程度上科学掌握了自然界发展的运行规律,并合理运用这些规律来有效地指导土家族人从事农业生产。

总之,少数民族特色村寨不仅具有较多的科学内容和因素,还为我们提供了极为丰富的历史文献资料和学术价值的实物资料,有助于我们从民族学、人类学、社会学、历史学、宗教学以及文学、艺术、民俗、建筑等多学科领域进行相关科学研究,极具科学价值。我们不能轻视这些反映并表现出早期人类历史行为的精神财富,不能轻易摒弃早期人类

---

① 张良皋:《人世仙居吊脚楼》,《中国民族》2001年第8期。

② 同上。

历经沧桑与艰难困苦沿袭下来的活态文化，应该充分认识到它们所具有的重要的、不可多得的科学价值。积极保护、研究它们，更好地丰富人类对历史文化的知识，提升科学认知水平。

第二节 少数民族特色村寨保护的目标

少数民族特色村寨如何保护，其核心问题是要正确处理好保护与利用的关系。实施少数民族特色村寨保护工作，就要坚持"规划先行、统筹指导、整体保护、兼顾发展、活态传承、合理利用、政府主导、村民主体"的原则①。少数民族特色村寨保护主要目标是纠正当前存在的无序和盲目建设状态，禁止出现大拆大建。鼓励社会力量积极参与，建立由政府推动、社会力量参与协同保护机制。建立村民主体机制，对村寨制定保护规划方案及实施保护利用等项目时应当充分尊重村民意愿。

保护少数民族特色村寨的主要任务应当是不断对村寨调查完善的同时，加大国家和地方的少数民族特色村寨申报和命名工作，建立少数民族特色村寨保护管理制度和保护技术支撑体系，制定具体的保护政策措施，培养专业的保护人才队伍，积极开展少数民族特色村寨保护的宣传教育和培训。

当前，国家民委与财政部下达的"十二五"《规划纲要》指出，少数民族特色村寨的发展目标是："人居环境明显改善，群众收入大幅提高，村寨风貌、特色民居得到合理保护，民族文化得到有效保护，村寨基本公共服务体系进一步完善，民族关系更加和谐。"针对上面所述的村寨发展目标而言，基本涵盖村寨保护的宏观目标，但没有体现应当怎样保护和具体保护目标内容。根据《规划纲要》村寨发展目标的总指导，秉承兼顾发展、注重整体保护原则，少数民族特色村寨保护的具体目标主要表现在以下三个方面。

---

① 周建明：《中国传统村落——保护与发展》，中国建筑工业出版社2014年版，第33页。

一 传统资源有效保护与传承

科学保护少数民族特色村寨自然环境、整体风貌格局、传统古建筑及历史环境要素等方面，有效保护与传承民族传统文化，彰显少数民族特色村寨的地域性、民族性及文化特色。少数民族特色村寨保护应当注意的事项：一是文化遗产的真实性、完整性和可持续性要得到保持。二是尊重少数民族特色村寨传统建筑的历史风貌，不改变传统历史建筑形态，应当及时抢救修缮已确定保护的濒危建筑物、构筑物，应及时整治对少数民族特色村寨整体风貌有影响的建筑。三是应当尊重村寨传统的选址格局和与周边地区景观环境的相互依存关系，需注重整体保护，严令禁止对村寨整体环境的各类破坏活动和行为，如已破坏的要及时进行恢复。四是应当尊重村民是少数民族特色村寨主人的主体地位，鼓励村民按传统习惯来开展乡村社区的文化活动，要对与之相关的空间场所、物质载体与生产生活资料进行保护。五是因重大原因要对那些确实需要迁移的少数民族特色村寨，必须经国家民委、文化部、财政部及相应省级住房和城乡建设部门同意，并上报中央三部门备案。

二 人居环境明显改善

少数民族特色村寨的水、电、路、通信等基础服务设施基本完善。其中，村寨内的道路硬化率、饮用水安全率、广播电视入户率均达到100%，特色民居达到80%以上。积极引导村民进行传统居民建筑节能改造和功能提升，改善居住生活条件，提高人居环境品质。要正确处理好少数民族特色村寨保护与村民追求务实改善生活的意愿之间的关系。在符合保护规划要求的基础上，优先安排少数民族特色村寨的基础设施建设与公共服务设施建设项目。主要是在开展改造传统建筑节能和提升功能方面对村民进行积极的引导，改善村民居住条件，提高村民居住环境质量。

三 发展能力得到提升

发展能力得到提升主要从三个方面来实现：一是少数民族特色村寨

形成"一村一品"的特色产业,且对村民收入的贡献率不能低于总收入的60%。村民人均收入稳步增长,村民生活质量不断得到提高,民生状况进一步改善,自我发展能力进一步增强,形成保护优先、兼顾发展的良性循环。二是正确处理好保护与发展之间的关系。深入挖掘传统文化资源并充分发挥其所蕴含的价值,在沿袭村民传统生产生活方式的前提下,适度培育特色产业,增加村民收入。三是正确处理好保护与利用之间的关系。针对不同类型的传统文化资源提出相应合理的利用方式和具体实施措施,纠正无序、盲目建设问题,禁止大拆大建。①

第三节 少数民族特色村寨保护的原则

一 历史真实性原则

"真实性"最早是在国际立法1964年的《威尼斯宪章》上得以正式表述:"将文化遗产真实地、完整地传下去是我们的责任"②,之后逐渐被欧洲社会广泛认可。最开始仅针对欧洲历史文物古迹保护与修复,现在扩大范围到对文化遗产类的保护。《世界遗产公约实施行动指南》(简称《行动指南》)第24段明确了文化遗产要符合"真实性"的具体标准,即:"每一个被列入到《世界遗产名录》文化财产项目都应当满足对其设计、材料、工艺或背景环境以及个性和构成要素等方面的真实性的检验。"③ 不同国家受自身人文、地理、历史自然与社会环境影响,对于文化遗产类保护的关注程度迥异,对文化遗产保护"真实性"也有不同的理解,因此,东西方各国对于"真实性"所包括的评价标准、使用要求、内容等秉持不同的观点。

1994年11月,国际性的"关于真实性的奈良会议"在日本古都奈良召开,并制定了《关于真实性的奈良文件》(简称《奈良文件》),该文件强调:"想要多方位地评价文化遗产的真实性,前提是要认识与理解文

---

① 周建明:《中国传统村落——保护与发展》,中国建筑工业出版社2014年版,第33页。
② 阮仪三、林林:《文化遗产保护的原真性原则》,《同济大学学报》2003年第4期。
③ 《世界遗产公约实施行动指南》(Operational Guidelines for the Implementation of the World Her itage Convention,1997)。

化遗产产生及其随后的历史过程中所形成的特征及特征的意义、信息出处，这些不同类型信息源具有的艺术、历史、社会和科学价值会与真实性的判断相联系，因此，对这些真实性详细信息获取和利用时，应当对这些信息源所持的价值进行理解与详细说明。真实性包括的内容有文化遗产的形式与设计、材料与实地、利用与影响、传统与技术、位置与环境、精神与感受及内在与外在环境因素等。"①

1999年，在墨西哥召开的ICOMOS（国际古迹遗址理事会）第十二次大会通过了《乡土建筑遗产保护宪章》，其中强调："乡土遗产包含的不只是物质形式以及建筑物、结构和空间的组合，也包括对它们使用和理解的方式，以及依附于它们的传统和无形因素"，保护乡土建筑"真实性"的标准也适用于少数民族特色村寨，二者皆继续并延续着居住、生活功能。《乡土建筑遗产保护宪章》也进一步明确了古村镇"真实性"包括的保护内容，即"完整的古村镇形态、世居生活在其中的居民的生产与生活方式、居民对所居住的古村镇、古民居的态度及其保护、利用的方式"。由此推断，保护少数民族特色村寨的真实性，包括保护其所承载历史的物质文化遗产形态、非物质文化遗产形态、自然生态环境、人居环境等表现出历史传承的原因而形成的鲜明特色。因此，保护少数民族特色村寨应当坚持历史真实性原则。事实上，早在1964年间，ICOMOS就发布了《国际古迹保护与修复宪章》（简称《威尼斯宪章》），其中明确指出保护宗旨："把它们既作为历史见证，又作为艺术品予以保护。"这与我国《文物保护法》所强调的对文物的保护与修缮就是保存其历史真实性的目的是一致的，即"不改变文物原状"的原则。

保持少数民族特色村寨的历史真实性，注重村寨物质文化遗产与非物质文化遗产存在的历史真实性，切勿无中生有、照搬抄袭。要注重村寨物质文化遗产形态的真实性，不能改变村寨环境历史空间格局（如填塘、道路改道或拉直）、整体风貌、人居环境与自然生态环境等，严令禁止没有历史依据的重建与仿制。注重村寨民族文化内涵的真实性，消除

---

① Nara Document, 1994, Approved at the Nara Conference on Authenticity in Relation to the World Heritage Convention. November 1994, Nara. Japan.

商业开发造成的民族文化娱乐化及庸俗化等现象。还要注重村民生存、生产、生活的历史延续真实性,人创造了村寨历史,如果村寨中没有人的存在,村寨将不能载写历史,也将失去生命,更不具有历史价值,要对村寨商业开发面积比例进行合理控制,尤其不能以保护、利用为由勒令村民全部迁出村寨。

二 风貌完整性原则

"完整性"的提起主要来源于拉丁词根,字面意思表示从来没被触动过的最原始状态。国际自然保护联盟(IUCN)最早提出了完整性原则,其最主要应用于对自然遗产的评价,如对原始森林或野生生物区等方面的保护。事实上,"真实性"也包含了"完整性",《行动指南》在第24段指出保护文化遗产真实性原则的同时也明确规定了"保护文化遗产的完整性"。《国际古迹遗址理事会意见书》认为:"希望简单地把适用于自然遗产的完整性条件移用到文化遗产的想法是不明智的。虽然如此,完整性条件表达了整体上对文化遗产的接近,它比真实性原则与文化遗产之间的关系更相关,更有意义。作为一个概念,'完整性'适用于自然遗产,它同样平等地适用于文化遗产。"[①]《威尼斯宪章》更在"修复"一节的第14条规定:"古迹遗址必须成为专门照管的对象,以保护其完整性。"[②]

完整性原则就是要对文化遗产整体价值进行保护,也为文化遗产划定了原则性保护范围。文化遗产的完整性包括在空间范围上的有形完整与遗产的有形内容所蕴含的文化内涵的无形完整。[③] 空间范围上的有形完整在本书中指的是少数民族特色村寨物质文化遗产,如村寨古建筑(群)、民族文化场所、祠堂、宗教礼仪祭祀场所、民居特色建筑、自然生态环境、传统空间历史格局等应当尽可能保持自身结构与组织成分的

[①] ICOMOS POSITTON PAPER. "Report of the Global Strategy Natural and Cultural Heritage Expert Meeting", 44–45, Amsterdam, 1998.

[②] 《国际古迹保护与修复宪章》即 Venice Charter (1964),载国家文物局法制处编《国际保护文化遗产法律文件选编》,紫禁城出版社1993年版,第162—165页。

[③] [日] 西村幸夫:《城市风景规划》,张松、蔡敦达译,上海科学技术出版社2005年版。

完整，保持村寨历史风貌的完整性。而遗产的有形内容所蕴含的文化内涵的无形完整是针对非物质文化遗产类而言，也就是对村寨非物质文化遗产类文化概念上的完整性。如恩施州来凤县百福司镇舍米湖村的土家族摆手舞，作为中国非物质文化遗产传统民族文化的典型代表，其体现了摆手舞所蕴含的土家文化概念与内涵的无形完整性，还体现了其所处地理位置上的相互关联性。

新建与修缮活动应当有助于形成文化遗产与其环境的完整性。对于少数民族特色村寨而言，村寨是伴随着人类历史发展过程产生的，村寨的历史风貌完整性就是关于人类的一本发展史，新建与修缮活动是村寨历史风貌本身组织成分与结构完整的一个组成部分，也是形成村寨风貌完整性的重要内容。村寨的整体风貌的形成，主要是要改善村寨风貌，对更新过程中的新建与修缮活动进行适当的引导与监控，避免其所处环境中的不协调因素损害村寨风貌完整性。

少数民族特色村寨坚持风貌完整性保护原则在具体做法方面，要注重少数民族特色村寨历史空间格局的完整性，保持村寨建筑（群）、公共基础服务设施、自然生态环境、人居环境与其周边环境的整体空间、格局形态及二者之间相互的内在关系。避免与村寨整体风貌不协调的"插花"混建，保持新村与旧村风貌整体上的和谐。注重村寨历史完整性，保护村寨在各个时期历史发展过程中所留下的信息与记忆，要自然、完整地展现于村寨每个角落，防止对特定时期的某一片段进行塑造。注重村寨价值的完整性，要全面保护、挖掘村寨所蕴含的历史、文化、科学技术、艺术、经济、社会价值，不能为了片面追求经济价值而忽略对其他价值的重视。

三 生活延续性原则

教科文组织于2003年第32届大会通过的《保护无形文化遗产公约》，对文化遗产存在的状态主要描述的是其延续，提倡多元文化的精神价值，相信文化多样性会为人类带来更多的发展模式，而文化多样性不仅关注的是各民族传统文化的共同发展使人们能够更好地生活在一起，还要生活在一起过得非常好。① 无形文化遗产不仅是一种"遗留物",而且是一种有灵魂、有生命的现象,更多关注的应当是依据"国家在场理论视野下"所理解的历史传统文化内在意义及观念价值的在场。联系到少数民族特色村寨类的文化遗产而言,也就是说不同民族不同文化的人们共生共存在村寨空间载体,互相联系、互相影响、互相借鉴产生和谐民族关系,并使本民族的传统文化世代相传,与自身周边人文、自然等环境及已消逝的历史信息产生融合与创新,得到村寨及周边各民族人民的广泛认同,激发村寨传统文化在生活中延续。

"延续性"的提法是针对历史文化遗产传承、发展而言,对真实历史遗存的生命延续。历史文化遗产相关内容上的延续性主要包括寿命的延续、功能的延续、生活的延续、无形历史文化的延续。例如,列入文物保护单位的古迹、遗址、古建筑群等的延续性主要是指其寿命的延续,对正在使用的运河、古建筑(群)、亭、桥、道路、民族文化场所、宗教堂等遗产指的是其具有使用功能的延续,还有像传统村落、村寨、历史文化名城(村、镇)等特殊的文化遗产因人类生活在其中而成就了生活价值,指的是其生活的延续,还有那些非物质文化遗产类的传承与创新属于无形历史文化的延续。对于文化遗产类风貌延续性从内涵上讨论,属于无形地域性文化的延续,主要体现于新建活动必须反映出传统建造的理念、方式及无形的社会历史文化。

历史文化村镇是"活着的文化遗产""必须是人们仍然生活其中的、必须是继续发展的,这是其最重要的特点。保护也必须适应这一特点"②。如果深究根源,则引用哲学家"海德格尔的术语'In-der-welt-Sein'(存在于世)探寻建筑功能的本原,即:'人,不能没有建筑而存在于世',此处的建筑指的是世界传统民居"③。对于少数民族特色村寨民居传统建筑而言,如果没有村民居住、生活就失去了建筑文化本身的意义、价值,也失去了生命的延续。那么,根据历史真实性原则,应当避免将保护区

---

① 文日焕、祁庆富(主编):《民族遗产》(第一辑),学苑出版社2008年版,第48页。
② 单霁翔:《乡土建筑遗产保护理念与方法研究》(下),《城市规划》2009年第1期。
③ 赵鑫珊:《建筑是首哲理诗》,百花文艺出版社2002年版,第470页。

内的村民全部外迁。建筑遗产是古村镇居民生活的场所,而生活的主体古村镇居民的存在才使民众生活、地方文化有了内容,古村镇的居民才是古村镇文化的生命力所在。① 因此,少数民族特色村寨类的文化遗产要坚持生活延续性保护原则。

保持少数民族特色村寨的生活延续性,就要注重村寨经济发展的延续性。通过产业结构调整,培育发展特色主导产业、开发旅游产业来增加村民收入,让村民能够享受到现代文明创造的成果,实现生活安居乐业。注重村寨传统文化的延续性,对村寨民族优秀传统文化价值观、传统习俗、传统手工制作技艺进行传承、发展与创新。注重村寨自然生态环境的延续性,尊重保护优先、可持续利用原则前提下,避免当代人超支扰动后代子孙那部分文化遗产,保证代际公平传承。尊重并行使人与自然和谐共处的生产、生活方式,维持生态平衡是每一个自然人的使命与担当,严禁对自然生态环境进行商业过度开发、以牺牲当代人及后代子孙权益为代价来获取利益最大化。

四 保护优先原则

保护优先是少数民族特色村寨保护政策实现最终目标的指导思想。保护优先原则上是少数民族特色村寨保护的立法基本原则,国际立法规定明确保护优先地位。保护与利用之间关系的定位问题对少数民族特色村寨保护的未来导向具有重要指引作用。少数民族特色村寨最重要的是保护,可持续利用也是为了更好地长久保护,利用就是为保护服务的。

国际立法方面,《世界遗产公约》的精神主旨就是确立保护绝对优先地位,目的是保护。但当前《恩施州少数民族特色村寨保护实施意见》中明确表述少数民族特色村寨保护工程总的目标之一是关注民生为前提、以开发利用为目的,这与《世界遗产公约》精神主旨有关部分有相违背之处。正如文化遗产是前人给予我们的精神和环境的恩赐,今人享用着它们已是极大的利用,如果将之视为摇钱树,以盈利为最终目标,那是

---

① 朱光亚:《古村镇保护规划若干问题讨论》,《小城镇建设》2002年第2期。

根本上的悖谬。① 对于旅游市场上因世界文化遗产的潜在经济价值火爆所引起的"申遗风"盛行，促进各国加大了对文化遗产的保护力度，而有些方面保护的动机就是看准了文化遗产保护背后所产生的巨大经济利益，对遗产资源进行过度商业开发，造成"开发性破坏、破坏性开发"，为了有效防止保护破坏行为，可以借鉴美国对于国家公园进行保护的做法。《美国国家公园手册》中规定："允许公园被用于商业目的的旅游，是对国家公园的独特绝佳财富的浪费。所有这类旅游都应被制止。""必需的公园内宿营地应根据自然景观要素来设计和操作，豪华宾馆无疑是不合适的。"②《美国国家公园手册》条款规定确保了保护与利用关系之间，保护优先的主导地位。有一些少数民族特色村寨适合对其进行旅游开发与利用；有一些村寨仅能适度进行开发利用；而有一些村寨不适合进行旅游开发。要处理好二者之间的关系，就必须要科学、合理地制订规划，对于适合进行旅游开发的村寨，要按逐步实施的先后顺序，先保护，再考虑可持续利用。

五 可持续利用原则

英国著名国际环境法学者菲利普·桑兹提出可持续发展原则包含代际公平、代内公平、可持续利用和环境与发展一体化四个核心要素。③ 少数民族特色村寨可持续利用是指少数民族特色村寨所承载的物质文化遗产与非物质文化遗产既属于当代人，也属于后代子子孙孙。当代人不能侵权、超支使用后代子孙的那部分文化遗产，甚至要永久还原、改善、保存村寨中的自然生态环境，不被外界侵蚀、污染，保持原始森林式的自然生态风光。村民是少数民族特色村寨真正的主人，保护、传承、管理是每一个世居村寨村民的担当与责任，保护的义务远远高于对村寨的使用权与消耗权。为确保少数民族特色村寨代与代间公平传承，就应当

---

① 刘红婴、王健民：《世界遗产概论》，旅游出版社2003年版，第214页。
② ［美］理查德·福特斯：《美国国家公园》，中国轻工业出版社2003年版，第107—108页。
③ ［英］菲利普·桑兹：《国际环境法原理》（英文版），英国曼彻斯特大学出版社1995年版，第198—208页。

做到对所属后代子孙那部分权益的维护，走可持续发展之路。坚持保护优先、可持续利用立法保护原则下，防范与限制对后代子孙遗产继承权、遗产继承份额的侵占。

六 利益平衡原则

法律的主要作用之一就是调整和调和种种相互冲突的利益，无论是个人的利益还是社会的利益。① 利益平衡指"通过法律的权威来协调各方面冲突因素，使相关各方的利益在共存和相容的基础上达到合理的优化状态"②。通俗来讲，利益平衡就是在一定的利益格局和体系下出现的利益体系相对和平共处、相对公平均势的状态。③ 吴汉东则认为："利益平衡指当事人之间、权利主体与义务主体之间、个人与社会之间的利益应当符合公平的价值理念。"④ 知识产权保护制度既要对知识产权权利人的正当利益进行保护，还要兼顾保护对其利用人的合法利益与社会公共利益。利益平衡原则是知识产权法律制度作为少数民族特色村寨私法保护意义上的核心原则。众所周知，非物质文化遗产列属于知识产权特别权利保护，需要遵守利益平衡原则。而少数民族特色村寨作为特殊民族文化遗产，如村民自家传统古建筑产权属于村民所有，公共文化场所建筑、非物质文化遗产类属村寨集体所有，村寨内划为文物保护单位的属于国家所有，在少数民族特色村寨保护与发展过程中同样需要平衡利益关系，遵守利益平衡原则，包括少数民族特色村寨中所蕴含的物质文化遗产和非物质文化遗产来源群体权利与义务之间的利益平衡；村寨中民族文化遗产创造者、所有者与使用者之间的利益平衡；村寨开发与利用中涉及经济利益平衡；还有公共利益与私人利益之间的平衡。只有合理平衡少数民族特色村寨开发与利用中产生的利益关系，才能真正保护少数民族特色村寨正当、合理使用，避免因对少数民族特色村寨进行商业开发所

---

① ［美］埃德加·博登海默：《法理学、法哲学与法律方法》，邓正来译，中国政法大学出版社1999年版，第398页。
② 陶鑫良、袁真富：《知识产权法总论》，知识产权出版社2005年版，第17—18页。
③ 李墨丝：《非物质文化遗产保护国际法制研究》，法律出版社2010年版，第263页。
④ 吴汉东主编《知识产权基本问题研究》，中国人民大学出版社2005年版，第108页。

带来经济垄断。

少数民族特色村寨物质文化遗产与非物质文化遗产的来源群体中主要存在积极利益需求与消极保护需求。积极利益需求方面，是能够积极地行使知识产权，促进村寨及自身的经济发展，维权防止那些对少数民族特色村寨民族文化遗产与民族传统文化表现形式的滥用与商业庸俗化，包括对本村寨传统文化表达攻击或贬损使用进行权利限制。消极保护需求方面，是他们对自身取得知识产权可能性并不感兴趣，也反对任何人不经其允许就利用民间文学艺术取得知识产权。[①] 联系到少数民族特色村寨而言，作为村寨资源所有者，对村寨开发与利用并不积极，也不想他人占有自身及集体资源获取知识产权及对其行使开发和利用的权利。那么，这二者之间就会产生利益需求的矛盾与冲突，不同利益需求都具有正当性。如何在二者之间找到最佳平衡点，就需要建立一种能达成二者共识的利益平衡机制。对少数民族特色村寨的保护属于社会公共利益方面的保护，在村寨保护与开发利用的矛盾冲突中，既有村寨集体利益，又有村民私人利益及社会利益，如果为解决冲突而片面地牺牲任何一方利益都将损害社会公共利益。因此，利益平衡原则是少数民族特色村寨保护政策顺利实施的基本保障，利益平衡在村寨发展长期效益中具有重要的地位和作用。

---

① See Consolidated Analysis of the Legal Protection of Traditional Cultural Expressions/Expressions of Folklore, WIPO, May2, 2003: 15.

第二章

恩施州少数民族特色村寨保护政策的实践

恩施州少数民族特色村寨目前面临数量减少、特色淡化、发展衰落等困境。国家已在立法和保护实践方面采取相关行动。恩施州根据国家法律和政策针对本地实际制定了地方法规和政策，并采取了较多地方特色实践，恩施州少数民族特色村寨人居环境逐渐改善，群众收入大幅提升，村寨风貌、特色民居得到明显保护，民族文化得到有效发展，村寨基本公共服务体系较为完善，民族关系融洽和谐。少数民族特色村寨保护取得了初步成效。

第一节 恩施州少数民族特色村寨本身存在的现状

一 数量逐渐减少

恩施州地处武陵山腹地，除汉族外，还有土家族、苗族、侗族、白族、蒙古族、回族等28个少数民族，少数民族人口占全州总人口的54%。少数民族特色村寨是各少数民族人民的主要聚集地，少数民族特色村寨以土家族、苗族、侗族为主，也有部分汉族和人口相对较少的其他少数民族。从少数民族所占恩施州总人口数量过半这一比例来看，少数民族特色村寨的数量应当较多。

截至2015年底，纳入保护范围的恩施州少数民族特色村寨共117个，特色最明显的建筑类型以土家族干栏式吊脚楼群为主。2009年，恩施州来凤县百福司镇舍米湖村等7个村寨纳入第一批少数民族特色村寨保护范围。2010年，恩施市盛家坝乡二官寨村小溪村等8个村寨纳入第二批少数民族特色村寨保护范围。2011年,恩施市三岔乡莲花池村等19个村寨纳入第三批少数民族特色村寨保护范围。2012年,恩施市白杨坪乡麂子渡村等16个村寨纳入第四批少数民族特色村寨保护范围。2013年,恩施市龙凤镇龙马村等18个村寨纳入第五批少数民族特色村寨保护范围。2014年,恩施市红土乡石灰窑村等18个村寨纳入第六批少数民族特色村寨保护范围。与此同时,恩施市白杨坪乡熊家岩村、芭蕉侗族乡戽口村等13个村已通过省民宗委验收并被授予"全省少数民族特色村寨保护与发展试点村",咸丰县黄金洞乡麻柳溪村等6个村被省民宗委表彰为"全省十佳民族特色村寨"①(如表2—1所示)。

从少数民族特色村寨存在基本情况来看,主要是通过申报与命名的方式纳入特色村寨保护范围。从数量上来看,每年申报特色村寨的数量不多,呈逐年减少的趋势。从2009年至2011年数量逐年上涨,但与2011年申报数量最大值相比,2012—2014年各年申报数量均低于2011年,2015年略有回升。总体来说,每年纳入保护范围的少数民族特色村寨数量并没有显著增加。

二 村寨"特色"淡化

随着社会的不断进步和各民族大融合思想观点的影响,汉族甚至国外现代建筑风格直接冲击着少数民族特色民居的传统建筑风格。相比而言,经济发达、思想先进一些的地方及经济落后地区中先富起来的少数民族已不再满足原来老式、传统的木质结构的民居建筑,他们拆掉老式房子新建现代化建筑,从思想意识方面淡化了少数民族传统建筑风格的鲜明特色。

特别是改革开放以后,交通基础设施日渐完善,人们进城打工,拉近了城市与乡村的距离。外来文化不断涌入乡村的各个领域,少数民族人民的思想观念发生了变化,认为外面的世界才是生活的主流。为了追求现代生活方式,许多少数民族村寨新修了砖混结构的居民房,用砖混结构改造了部分老式木制住房和附属设施,并在建筑立面用墙面砖贴面。

---

① 资料来源:恩施州民宗委部门内部资料。

表2—1　2009—2014年纳入保护范围的特色村寨名单

县(市)	总数	2009年 批次1	个数 3(4)	乡(镇)	村(寨)	2010年 批次2	个数 8	乡(镇)	村(寨)	2011年 批次3	个数 19	乡(镇)	村(寨)	2012年 批次4	个数 16	乡(镇)	村(寨)	2013年 批次5	个数 18	乡(镇)	村(寨)	2014年 批次6	个数 18	乡(镇)	村(寨)
恩施	16			沐抚办事处	营上村★			盛家坝乡	◆二官寨村小溪			三岔乡	莲花池村★			白杨坪乡	鹿子渡村			龙凤镇	龙马村			红土乡	石灰窑村
								崔坝镇	班竹园村(原滋龙坝)			盛家坝乡	◆岸口村★			新塘乡	下坝村				双堰塘村			芭蕉乡	高拱桥村
												白果乡	金龙坝村							芭蕉乡	寨湾村			龙凤镇	店子槽村
												白杨坪乡	能家岩村★												青堡村
建始	13							高坪乡	大店子村(◆原石丫子)			高坪乡	大店子村★			红岩寺镇	洛水洞社区			茅田乡	要操门村			龙坪乡	店子坪村
												花坪乡	小西湖村			高坪镇	麻扎坪村			三里乡	新桥村			业州镇	罗家坝村
																			业州镇	大堰社区			高坪镇	果树村
																			高坪镇	岗仁坝村			景阳镇	龙家坝村
利川	9			柏杨镇	◆水井村★			沙溪乡	繁荣村、张高寨			毛坝乡	新河村			团堡镇	野猫水村			柏杨坝镇	栏堰村			毛坝镇	兰田村
																南坪乡	朝阳村			南坪乡	塘坊坪村			建南镇	大道角村
巴东	5							东溪口镇	雷家坪村			水布垭镇	围龙坝村			野三关镇	石桥坪村							水布垭镇	水坡村
																水布垭镇	龙潭河村								
宣恩	9			沙道沟镇	◆彭家寨★			椒园镇	◆庆阳坝村			高罗乡	小茅坡营村★			长潭河侗族乡	两河村							万寨乡	伍家台村
				高罗乡	板寨村							晓关侗族乡	野椒园村			椒园镇	水田坝村							高罗乡	火烧营村

* 总数 86

第二章　恩施州少数民族特色村寨保护政策的实践 / 69

续表

总数	县(市)	2009年 批次1		2010年 批次2		2011年 批次3		2012年 批次4		2013年 批次5		2014年 批次6	
		个数3(4)		个数8		个数19		个数16		个数18		个数18	
		乡(镇)	村(寨)	乡(镇)	村(寨)	乡(镇)	村(寨)	乡(镇)	村(寨)	乡(镇)	村(寨)	乡(镇)	村(寨)
86	咸丰 10	高乐山镇	◆官坝苗寨★	黄金洞乡	◆麻柳溪村★	大路坝区	蛇盘溪村	尖山乡	唐崖司村	活龙坪乡	水坝村	高乐山镇	沙坝村
		百福司镇	◆舍米湖★			朝阳寺镇	水井槽村	小村乡	幸福关村	忠堡镇	高笋塘村		
						翔凤镇	关口村			清坪镇	排丰坝村		
	来凤 14	翔凤镇	关口村民族风情园			三胡乡	黄柏村★	百福司镇	南河村	漫水乡	兴隆坳村	三胡乡	石桥村
						百福司镇	兴安村	大河镇	五道水村徐家寨	革勒车乡	鼓架山村铁匠沟	大河镇	桐子园村
										革勒车乡	岩板村		
										三胡乡	讨火车村		
										绿水乡	周家湾至上寨		
	鹤峰 10			铁炉白族乡	凤情寨★(铁炉村)	走马镇	汪家堡村	铁炉白族乡	硼堡村	走马镇	曲溪白族村	铁炉白族乡	细杉村
						邬阳乡	斑竹村	中营乡	三家台蒙古族村			燕子乡	董家村
						中营乡	大路坪村						
						五里乡	南村						

注：1. 共计86个村寨。
2. 标★的村寨为2012年验收合格特色村寨，共13个；标◆的村寨为2011年州政府命名的特色村寨，共10个。

使"天人合一"富有传承文化的原生态木质结构建筑中出现了砖木杂混、土洋结构的"怪胎"。再者，伴随着现代文化的逐步渗透，具有民族特色的民居面临被同化的危机，其产生的变异将使民族特色民居黯然失色，使村寨的特色不再成为"特色"。宣恩县沙道沟镇的罗家寨、汪家寨、曾家寨、五家寨、彭家寨，原是土家族聚居的自然村落且大都是吊脚楼建筑群，但除了彭家寨还保留着吊脚楼古建筑群没有被拆除新建砖房外，其余四个村寨（罗家寨、汪家寨、曾家寨、五家寨）的139栋房子中有91栋是汉式建筑的砖房。①

三 生存与发展危机

对于少数民族特色村寨的生存与发展而言，生存使现有的民族特色得以维持，发展则是需要少数民族特色村寨长期处于被保护状态基础上的适度扩张。但在众多现实因素影响之下，少数民族特色村寨出现生存与发展危机。

第一，人口结构失衡。少数民族特色村寨大量年轻力壮的村民进城工作或去外地打工或在城里买房定居，部分传统民居人走楼空。大多数只有老年人留守，长期无人居住将使房屋面临腐朽和坍塌的危机，即使有老人在，也无力修缮，子女也不想再住，最后破烂成废墟。

第二，建木房所需材料的匮乏。现在国家实行退耕还林政策，严禁乱砍滥伐，木料短缺导致价格昂贵，青砖青瓦生产基本停止，使盖有青砖青瓦的木质结构的特色民居逐渐失去生命之源。

第三，本民族文化意识淡薄。少数民族特色村寨的村民日渐追求时尚，对本民族传统文化、习俗、生活态度等方面逐渐淡忘。越来越多的年轻人已经适应现代化，忘记传统，认为建砖房是富裕与现代化的象征，住木房意味着依旧贫穷与落后。

第四，少数民族特色村寨村民贫困与基础设施缺乏。村寨部分村民家境贫寒，已无力对破旧的世居特色老宅进行保护性维修，村寨内部电力保护、抗震防火防雷、消防等基础设施奇缺，隐患无穷。特别是火灾，

---

① 资料来源：宣恩县民宗局部门内部资料。

大部分村寨都有传统木制房因火灾被烧光的个案发生。

第五，政府部门对新农村建设认识错位。一些政府部门指导少数民族特色村寨洗心革面，破"旧"立"新"，使村寨的"特色"消失。①

第二节 恩施州少数民族特色村寨保护政策的国家法律依据

一 法规保护体系

与国外相比，我国少数民族特色村寨保护工作起步较晚。少数民族特色村寨保护始于1982年《文物保护法》将历史文化名城列入不可移动文物而纳入保护范畴，正式表明官方授权国家文物局予以保护与管理。随着人们对民族传统文化价值的认识越来越深入，学术界对少数民族特色村寨保护的呼声越来越强烈。1986年国务院公布第二批国家历史文化名城时，首次提到历史文化村镇保护问题。对保护历史文化村镇具体规定内容为："对那些文物古迹比较集中或能完整体现出某一历史时期传统风貌和具有民族地方特色的街区、建筑群、小镇村落等予以保护，并据它们的历史、科学、艺术价值进行核定，公布为地方各级的'历史文化保护区'"，这成为少数民族特色村寨保护工作的起始标志②。2004年修正的《宪法》规定"名胜古迹、珍贵文物及其他重要历史文化遗产皆属于国家保护范畴"，正式将少数民族特色村寨列入国家宪法保护范围。2006年中共中央1号文件对社会主义新农村建设作出全面深入系统的说明，提出"生产发展，生活富裕，乡风文明，村容整洁，管理民主"，这成为包括少数民族特色村寨在内的广大农村发展、进步的新要求。同年11月，中国古村落保护国际研讨会暨"古村落保护与新农村建设高峰论坛"提出"古村落保护与新农村建设"这一问题。处理好"古"与"今"的关系，是民族血脉延续与传承的前提，更是促进少数民族特色村

---

① 资料来源：恩施州民宗委部门内部资料。
② 彭志辉：《历史文化村落保护操作模式研究：以东莞市茶山镇南社村为例》，硕士学位论文，华中科技大学，2006年。

寨可持续发展的关键。为了更好地保护、继承和发展少数民族特色村寨，就要弘扬少数民族特色村寨本土特色文化、民族传统文化特色。

2007年10月颁布的《城乡规划法》明确对少数民族特色村寨保护规划相关事象的规定："历史文化名城名镇名村的保护，以及受保护的建筑物维护和使用，应当遵守相关法律法规和国务院规定。"这是对历史文化遗产保护规划的"准用性规则"①的运用，弥补以往少数民族特色村寨保护规划编制与实施中所存在的规定不足，在管理特征上显示出多部门机制协同的约束力。

2007年12月修订后的《文物保护法》明确对保护对象制订保护规划的规定："历史文化名城和历史文化名村街区、村镇所在地的县级以上地方人民政府应当组织编制专门的历史文化名城和历史文化街区、村镇保护规划，并纳入城市总体规划。"这标志着少数民族特色村寨的保护与规划工作正式纳入法制层面。

2008年4月，国务院正式颁布了《历史文化名城名镇名村保护条例》。该条例对历史文化村镇的申报审批程序、保护规划、保护措施及相关法律责任进行了法律明确，规定了政府及主管部门应当承担的相应法律责任及工作职责划分。这一行政法规的诞生改变了以往少数民族特色村寨保护无法可依的局面，体现了国家对少数民族特色村寨在内的历史文化村镇保护工作的日渐重视。

为了进一步继承和弘扬中华民族优秀的传统文化，加强非物质文化遗产的保护与保存工作，2011年2月国家颁布了《非物质文化遗产法》。该法界定了非物质文化遗产立法上的定义，规定对属于非物质文化遗产组成部分的实物和场所进行保护。《非物质文化遗产法》在保护目标、保护范围、保护机构及职责、保障及义务、保护方式等方面作出具体规定，是一部相当成熟与完善的保护法，更是与少数民族特色村寨保护内容最直接相关的法律。少数民族特色村寨非物质文化遗产及属于非物质文化

---

① 邬艳丽：《我国传统村落保护制度的反思与创新》，《现代城市研究》2016年第1期。准用性规则：所指法律的内容本身没有规定人们具体的行为模式，而是可以援引或参照其他相应内容规定的规则。

遗产组成部分的实物与场所全部适用于该法保护，对少数民族特色村寨保护工作具有推波助澜的作用。该法也表明了从《历史文化名城名镇名村保护条例》所注重的实体保护转向兼顾传统文化的全面保护。2003—2014年，国家建设部、文物局共联合公布了6批中国历史文化名村，部分少数民族特色村寨在6批中也陆续被命名为中国历史文化名村并予以保护。对少数民族特色村寨保护工作起到了很大的促进作用。

二 配套政策体系

近年来，加强少数民族特色村寨保护工作，已逐渐成为全社会的共识。党和国家无论从直接还是间接都陆续制定了很多与乡镇建设、少数民族特色村寨保护相关的方针政策，各类政策既从理论高度阐述了少数民族特色村寨保护的意义，还对少数民族特色村寨保护更新方法和村寨发展过程中可能出现的问题提出相应的解决对策。

少数民族特色村寨的保护越来越受到国家、各界人士和学者们的广泛关注。2009年9月8日，国家民委、财政部下发了《关于做好少数民族特色村寨保护与发展试点工作的指导意见》[①]（以下简称《指导意见》），这是试点工作行动的具体准则，是制定少数民族特色村寨保护政策相关内容的实施依据。《指导意见》将少数民族特色村寨正式从历史文化遗产、历史文化村镇、中国历史文化名村的范畴中单列出来加以重点保护与研究，显示出国家对少数民族特色村寨保护工作的重视程度。国务院办公厅于2012年7月12日下发了《少数民族事业"十二五"规划》，将少数民族特色村寨保护与发展工程列为主要任务之一。2012年12月10日，国家民委与财政部制定并颁发了《少数民族特色村寨保护与发展规划纲要（2011—2015年）》[②]（以下简称《规划纲要》），这是少数民族特色村寨保护政策的纲领性文件。该文件主要内容如下：

第一，村寨基础设施建设与人居环境整治。村寨建设主要有村寨与

[①] 国家民委办公厅、财政部办公厅：《关于做好少数民族特色村寨保护与发展试点工作的指导意见》。

[②] 《国家民委关于印发〈少数民族特色村寨保护与发展规划纲要（2011—2015年）〉的通知》。参见中华人民共和国国家民族事务委员会网站。

干线道路之间的公路连接到户路硬化；村寨饮水安全工程建设；村寨用电、广播电视、电话普及，宽带网络覆盖；改善居民生产生活条件，增加村寨旅游配套设施。同时，在村寨大力推进生态文明建设，利用生物质能、风能、太阳能等清洁能源带动村民自家改圈、改厨、改厕；开展村寨环境卫生综合整治、村寨污水及垃圾集中处理；建立健全管理制度；完善设施管护、环境保洁、村庄绿化及村容美化等方面问题。

第二，特色建筑和民居的改造。不同的少数民族特色村寨有不同的民族特色建筑风格，保存不同的民族风格建筑就是保护不同少数民族的传统文化，如土家族的吊脚楼、凉亭桥、古戏楼以及侗族的鼓楼、风雨桥等具有民族特色建筑风格。根据不同类型，采取保护与改建措施时，鼓励并帮助村民设计图纸统一新建具有本民族特点与地方特色突出的新民居，对于村寨所属重点旅游景区，没有民族特色建筑可以采取"穿衣戴帽"方式加以改造。新建与改造资金来源主要是村民自筹、国家补助等形式。

第三，特色产业培育。根据当地特有的自然资源与人文资源，支持培育比较优势产业，有特色传统种植业、农副产品加工业、畜产品深加工、传统手工艺品、食品、旅游纪念品、民族特色餐饮业、旅游设施建设等。

第四，发展特色文化。民族文化是一个民族的精神象征，不同的民族有不同的特色文化。民族特色文化的发展主要体现在少数民族特色村寨传统文化的基础设施建设、民族文化的抢救与保护、民族文化的传承、民族文化产业化发展、弘扬民族传统文化等方面。

第五，民族团结进步活动创建。开展民族团结宣传教育，把民族团结的内容纳入村规民约，开展文明家庭与文明村民评选活动，构建村寨和谐民族关系。

《指导意见》和《规划纲要》的出台为少数民族特色村寨保护创造了良好的政策环境。将少数民族特色村寨保护工作上升到国家重要议程上来，向全社会明确少数民族特色村寨保护的重要性。《规划纲要》从国家宏观层面理论阐述了指导思想、基本原则、扶持对象、发展目标、主要任务、组织实施和保障措施。为地方少数民族特色村寨保护政策的制定与实施提供了正确的理论方向。

第三节 恩施州少数民族特色村寨的地方保护政策

除严格遵守国家出台的相关法律法规和政策纲领性文件外，还应根据各民族地区具体情况，制定因地制宜的地方性法规、政策执行内容，为少数民族特色村寨保护工作建立更完善的政策体系。

一 法规保护体系

2004年修正的《宪法》明确赋予民族自治地方立法自治权，并在第119条规定："宪法赋予民族自治地方自治机关权利，可以自主地管理本民族地区的一切事务，包括教育、科学、文化、卫生、体育、民族文化遗产的保护与整理及民族文化的繁荣与发展。"第22条规定："国家保护名胜古迹、珍贵文物和其他重要历史文化遗产。"这表明恩施州少数民族特色村寨正式纳入地方性立法保护。

《民族区域自治法》赋予了民族自治地方立法自治权的具体行使内容，并在第4条规定，"依照宪法和本法以及其他法律规定的权限行使自治权，根据本地方的实际情况贯彻执行国家的法律、政策"；第6条规定，"民族自治地方的自治机关根据本地方的情况，在不违背宪法和法律的原则下，有权采取特殊政策和灵活措施，加速民族自治地方经济、文化建设事业的发展"；第10条规定，"保障本地方各民族都有使用和发展自己的语言文字的自由，都有保持或者改革自己的风俗习惯的自由"；第11条规定，"保障各民族公民有宗教信仰自由"；第19条规定，"有权依照当地民族的政治、经济和文化的特点，制定自治条例和单行条例"。因此，在国家制定的与少数民族特色村寨保护相关法律法规和政策纲领性文件的指导下，结合恩施州实际情况，制定相关保护条例。

为了进一步规范对恩施州非物质文化遗产和名胜古迹、文物等物质文化遗产及民族特色村寨的抢救、保护、建设、传承工作，不断继承和弘扬优秀的传统民族文化，促进恩施州经济发展和社会进步，2005年8月，恩施州自治机关颁布《恩施州民族文化遗产保护条例》（以下简称《条例》）。《条例》对民族文化遗产的定义进行了界定，对法律所保护的客体（民族文化遗产的类型和内容）进行了列举，并对保护主体（机构）、保护经费的来源与落实、保护措施的制定、因违法所承担的罪责与处罚及对恩施州民族文化遗产的保护、开发、利用、收藏等方面做出了具体的规定，《条例》的施行可以看作恩施州民族文化遗产保护工作遵循法制社会轨道的开端。

2009年修订后的《恩施州自治条例》对非物质文化遗产和名胜古迹、文物等物质文化遗产，以及少数民族特色村寨有专项的原则性规定："自治机关采取有效措施，保护、抢救非物质文化遗产和名胜古迹、文物等物质文化遗产，鼓励、支持民族特色村寨的建设和保护，培养和保护有才华、有贡献的民族民间艺人。"

为了认真贯彻落实《恩施州民族文化遗产保护条例》精神，进一步加强恩施州民族文化遗产保护工作，保护、继承、弘扬恩施州优秀的民族文化遗产，2009年8月，恩施州人民政府颁布了《恩施州民族文化遗产保护条例实施细则》（以下简称《细则》）。《细则》对《条例》各项规定进行了补充，对保护民族文化遗产的具体实施措施进行了规定，标志着恩施州官方保护工作正式开启。

二 配套政策体系

2003年恩施州提出建设民族文化大州的战略，制定了《恩施州民族民间文化保护工程实施方案》。2005年11月，湖北省第十届人民代表大会常务委员会第十八次会议通过了湖北省实施《文物保护法》办法。2006年3月，中共恩施州委、州人民政府下发了《关于加快民族文化大州建设的若干意见》，对全面推动恩施州民族民间文化保护工程和建立非物质文化遗产四级名录保护体系提供了强有力的政策支持。2006年5月，恩施州人民政府发布了关于加快民族文化大州建设的意见，具体从三大方面进行了概括性总结，即深化认识，明确指导思想和奋斗目标；狠抓落实，全面完成主要指标和任务；高度重视，制定和完善配套政策与措施。该意见加快了民族文化大州建设步伐。2010年12月，湖北省为了认真贯彻落实《国务院关于进一步繁荣发展少数民族文化事业的若干意见》，发布《中共湖北省委、湖北省人民政府关于推动文化大发展大繁荣的若干意见》，为进一步繁荣发展湖北省少数民族文化事业，提出了指导思想、目标任务、政策措施等方面的实施意见。上述相关政策均与恩施州少数民族特色村寨保护政策内容紧密相关，对政策的制定与顺利实施具有促进作用。

2011年恩施州政府办公室印发了《州人民政府办公室关于加强全州特色村寨保护工作的通知》，提出关于加强恩施州少数民族特色村寨保护与发展工作的具体实施意见。该意见对保护工作的总体目标、基本原则、保护范围、主要内容、主要方案、保障措施等方面提出具体要求，是恩施州少数民族特色村寨保护与发展工作的主要政策内容。

恩施州关于少数民族特色村寨保护工程总目标是以关注民生为前提、以开发利用为目的。到2015年，力争少数民族特色村寨保护体系、建设体系及开发利用体系的形成，逐步完善并形成保护规划。政策实施基本原则是因地制宜与分类指导原则；统筹规划与分批实施原则；经济建设、村寨建设、文化建设与社会建设相结合原则；保护传统与发展创新相结合原则。纳入保护范围的少数民族特色村寨须具备下列基本条件：一是年代久远，形成年限在50年以上的古寨、村落及多数古建筑。二是村寨特色明显，古寨、村落大多数是依山傍水且多为木质结构建筑，人与自然融为一体，民族特色风格明显。然后是具有一定规模，古寨、村落特色风格建筑集中连片在20栋以上。三是具有保护与开发价值，古寨、村落民族文化特色显著，具有保护价值与旅游开发价值，保护与开发有利于民族民间优秀文化的传承。大多数特色村寨须具有主导型产业作为其保护与发展支撑。因此，只要具备以上基本条件就可纳入少数民族特色村寨保护范围。少数民族特色村寨保护主要内容是保护维修古建筑，主要采取加固、防火等措施来保持其原有形态。采取统一规划设计方案与资金扶持等措施来增强民族文化元素，提升少数民族特色村寨文化内涵。实施综合开发来调整优化产业结构，增强保护、开发与利用价值。对少数民族特色村寨进行保护主要采用的方案是申报与命名的方式，先由恩施州各个县（市）政府按照申报要求进行筛选推荐，经恩施州民宗委统一审核之后，上报恩施州人民政府审批，分年度批次进行申报与命名。少数民族特色村寨保护的保障措施：一是成立组织、加强领导。二是整合资源、有序推进。三是多方联动、形成合力。

第四节　恩施州少数民族特色村寨
保护政策实践的特色做法

政策要达到目标，就必须通过有效的政策执行环节。① 在国家颁布的《指导意见》与《规划纲要》等政策指导下，恩施州高度重视并开始实施少数民族特色村寨保护与发展试点工作。各县（市）根据州的总的政策指导方针制定并实施各自相应的举措。

一　确定需要保护的少数民族特色村寨

（一）申报过程

恩施州响应国家少数民族特色村寨保护与发展试点工作，州县（市）民（宗）委（局）及相关部门在组织专业人员到各个村寨实地调研的基础上，根据纳入少数民族特色村寨保护范围的基本入选条件，从众多村寨中筛选出最具保护价值的以及民居特色突出、产业支撑有力、民族文化浓郁、人居环境优美、民族关系和谐等方面基础较好的典型村寨。这些入选的村寨通过村委会向乡级再向县级到州级政府上报的方式，一级一级申报、评审最终通过并确定纳入少数民族特色村寨保护范围。根据《国家民委关于开展中国少数民族特色村寨命名挂牌工作的意见》要求，国家民委组织有关专家对各省区申报的中国少数民族特色村寨命名挂牌名录项目进行了评审。截至 2014 年年底，经专家组评审，湖北省有襄阳市王台回族村，宜昌市有车溪村、潘家湾村、武落钟离山庄溪村，神农架林区有金甲坪村、兴隆寺村，恩施州有熊家岩村、麂子渡村、莲花池村、㽏口村、高拱桥村、大店子村、围龙坝村、石桥坪村、彭家寨村、麻柳溪村、黄柏村、南河村、大路坪村、南村、斑竹村等 21 个村寨拟列入首批中国少数民族特色村寨命名挂牌名录进行公示，公示时间为 2014

---

① 李安辉：《少数民族特色村寨保护与发展政策探析》，《中南民族大学学报》（人文社会科学版）2014 年第 4 期。

年5月19日至25日。① 公示名单表明，恩施州有15个村寨纳入首批中国少数民族特色村寨命名挂牌名录。

（二）积极申报与命名

恩施州少数民族特色村寨保护与发展试点工作得到了国家民委和湖北省民宗委的充分肯定。纳入国家和省特色村寨保护与发展试点的村寨已达50个，新申报正待批复的村寨有60个，力争在"十二五"末纳入全国保护名录的特色村寨超过80个，占全省100个规划指标的80%以上。恩施市白杨坪乡熊家岩村、芭蕉侗族乡戽口村等13个村已通过湖北省民宗委验收并授予"全省少数民族特色村寨保护与发展试点村"，咸丰县黄金洞乡麻柳溪村等6个村被湖北省民宗委表彰为"全省十佳少数民族特色村寨"。②

恩施州各县（市）政府对少数民族特色村寨保护与发展工作都做出积极响应与努力。如来凤县特色村寨保护与发展工作开展以来，共申报过少数民族特色村寨23个，即舍米湖村、关口村、黄柏村、兴安村、南河村、徐家寨、观音坪村、铁匠沟村、桐子园村、豹子沟村、新拱桥村、兴隆坳村、石桥村、渔塘村、陈家沟村、讨火车村、岩板村、周家湾村、大塘村、三寨坪村、后坝村、黑家坝村、老寨村。其中纳入少数民族特色村寨建设的有14个，即舍米湖村、关口村、黄柏村、兴安村、南河村、五道水村徐家寨、观音坪村、铁匠沟村、桐子园村、兴隆坳村、石桥村、讨火车村、岩坂村、周家湾村至上寨。此外，舍米湖村、关口村、黄柏村、兴安村、南河村、徐家寨、观音坪村、兴隆坳村、讨火车村、石桥村、豹子沟村等11个村拟列入"十二五"时期全国少数民族特色村寨保护与发展名录村寨项目库建设，国家民委于2014年1月14日至2014年1月20日进行了公示。2012年12月，黄柏村被省民宗委授予湖北省少数民族特色村寨保护与发展示范村寨。2013年1月，舍米湖村、黄柏村被确定为湖北省第一批少数民族特色村寨保护与发展示范村寨。

---

① 资料来源：湖北省民委网 http://www.hbmzw.gov.cn/公示《湖北省21个村被拟列入首批中国少数民族特色村寨命名挂牌名录村寨》，公示时间：2014年5月19—25日。

② 资料来源：恩施州民委内部资料。

2013年9月，黄柏园村、南河村被确定为湖北省首批优秀少数民族特色村寨。黄柏村既是2012年度全省十佳特色村寨，又是2012年湖北省民宗委验收合格特色村寨；舍米湖村既是2011年州政府命名的特色村寨，又是2012年省民宗委验收合格特色村寨。①

咸丰县紧抓国家一系列扶贫政策机遇，切实开展少数民族特色村寨建设。2011年，官坝水脉苗寨建设顺利通过省级验收；2012年，麻柳溪荣获湖北省"十佳"特色村寨称号，同时被国家民委纳入全国7个少数民族特色村寨保护与发展试点项目。咸丰县目前进入国家、省级特色村寨12个，确定的县级特色村寨13个（与国家、省名单重叠的村4个）；基本完成建设3个，正在实施建设3个，计划建设19个。②

通过少数民族特色村寨申报与命名方式，申报成功的少数民族特色村寨及其建设能获得相应的政策支持，无论在资金、人力、物力及政策配套方面都会得到广泛的重视与扶持，就会被纳入政府重点工作的议程上来，有效地促进了少数民族特色村寨的保护与发展。

二 制订少数民族特色村寨保护规划

少数民族特色村寨保护政策的落实，保护规划先行是前提。恩施州各县（市）政府对已纳入保护范围的少数民族特色村寨，按照尊重村寨自然、经济和社会发展条件，根据各村寨的资源环境和地理条件，规划制定遵循"一寨一特色"原则，因地制宜制定保护方案。尽量体现各民族的建筑特色和传统文化特点，注意保持历史上形成区域性的各具特色建筑风貌基本原则，对需改造与新建的村寨采取"整旧如旧"的原则。各县（市）政府相关部门聘请专家制订各自村寨相应的保护规划。按照"统一规划、合理布局、突出特色、分步实施"的要求，把民居改造得各具特色。与村寨长远发展目标相结合，分别制订总体发展规划和民居改造规划。不同村寨根据不同的民族有不同的特色建筑结构，普遍实行

---

① 资料来源：来凤县民宗局内部资料《来凤县特色村寨保护与发展工作情况汇报》，2015年。
② 资料来源：咸丰县民宗局内部资料。

"一户一册、分户设计"，做到"一户一图、一户一样"，保证整体风格，每户各有千秋。规划是一个系统工程，要充分考虑山、水、林、田、路、屋的整体布局。

恩施州各县市根据村寨基本情况与特色不同，制订的规划方案也不尽相同。舍米湖村寨保护规划共制订了项目建设保护规划、项目建设改造规划、产业发展规划及文化保护规划等。庎口村规划紧密结合《恩施玉露生态走廊建设总体规划》，制订了《中心村建设规划》《筒车坝特色休闲小镇建设规划》来进行合理保护与开发。咸丰县聘请清华大学专家制定了《中国·官坝水脉苗寨旅游修建性详规》，聘请湖北民族学院专家对官坝的苗家文化进行充分挖掘和全方位旅游策划，旨在把官坝打造成为民俗风情浓郁、田园风光秀丽、生态环境优良、服务设施全面的"中国·官坝水脉苗寨"。宣恩县民宗局、沙道沟镇政府与张家界宏进旅游开发有限责任公司通过到彭家寨吊脚楼群现场实地调研，策划了整修方案，制订《彭家寨特色村寨保护与发展建设项目规划》（以下简称《规划》），后按照湖北省民宗委意见对《规划》作了部分修改和完善，基本体现了国家民委"特色村寨保护与发展"项目的总体要求，充分体现了"整旧如旧、古色古香、结构不变、土家特色更加鲜明浓郁"的特点。来凤县对黄柏村按照生态旅游区的标准进行了总体规划和部分景区的详规编制，规划用4年左右时间，对黄柏古寨进行修复式建设，完善餐饮休闲住宿娱乐设施。咸丰县民宗局结合县政府统一部署的旅游景区干线公路沿线民居房屋改造工程，制订《麻柳溪村少数民族特色村寨保护与发展三年规划》，制订特色民居改造具体实施方案，明确要求改造统一风格样式的民居，如统一调檐跺脊、统一木板包墙、统一雕花木窗、统一青瓦屋面、统一清漆涂刷，体现地方民族特色，旨在充分利用本地工匠的技能优势，体现羌族燕子楼的风格特色。

三 保护性改造少数民族特色村寨整体面貌

整治人居环境与生态环境是村寨建设的重要内容，是少数民族特色村寨保护的关键。恩施州少数民族特色村寨在当地政府的政策指导下，对村寨传统历史建筑与特色民居改造、公共基础服务设施建设、村寨生态环境改善等方面进行了政策实践，使少数民族特色村寨的整体环境得到一定的改善。以宣恩板寮、水田坝、鹤峰铁炉白族风情寨为代表的现代风格的特色民居初步建成。恩施州纳入试点的50个特色村寨以其土苗吊脚楼、干栏式、转角楼、花格窗特色风格为主，与侗族、白族风格特有的风貌一起展现在恩施州各地，成为一道亮丽的风景线。对于村寨基础设施建设方面，按照新农村和农村城镇化的建设标准改造村寨人居生活条件基础设施，便利与改善了村民的生活条件。生态环境治理采用退耕还林与低丘岗地项目，还原了少数民族特色村寨特有的原生态风貌。纳入国家和湖北省特色村寨保护与发展试点的50个试点村寨中，民宗局部门共投入资金4000余万元，拉动各方面投资和老百姓投入3亿多元，共保护特色民居2053栋，维修改造特色民居4198栋，新建特色民居1014栋，公路入户率在70%以上，部分村寨公路入户率达到95%。[①]

样本村寨调查数据显示，少数民族特色村寨在基础设施、卫生状况等整体环境建设中有了一定的改善，逐步呈良好而非恶化的趋势。有74人认为村寨建设使环境方面有了较大的改善，占样本量的49.3%；有47人认为是有一点改善，占样本量的31.3%；有29人认为是没有改善，占样本量的19.4%；没有村民认为反而下降与很大改善（详见表2—2）。

表2—2　您认为村寨建设给您带来的环境影响（基础设施、卫生状况等）

影响	人数（人）	百分比（%）
较大改善	74	49.3
很大改善	0	0
有一点改善	47	31.3
反而下降	0	0
没有改善	29	19.4
合计	150	100.0

---

① 2013年7月26日，恩施州七届人大常委会第十次会议《关于全州少数民族特色村寨保护与发展工作情况的报告》，2014年11月19日。

案例 AMBN：我家住后面的吊脚楼处，是一处四柱六式结构的木房，每年回来一段时间，然后又出门打工。我觉得感觉还可以吧，每年回来都会发现村里面貌发生了些变化，修了水泥路了，好走了，也通车了，山都绿了，房子都统一外观了。如修了砖房后，砖房外观的木制包装结构都是由国家搞的，都是按以前的木房的样式打造的，墙砖、木花窗、木阳台、二楼木房垛脊、喷漆，还有门前的匾也是国家搞的。建了沼气池，路修好了，上街也方便了。2013年家住的两层楼房的外观要刷白，贴统一色的瓷砖，政府补了3000元，是5元钱一个平方米算的。用自来水、电、网都像城里人那样方便多了，生活环境变好了。（AMBN：男，30岁，土家族，㞗口村村民，外地打工）

案例 AUBM：唐家大院是恩施州明确指定的文物保护单位，那么这个老宅是不能拆的，由于唐家大院年代久远，我们对唐家大院进行了外围的维护与翻修，从墙面刷红漆到屋顶检瓦，只要哪里坏了，就去补漏。去年，恩施州民委拨款20万元，对唐家大院房内的灯泡、灯管以及包线套管进行维护，由于是木制房子所以特别要防止火灾问题。（AUBM：女，汉族，30岁左右，大学本科，家在恩施市区，从外地调入，芭蕉乡副乡长）

恩施州少数民族特色村寨整体面貌包括人居环境和生态环境，对其进行保护式改造主要体现在以下三个方面。

（一）村寨传统建筑与特色民居保护

传统建筑和特色民居是少数民族特色村寨固态文化特色之一，其固有的特征和风貌是特色村寨的根本，保护好传统建筑和特色民居是少数民族特色村寨保护的基础。在传统建筑和特色民居的改造过程中，按照"保护一批、维修改造一批、新修一批"的思路，注重民族特色、保持原有风貌、彰显个性风格、适当加固修复的原则。对村寨特色民居进行具体保护方面，无论是保护的、维修改造的，还是新建的，都要集中体现本民族建筑特色。坚持各民族平等原则，既注重以土家族、苗族村寨为重点，又统筹兼顾侗族及其他民族。由于不同的村寨有不同的特色，各县（市）政府制定了相应的改造方案。如㞗口村特色民居按照"青瓦屋面，飞檐翘角，木门木窗，白脊白墙，咖啡裙墙"的侗乡民居建设风格方案统一实施民居外观改造。完成了民居外观改造816户垛脊4380间，外墙粉刷166200平方米，硬化庭院85500平方米，安装庭院栏杆8880米，形成了上规模的侗乡特色民居建筑群。彭家寨按照"整旧如旧"原则对48户干栏式吊脚楼建筑群进行外观的整修与完善。其中改装传统式窗户437.55平方米、走道杆子栏杆658.76平方米；外墙壁装木板1094.55平方米、砖墙仿古376.31平方米；改装石柱栏杆232平方米、楼板336.81平方米，并对距地垂直距离1米的木质材料用桐油进行了防腐处理及木质材料防火处理。麻柳溪村民居改造中遵循规划方案要求"统一调檐垛脊、统一木板包墙、统一雕花木窗、统一青瓦屋面、统一清漆涂刷"，重现木质本色的地方特色民居。该村共有348栋民居，其中木质结构瓦屋面式的吊脚楼有318栋，原始古朴的干栏式建筑保存基本完好。2009年，麻柳溪村完成民居房外观改造17户，2010年完成47户，2011年完成248户。恩施市麂子村坚持"四结合"打造"天府麂子渡"特色村寨。全村统一按"青瓦、白墙、花格窗"外加金瓜吊柱的设计，完成特色村寨外观改造510余户。

笔者在样本村寨调查时发现，特色民居改造是根据各村寨民族特色，依照"整旧如旧"原则加以修缮的，对标志性传统古建筑采取加固修复的原则进行原貌保护。对于特色民居的外观打造则根据村寨自然和人文地方特色的包装，彰显地方个性风格。6个样本村寨的调查数据显示，对于政府对村寨进行"穿衣戴帽"式投入外观打造，持大致符合本寨历史遗存的原生态特色态度的有150人，占样本量的100%；持部分符合与完全不符合意见的没有一人（见表2—3）。

表2—3　　政府对村寨进行"穿衣戴帽"式外观打造，
是否符合其历史遗存的原生态特色

	人数（人）	百分比（%）
大致符合	150	100.0
部分符合	0	0
完全不符合	0	0
合计	150	100.0

案例 FVUM：村民的房子外观都打造了一下，房子外面打造了一层木板，刷了一层黑色漆，仿古打造，还打造了木制天花板，吊脚楼与杆栏，屋顶盖瓦都是国家整的，房子外面的一切包装都是国家搞的。现在只有一个组没有打造了。（FVUM：女，37 岁，土家族，黄柏村村民，农家乐老板）

案例 FGMB：我家的木房子是政府进行了全面外观打造，包括屋前屋后、天花板、大门，木窗按整旧如旧的原则进行外观包装，老木房子的外墙也重新用木板包了一层，以前老房子年代久远了，都发黑了，政府统一打造后，在木墙上喷黑色漆，按原样维修以前的老屋，是一种仿古打造。我们这个四合院叫古院落，政府打造花了 10 万—20 万元，四合院的朝门也是国家后来整修的，屋顶青瓦也是国家前年搞的，还有四合院前后的绿化环境都是政府搞的，我们自己出钱把屋内也重新打造了一下。（FGMB：男，36 岁，土家族，黄柏村村民，木工）

（二）公共基础服务设施建设

加强基础服务设施建设，整治人居生产、生活环境，是少数民族特色村寨整体风貌保护的重点工程。村寨日常生产生活设施建设包括交通干线公路通村公路及连户路的全面硬化、村寨集体自来水供给、农网改造工程（保障村寨生产生活用电），清洁能源使用带动改厨、改圈、改厕等方面。村寨卫生与防火灾整治包括公共厕所普及、村寨污水及河道垃圾处理、村级垃圾站建设及村寨景区内设置垃圾桶、人畜生活分离、家家户户电路维护与存放消防器材等。公共服务设施建设包括广播、电视、电话、宽带网络覆盖与普及，以及乡村卫生室、乡村小学、村寨旅游配套设施及村寨文化娱乐设施等方面。

据调查发现，各村寨对基础服务设施、人居环境都进行了整治，取得了显著成效。舀口村寨大力推进"一池三改"建设 323 户，从规范柴草堆放入手，引导群众清洁家园，完善农村垃圾、污水处理措施；建垃圾收集池 3 个，放置垃圾桶 20 个，建垃圾焚烧炉 1 个，建人工湿地 15 处。该村有线电视入户率达 100%、电话入户率达 96%，85% 的农户用上了自来水，50%的农户安装了太阳能热水器，32%的农户装上宽带。① 公共服务场所建设方面，改建村小学教学楼，建设村办公楼、村卫生室、村文化活动室等群众服务场所。② 彭家寨修建了300平方米蓄水池一个，配备了必要的消防设施，拆除土砖墙198平方米，对每户原老化电线、开关等予以全部更换，安全防火有了保障；新建垃圾池12个，新修排水沟798米，石台阶102级，全寨环境卫生条件有了一定的改变。③ 截至2012年，麻柳溪村新修户连路8670米，建沼气池280口，新修水渠2900米，公路9000米，河堤1240米，人行桥9座，拆除废牛圈84栋，改造猪圈、卫生间345户，改造厨房248户，全村实现了通水率、通电率、通电视率100%，通网率达75%以上。④ 2002年，黄柏古寨投资修建了黄柏村至石桥村的断头路，投入5万元完善了朱家坳至黄柏村2组、朱家坳至革勒乡土家寨两条村级公路，并组织村民积极参与"五改三建"，建沼气池320口，100%完成任务。建始县高坪镇大店子村新建了村级卫生室，"新农合"参保率100%；适龄儿童入学率100%，九年义务教育普及率100%；通电、通水、通电话100%；村主干道硬化、组组通公路；80%的农户进行了生态家园建设，实现了改水、改厕，建沼气池，实行了人畜生活分离。⑤ 恩施市麂子村硬化村组公路7.9公里，新建水泥户间连接路3000米，修建水窖70口，蓄水3400立方米。

案例ECFM：我做了20多年的村书记，从2002年就没有做了，后来村里搞换届选举搞不好，又要我任了一届，在我任职期间，电、路、水都通了。路修好了，我们村寨是最早享受的，以前公路是6米宽的沥青路，去年，政府又扩宽成8.5米的土路，等路压平了再铺水泥路。还有去年加宽了公路，户连户之间修了80厘米宽的石板路，我们这里地形不行，户连户的路不能修成宽公路，风俗习惯也不允许。这么多年，村寨没有什么变化，依然落后。（ECFM：男，70岁，土家族，舍米湖村村民，

---

① 资料来源：恩施市民宗局崔平。
② 资料来源：恩施市芭蕉侗族乡庹口村委会内部资料。
③ 资料来源：宣恩县民宗局经济发展部门内部资料。
④ 资料来源：咸丰县黄金洞乡政府部门脱贫办内部资料。
⑤ 资料来源：建始县民宗局内部资料。

前支书）

（三）村寨生态环境改善

村寨的生态环境的整体面貌方面，主要通过低丘岗地改造和退耕还林来改善村寨的生态环境。低丘岗地改造项目包括修建村里田间道路、农田沟渠、平整田块、公路两旁的土地修整等。退耕还林就是把以前容易造成水土流失的坡耕地停止耕种及将适宜成林带的荒山荒地还林。根据因地制宜原则，通过植树造林方式，恢复森林植被的绿化带，营造自然、和谐、美观的生态环境，形成少数民族特色村寨的特色景观标志。

据样本村寨调查发现，各村寨生态环境建设，得到了一定的改善。舨口村重视环境绿化工作，在河道、公路沿线和农户庭院，栽植柳树、楠竹、桂花等绿化植物2万余株；整修河堤2000余米，新建侗族风格的风雨桥4座、观景亭3座，建成九道水—舨口生态旅游公路12公里。[①]麻柳溪村硬化院坝12100平方米，建花坛2120米，栽种桂花、桃花、李花30000余棵，种植公路两侧行道树8.5公里。黄柏村抓住退耕还林的机遇，大力发展高效经济林1000亩。2009年，县国土资源局在舍米湖村实施了低丘岗改造项目，新修田间沟渠20公里，新修田间道路10公里，修建生产路10.3公里，建成便民桥10座，新建蓄水池12座，蓄水总量达到1800立方米，平整田块59块。截至2012年，舍米湖村退耕还林面积近100亩[②]。

案例CWSB：村里的自然环境也整好了，青山绿水，村寨看上去整洁多了。另外生活基本设施都搞好了，通自来水、电、网，路都通到自家门前了。（CWSB：男，73岁，土家族，麻柳溪村村民）

通过对村寨整体面貌的保护式改造，村寨行路难、饮水难、脏乱差现象得到改变，村寨的村容、道路、饮水、居住环境明显变化，村寨整体面貌焕然一新，少数民族特色村寨人居环境和生态环境得到有效改观。

---

① 资料来源：恩施市民宗局部门内部资料。

② 资料来源：来凤县生态能源局办公室《2003年来凤县生态能源局五改三建统计资料》，2003年。

四 保护少数民族特色村寨民族文化

民族文化是少数民族特色村寨的灵魂，深厚的民族文化底蕴才更有鲜活的生命力，保护与弘扬民族文化是少数民族特色村寨保护的核心。遵循保护中发展、发展中保护的基本原则，制定并实施少数民族特色村寨民族文化保护政策措施。

第一，对村寨的物质文化遗产与非物质文化遗产进行挖掘、保护和开发、利用。如麻柳溪村深入挖掘、搜集、整理、传承与发展民间民俗文化。该村成功打造了歌伴舞《采把茶叶绣手巾》，曲艺《打雷堆》《三棒鼓》，表演唱《五把扇子》等10个本土文艺节目。在政府带动下，村里也涌现了谢熙臣、罗幸然、姜昌和等一大批民族文化的忠实爱好者，在他们的带动下，更多的村民自发参与到挖掘、收集民族文化的行列。很多村民热爱文艺，还利用业余时间学唱民歌小调，学跳薅秧舞、摆手舞。

第二，广泛开展民族文化活动，在村寨广泛开展了学习民族知识、民族文化活动，定期开展民族文化培训。如犀口村组建农民民间文化表演队伍。在春节、节庆等重要节日开展民俗活动。彭家寨成立了由20多位村民组成的"彭家寨八宝铜玲文艺宣传队"，配置了必要的文化设施，经常开展对外接待演出活动。官坝苗寨成立有50多人的"官坝苗寨艺术团"，逢年过节自发表演具有浓厚民族特色的地方节目"牛虎斗""草把龙""哭嫁歌"等节目，每年开展各种文艺体育活动50场次。2007年"咸丰县第二届乡村民间文化艺术节"在官坝成功举办。同时，建起了土苗风情展览馆，馆内展出土苗饮食、服饰等生产生活用品，经常性开展文艺体育及民俗活动。

第三，传承少数民族特色村寨的民族传统文化。如舍米湖村为有效传承摆手舞，组建舍米湖原生态摆手舞队。对流传下来的摆手舞进行重新编排，保持了舍米湖摆手舞的风格和传统动作。相继参加20周年恩施州庆表演、武汉国际旅游节表演、上海国际旅游节表演等，中央电视台、湖北省电视台等媒体的栏目摄制组对舍米湖原生态摆手舞进行了实地录制，影响逐步扩大。现阶段从舍米湖村男女老少的村民到乡（镇）再到来凤县城的居民都会跳摆手舞，跳摆手舞已成为一种民族传统习惯。咸丰县民宗局部门因势利导，投入资金5万余元，帮助麻柳溪村建起了40余人的"民间文化演出队"，为演出队配置了全套民族乐器、服装、器材等，有效传承了羌族民间文化。

恩施州对少数民族特色村寨民族文化的保护，主要从以下几个方面来实施。

（一）加强民族文化的保护与传承

对少数民族特色村寨的保护从客观上保护了非物质文化遗产赖以产生和发展的文化生态与文化空间或文化场所，为民族文化的保护和传承提供了有利的文化环境。恩施州纳入保护范围的少数民族特色村寨拥有着丰富的民族文化遗产，如文物、古迹、遗址、民族特色古建筑、口头民间民俗文化及非物质文化遗产等。各县（市）政府对少数民族特色村寨采取有利政策，通过制订保护规划，落实相应保护资金，执行具体可行措施如抢救、挖掘、开发、利用等，逐步使少数民族特色村寨的民族文化得到有效的保护与传承。

据田野调查发现，各村寨民族文化都得到保护与传承，取得了很好的效果。如三岔乡主要挖掘"灯戏""少和""金瓜吊柱"等民族特有元素，打造了"三岔傩文化"品牌，编导傩文化系列作品。物质文化遗产保护主要是保护土家族建筑吊脚楼元素风格，如青瓦、白墙、木门窗、飞檐翘角、金瓜吊柱等。来凤县开展民族文化的"六进"活动，即民族文化进酒店、进社区、进学校、进企业、进机关、进村寨的活动，形成保护与发展的良好氛围。打造了以原生态摆手舞为重点的民俗文化，以油茶汤为重点的饮食文化，以仙佛寺为重点的佛教文化，以西兰卡普为重点的服饰文化，以草把龙、野猪灯等为重点的灯文化，以南剧、三棒鼓等为重点的非物质遗产文化。舍米湖村陆续建起了民族文化广场，购置了相关设备、服饰及道具，村民自发成立了摆手舞表演队，常年开展表演活动，丰富了村民的文化娱乐生活，更增进了民族文化的保护与传承。麻柳溪村制定了民族文化打造方案，深入挖掘和整理黑洞神兵文化、土司文化、羌族文化和民间民俗文化，并组建了麻柳溪村民族文化艺术团，现有成员42人，开展了经常性节目排练辅导。通过演出队的带动，广大村民都积极要求参加演出队，唱民歌、跳民舞、穿民服。每天晚上，村民们都会到村寨文化广场学跳民族舞及城里的广场舞，促进了民族文化有效保护与传承。

案例 EXUM：我们都是自发性传承摆手舞，早已成为传统性的东西了，从祖辈传下来有几百年了。记得我父亲在世时说过，过去一到摆手节，地主会带着长工们一起跳摆手舞。新中国成立后也在跳，但文化大革命时，把神堂（摆手堂）给拆了，不准跳摆手舞，后来文化大革命结束后，又把神堂（摆手堂）重新修了下，村民们也就一直跳摆手舞了。摆手节是农历四月十八日，一到这个节日，就要进行大型的跳摆手舞活动，在神堂里跳，年轻人先是看热闹，后来也就跟着会跳了。过年期间，村里的人很多，从外地打工的村民都在家里，我们从大年初一一直跳到十五过完小年，都是在神堂里跳摆手舞。平时每到周五晚上、周六晚上，村民们住在镇里的子女们都回来了，大家就在摆手堂广场跳摆手舞，这里的男女老少都会跳了。现在，摆手舞已定为国家非物质文化遗产了，只要没有规定不准跳，不需要政策，就会自发地跳摆手舞了。我们村里之前被国家任命了一个摆手舞传承人，每个月国家还给一点钱，现在又任命了 7 个继承人，我也是其中的一个继承人。（EXUM：男，69 岁，土家族，舍米湖村村民，务农）

案例 CZA：我们编舞唱山歌，农家小调，自发的，一有时间就组织舞蹈队搞节目，文化传承具有积极性，都是爱好者，都喜欢在一起玩，村委会建议成立一个传承舞蹈队，跳民间舞，有些是从古到今传承下来的，有的是编的，才编排了一个舞蹈是土家妹，是民族舞。羌族的刺绣当工艺品卖，我绣了一幅很大的羌族刺绣画，还拿去参展了，十字绣等都有。我的儿子、女儿都在外面打工，他们什么都不会，如谁要学我也可以教的，不然要失传了。（CZA：女，52 岁，羌族，麻柳溪村村民，村里经营小商店和茶加工）

恩施州少数民族特色村寨通过相应的民族文化保护措施，激发了民族民间艺人从事表演的兴趣与带徒学艺的积极性，基本解决民族文化传承问题。

（二）推动特色村寨民族文化的创新

正如学者孟来果所言，对于珍贵的、原生态的、不断发展变化的黔中民族文化，要通过创新载体、创新形式，激活文化资源的生命力，在传承中创新，在发展中保护。① 创新可以持续保持民族文化遗产的永久鲜活力，少数民族特色村寨保护政策促进了少数民族文化的创新与发展。恩施州通过对少数民族特色村寨保护、开发和利用加强了民族文化的创新与发展，形成了保护中传承、传承中创新、创新中发展的良性循环。具体表现在传统音乐、舞蹈、戏剧演唱、表演开始走出村寨、步入社会，这些民族文化经过精心的打造和包装，已由民间表演向舞台表演、广场表演过渡，表演形式得以创新与发展，从而更具有鲜活的生命力和影响力。正如，土家族摆手舞蹈已由民间祭祀舞蹈向舞台舞蹈、广场舞蹈转型。来凤县舍米湖村摆手舞蹈经过专业文艺工作者的加工提炼，已成为恩施州舞台舞蹈的重要内容。其表演队多次参加州内各种重大节庆文艺表演，还先后在武汉、上海等地表演，从而改变了它主要在摆手堂表演的传统方式。恩施州有名的清江舞则融合了来凤县摆手舞、巴东县撒叶儿嗬、利川市肉连响、宣恩县八宝铜铃舞等传统舞蹈的元素，成为颇受欢迎的群众广场舞蹈，在表演形式上进行了创新与发展。

（三）推动民族地区民族文化产业的繁荣与发展

国家政府为了进一步促进民族地区经济与社会的发展，也为了更好地保护、繁荣与发展民族文化遗产，制定了一系列强有力的措施发展文化产业，带动民族地区民族文化产业的繁荣与发展。国家在民族地区主要通过民族文化的移植保存、民族文化与旅游的融合这两个方面来进行文化产业的发展。当前，恩施州主要是在保护地方民族文化过程中，根据地方特色，把少数民族特色村寨的民族文化移植、保存、传承与旅游开发、景点规划建设有效地融合在一起，进行旅游产业的开发与发展。将村寨中古老的民间文化艺术、传统的民间仪式、各民族特色风情建筑、民族标示等移植到风景区，丰富了民族旅游文化内涵，又使民族文化得以更好地保护与传承。

---

① 孟来果：《我国西部民族地区文化产业发展对策研究》，《学术交流》2013 年第 8 期。

恩施州逐步打造了来凤县舍米湖村与黄柏村、宣恩县彭家寨、咸丰县官坝苗寨与麻柳溪村、恩施市枫香坡侗族风情寨、利川市大水井村等一批旅游景点。以民族文化与旅游直接结合的方式促进了全州民族文化旅游业发展。把民族文化间接运用于吃、住、行、游、购、娱乐等旅游要素中，以民族文化与旅游间接融合的方式推动全州民族文化旅游业发展。例如，《夷水丽川》《土王乐舞》两台民族歌舞节目分别成为利川腾龙洞、恩施土司城不可或缺的旅游产品。这两台节目都融合了摆手舞、薅草锣鼓、女儿会、撒叶儿嗬等内容，堪称土家族非物质文化遗产的集成之作。恩施女儿城巴人堂、奥山土家风情成为州外游客体验恩施民族饮食文化的首选之地，不仅可以品尝各具特色的民族风味饮食，而且可以欣赏山寨民歌演唱和民族舞蹈表演，融合了土家族非物质文化遗产项目的内容。民族文化资源的开发和利用，带动了民族歌舞演艺业、民族饮食业、民族会展业、民族服饰业、民族工艺业等传统文化产业的发展。比如，将西兰卡普申报为省级非物质文化遗产，重要传承人命名为州级民间艺术大师，促进了西兰卡普等民族工艺业的有效保护、传承与发展。加强恩施州民族文化保护，为发展民族文化产业提供了丰富的文化资源和大量的文化人才，带动了民族地区民族文化产业的繁荣与发展。

（四）提升民族文化自觉保护意识

人民群众是民族文化的创造者、保护者、传承者。如果没有人民群众参与民族文化的保护工作，只有政府单方面的力量保护民族文化将无后续发展的生命力。抢救与保护民族文化的工作不单是哪个部门、哪些人的事，而是整个社会群体共同的权利、责任和义务，应当成为全民共同的文化自觉的保护行动，只有这样，才能让人民真正体会到民族文化的价值所在。恩施州为了加强全民文化自觉保护，增强民族文化遗产的价值意识，在立法层面与政策措施执行层面都做出富有成效的工作。

《恩施州自治条例》第61条规定："恩施州政府机关尊重州内各民族的传统节日，规定摆手节、女儿会和牛王节为恩施州的指定民族传统节日，同时定期举办各种民族文化艺术节等丰富多彩的活动。"《恩施州民族文化遗产保护条例》第11条第2款规定："恩施州政府应当通过报刊、广播、电视和网络等大众媒体方式加强对民族文化遗产宣传";第 15 条第 2 款规定:"在校园也应当开展对民族文化保护教育与宣传。"有了立法规定,在政策措施执行层面就有了法理依据与实施保障。近年来,恩施州相继举办了一批以摆手节、牛王节、女儿会、恩施州生态文化旅游节、利川龙船调艺术节、巴东三峡纤夫文化旅游节、建始黄四姐文化艺术节等为代表的文化节庆活动,激发了广大人民群众对民族民间文化的热爱之情,充分调动了广大人民群众的保护积极性,懂得了保护民族文化的重要性,知道了为什么要保护及怎样去保护。同时,在校园开展民族文化教育活动,增进学生的民族传统文化观点与知识,并将民族传统文化纳入日常教程,不断加强民族文化保护的认同意识,增强学生对于民族文化的价值意识。如恩施州咸丰县大路坝开办民族民间文化课,聘请当地的民间艺术大师去做兼职教师。另外,在政策措施方面,恩施州也加大了对民族文化遗产的申报与命名工作,现已建立了全面的国家级、省级、州级、县级四级非物质文化遗产名录体系,逐渐增强了民族文化的价值意识。

五 培育少数民族特色村寨优势产业

发展特色产业培育,增加农民收入,为保护提供经济基础,也是推进少数民族特色村寨保护与发展试点工作的重要内容。恩施州根据国家、省级有关政策,抓住新农村建设、国家西部大开发、创建民族团结进步示范村、打造鄂西生态文化旅游圈、武陵山试验区建设等机遇,针对特色村寨的不同自然条件与特色资源培育并扶持特色产业。当地政府引导并带动农民因地制宜调整产业结构,发展特色主导产业。

据田野调查发现,恩施州少数民族特色村寨积极培育优势产业,取得了明显成效。黄柏村是武陵山区杨梅种植面积最大的自然村。逐步形成了以杨梅、烤烟种植为主,其他经济作物、家畜养殖为辅的经济结构。该村根据实际情况,加大产业结构调整,先后建成杨梅园 3500 亩、核桃园 500 亩、银杏园 200 亩、板栗园 500 亩、油桃园 200 亩、烟叶园 790 亩,其中 300 年以上的古杨梅树就有 330 株,已成为黄柏园村的支柱产业。通过在禽类养殖和畜牧业上大力调整品种结构,用优质品种取代劣质品种,全村现有24户养鸡专业户,年出笼鸡子7200只;75户养鸭户,一户一年纯收入7000—8000元;59户农户养殖母猪,全村1年出栏5头以上肥猪的有120户。麻柳溪村近年来进行特色茶叶产业培育,走"公司+基地+农户"的模式,实行利益共享、风险共担,确保村民稳定增收,全村现有有机茶基地1650亩,有茶叶加工企业4家,人均茶田面积1.3亩,户平4.5亩。采取太阳能杀虫灯和信息素板粘贴等方式,率先创建有机茶园示范基地,是国家农业部批准的首个全国有机农业(茶叶)示范建设基地。仅茶叶一项实现人均纯收入5000元以上。官坝苗寨于2005年引进中外合资企业"恩施馨源茶业有限公司",投资1500万元生产乌龙茶。截至2011年,乌龙茶这一产业已成为该村支柱产业,现已发展乌龙茶园8500亩。① 㽏口村根据得天独厚的自然条件,大力发展茶叶产业,2011年全村茶叶种植面积达到8300亩,其中良种茶6650亩,良种化率达到80%以上,人均拥有茶田2.2亩,已经形成了一个典型的茶叶专业村(2010年全村经济总收入4200万元,村民人均纯收入达5000元以上,茶叶年收入在3万元以上的有215户,1万元以上的户数占全村80%。共有茶叶加工企业9家,年产干茶8000吨左右)。2012年,茶叶面积达到8500亩,其中良种茶6650亩,良种化率达到80%以上,人均拥有茶叶面积2.3亩,已经形成了一个典型的茶叶专业村,村民人均纯收入达10000元以上。② 盛家坝乡二官寨村小溪古村落从保护农耕文化着手,大力发展优质水稻和茶叶产业。2011年新发展优质水稻100亩、良种茶叶300亩。沐浴办事处营上村注重旅游产业的培育,共计发展黄金梨3000亩、烟叶800亩、茶叶1500亩。③ 莲花池村打造"恩施城区菜篮子"工程,发展精细蔬菜2000亩,辐射带动恩鹤公路沿线农户发展精细蔬菜3000亩以上。石窑村去年共种烤烟4500亩,发展"窑归"、竹节人参、紫油厚朴等药材4863亩,发展高山反季节蔬菜14000亩。④

---

① 材料来源:咸丰县民宗局相关部门内部资料。
② 资料来源:恩施市民宗局部门崔平。
③ 资料来源:恩施州民宗委经济发展科内部资料。
④ 崔平:《恩施市少数民族特色村寨保护与发展调研报告》,《鄂西民族》2015年第3期,第24页。

案例 CWNB：村民素质比较高，责任制到户，产业结构调整，在调整过程中，村民积极性很高，2001 年前村里都是水田，考虑产量低下，产业发展过程中进行了产业结构调整，2002 年，全村改种茶叶，560 亩水田，只有十几亩水田没有改完，其他全部改造完。生活怎么办？用钱买粮，通过茶叶改造，效益来得快，比种水稻利润高几倍，而且种茶单纯一些，采茶时忙一点，平时都很清闲的，从乡里来看，产业调整最好最早的是这个村，茶产业壮大了，老百姓收入也多了，闲的时间还可以去做点别的事赚钱。现在的茶园也是村寨风景的一个看点。（CWNB：男，52 岁，土家族，麻柳溪村人，黄金洞乡政府领导）

案例 FGMB：我们主要还是农业经济，我主要是在外做瓦工找点钱，要勤快才能找到钱，村里办了藤茶基地和烟叶基地，一般是 50—60 岁的老人在那里做工，一天 60 元，老人有了固定收入就可以养活自己了。（FGMB：男，36 岁，土家族，黄柏村村民，木工）

六　开发少数民族特色村寨旅游资源

少数民族特色村寨以景区打造方式进行旅游开发。利用其天然的自然生态环境、民族特色建筑及特色民居资源为基础条件，进行旅游基础设施建设，打造民族文化景观点，招商引资，鼓励村民开农家乐餐饮、住宿，由当地政府协助并扶持进行旅游开发。村寨里森林绿化带、一片片茶园、错落有致的土家族吊脚楼、侗族风雨桥、清一色统一改造过的特色民居等风景已成为吸引游客观光的景观。随着旅游开发的不断深入，许多少数民族特色村寨通过旅游开发的方式促进保护，天然可观赏性生态景观转换成营利性消费，如有些旅游景区村寨需向游客收取门票。村寨里的居民特色建筑具有观赏性和居住实用性，在当地政府政策扶持下，村民将自家的特色居住建筑改造成农家乐餐饮店、住宿旅馆，使少数民族人民的利益需求得到声张。来村寨观光的游客既欣赏了少数民族特色村寨的美景，又亲身体验了少数民族的乡村田野风情生活。

田野调查发现，恩施州很注重少数民族特色村寨旅游资源开发，取得了一定的成效。屏口村新建了侗族风雨桥、观景亭筒车坝"特色休闲小镇"、唐家大院"红军屋"等供游客游玩观赏的重要景点。同时，还打造"仙居人家"农家乐、农家宾馆。黄柏村依托古杨梅自然生态景观，结合吊脚楼的民居改造，投资 60 万元，打造了黄柏园村的民族特色旅游景点"古梅人家"。许多外出打工的村民纷纷回到家中，开办乡村旅馆和农家乐，为村民第三产业的创业提供了便利基础。沐浴办事处营上村共兴办农家乐 10 户，农家旅馆 10 家，第三产业呈现快速发展的势头。① 枫香坡侗寨以枫香坡文化体验区为重点，初步建成了集休闲、娱乐、乡村体验于一体的侗乡风情山寨。2009 年，黄金洞乡通过招商引资，注册成立了湖北唐崖河风景名胜区旅游发展有限公司，总投资 1.2 亿元开发黄金洞景区，并于 2011 年 10 月顺利通过国家旅游局 4A 级景区验收。麻柳溪村古寨是该景区的四大核心景点之一。村寨还通过招商引资，注册成立了湖北天韵羌寨贸易有限责任公司，该公司投资 200 万元建成了集旅游产品销售中心、茶艺表演和民俗文化展示于一体的旅游配套服务公司，是目前恩施州唯一的综合性旅游产品销售中心。该村现已完成游客接待中心、演艺厅、星级农家乐，以及民族工艺品工艺演示和展览中心、茶叶加工流程观光和茶艺表演中心、旅游陆路观光无轨火车等部分旅游景点和旅游设施的建设。随着旅游开发的发展，自 2011 年以来，麻柳溪村村民先后兴办了"农家乐"10 余家，平均收入达 10 万元以上。② 彭家寨建起了 4 家农家乐餐馆，助推了旅游业发展。由于彭家寨风景好，每到黄金周等节假日，不断有人慕名前来参观游玩、拍照留影。还有许多电影都在那里取景与拍摄，需要的群众演员都是当地村民，参加表演的村民也由此获得了一定的收益。盛家坝乡二官寨村小溪古村共兴办农家乐 10 户，农家旅馆 10 家。③ 舍米湖村原生态摆手舞已登上了中央、省、州电视台，成为宣传推介来凤县的一张名片。投资 160 万元打造了村寨特色民居和文化活动中心，修建了土家吊脚楼村委会，为民俗展览、文艺表演提供了演出平台。

案例 EXUM：我们村里经常有游客，国内的、国外的，还有上面来的

---

① 资料来源：恩施州民宗委经济发展科内部资料。
② 材料来源：咸丰县民宗局相关部门内部资料。
③ 资料来源：恩施州民宗委经济发展科内部资料。

领导,都来看我们的摆手堂,看摆手舞表演,我们每跳一次摆手舞,给我们参加表演的村民 50—100 元不等,要看来的游客的大方了。(EXUM:男,69 岁,土家族,舍米湖村村民,务农)

案例 CMYZ:这个公司的前身是天韵羌寨贸易有限公司,现主要是从事保存非物质文化遗产,旅游开发。公司租的是村委会的房子搞得这个广场,传承、发展羌族文化的民间群体,2012 年成立,主要是工艺品(包括竹编、刺绣、茶叶)及旅游接待。和外面的旅行社联系,把客人带到这里后,再中转给村民家吃、住,收取一点中介费,村民也收益一点。村民自编的旅游工艺品都拿在村里的天韵广场卖。如果哪家开农家乐生意,刚开始时,政府一年补 10000 元给村民。(CMYZ:男,27 岁,土家族,高中毕业,麻柳溪村村民,本地文化产业工作)

七 提高村民素质

不断开发与利用少数民族特色村寨,进行产业结构调整,培育和发展优质的特色产业和旅游产业,促进了村寨的经济发展。村民的生活水平逐渐提高,也带动了村民的整体素质的提升。随着少数民族特色村寨保护政策不断深入与推进,恩施州各地的少数民族特色村寨由以前的传统与封闭走向开放,村民的思想观念也发生了翻天覆地的变化,重视知识与科学技术。

恩施州各村寨为提升村民的专业素质,组织了各项培训活动。如恩施市下坝村共投资 2 万元,举办了 6 期培训班,培养了科技种烟明白人 450 户,共计 1212 人。莲花池村组织农家女开展"新时代、新农村、新女性"知识讲座,举办西兰卡普编织和"农家乐"培训,开展"清洁家园"建设培训。枫香坡、㟖口村聘请司法人员给他们开展法律知识讲座、聘请高级农艺师开展农村实用技术培训。①

案例 ASUM:这几天,我们黄柏村里所有开农家乐的村民,都集体参加来凤县政府组织的农家乐培训学习,学习开农家乐要怎么经营,要注意哪些具体事项。首先是开农家乐要办齐一些必要的手续,再就是开

---

① 崔平:《恩施市少数民族特色村寨保护与发展调研报告》,《鄂西民族》2015 年第 3 期。

农家乐卫生知识的学习，还有服务态度要热情、周到、好客，菜品价格上要怎么规定之类的，开农家乐生意家里的成员都要参加学习，这几天我们家里都关门不做生意了，去学习，学习完后，县里会给我们这些开农家乐生意的村民，每户发补贴，扶持我们长期开下去。我们村民也愿意去学习如何开农家乐，学习了生意才会越做越好，我们村民的基本素质也得到了提高。（ASUM：男，62岁，土家族，黄柏村人，村主任）

进一步对样本村寨调查发现，由于少数民族特色村寨基础设施的逐渐改善，以及出门打工的村民受到外界因素的影响，使广大村民的精神面貌也发生了较大的变化，更加注重人居环境卫生、生活质量，追求和向往像城里人那样生活的愿望更加强烈。特别是旅游景区的少数民族特色村寨村民，虽然垃圾集中处理设施有待完善，但村民自觉维护环境卫生意识越来越强烈。游客游玩后丢下的垃圾及自家周围的垃圾，村民会自觉收集起来并进行焚烧，不能焚烧的垃圾都各自背到深山上去寻找天坑，将垃圾倒入天坑中。与外地城里的游客交往多了，老百姓的思想意识也改变了，摒弃陋习，树立了新的乡村文明风貌，村民的自身素质得到了提高，促进了社会主义精神文明建设，为引导广大农民迈步进入现代社会奠定了良好的基础。

案例FVUM：我家门前的院坝，被政府打造成停车场，正在平地的过程中，这里也视为文化广场。但目前没有规划好，平时停放游客的车，过年过节时在这儿表演跳花灯、玩龙灯、踩龙船等节目，村里环境卫生也还可以，平时游客也多，只是家门前附近的，我们也义务帮忙打扫垃圾，外面游客来了看到我们村寨里干净，心情好，我们自己也住得舒服，自觉维护村里环境卫生也是村民的责任和义务吧。（FVUM：女，37岁，土家族，黄柏村村民，农家乐老板）

案例FTUM：我是残疾人，前些年，我的腿断了，老婆死了，小孩才3岁，家境很不好，走霉运，2011年国家搞"三万"活动，就是万民干部住万村活动，国家帮我安装了假肢，政府又投资帮我把家里整修了一下，开了商店，自从政府为我家里提供帮助后，我承诺义务为国家做事，帮忙修剪树木，整理环境，都是尽义务在做事。（FTUM：男，50岁，土

家族,黄柏村村民,村里小商店老板)

八 促进民族团结

民族团结进步创建活动是新时期以来巩固发展平等、团结、互助、和谐的社会主义民族关系的重要举措,也是少数民族特色村寨保护政策实施的一个重要方面。恩施州各少数民族特色村寨围绕"共同团结奋斗、共同繁荣发展"的主题,把《民族区域自治法》《宗教事务条例》等民族政策及法律法规纳入普法教育内容,积极开展民族团结宣传活动,充分利用电视、网络等新闻媒体向广大干部群众广泛宣传党的民族政策及法律法规。各村寨把民族团结进步创建活动与和谐村庄、平安村、幸福村、民族团结进步创建示范村,以及民族团结进步示范户、五好家庭、十星级文明户等评选活动有机结合在一起,制定村规民约。以丰富多彩的民族文化活动为载体,着重思想教育内涵为宗旨,以多种方式广泛引导村民积极参与,形成民族团结进步创建人人有责、人人参与的活跃局面。理顺民族关系,促进各民族团结和谐,为特色村寨保护与发展提供了安定的社会环境。

恩施州各县(市)民族团结进步创建活动都取得了一定的成效。咸丰县麻柳溪村严格按照《湖北省 2010—2012 年民族团结进步创建活动实施方案》和《湖北省民族团结进步示范村建设标准》,紧紧围绕全村发展规划,通过召开村委会、党员会、群众会、小组会、院子会等形式大力宣传,掀起民族团结进步活动创建高潮。2012 年,麻柳溪村评选出 20 户"民族团结进步示范户",组织悬挂了 10 余条宣传横幅;大力推进基础设施建设,加大特色民居保护力度,壮大特色产业,挖掘民族民间文化,使广大群众得到了实惠,感受到党和政府民族政策的温暖,从而使民族团结进步创建活动更加深入人心,得到了群众的真心拥护和大力支持,人人参与创建活动,使创建活动显现出前所未有的好势头。2010 年 12 月,麻柳溪成为"恩施州新一轮民族团结进步示范村"。2011 年,麻柳溪村被列为"湖北省民族团结进步创建示范单位"。同年,在全州第五次民族团结进步表彰大会上,麻柳溪村被恩施州委、州人民政府授予"全州民族团结进步模范集体"称号。2011 年 8 月被命名为"省级民族团结进步示范基地",2013年3月被评为全省"十佳民族特色村寨"。[①] 来凤县三胡乡黄柏村于2011年也被表彰为"全省民族团结进步创建示范村"。

[①] 资料来源:咸丰县民宗局内部资料。

第三章

恩施州少数民族特色村寨保护政策存在的问题

霍恩认为:"政策执行指公私组织或团体为了致于先前政策决定所设立的政策目标的实现而采取的各项行动。这些行动可以归结为两大要项:一是将政策转化为可运作的努力;二是为实现政策所确定的目标而作出持续的努力。"① 那么这个持续努力就是政策执行过程,政策执行过程就是将政策的抽象规范转化为具体行动的过程。② 在政策执行过程中会出现两种问题,一种是政策本身是合理的、科学的,但执行者实施的措施、方法、方案出了问题;另一种是政策本身制定有问题,执行者在执行时的措施、方法、方案也出了问题。恩施州少数民族特色村寨保护政策在立法和执行方面尚存在缺陷和不足,需要分析其原因和表现,为以后政策的完善奠定基础。

第一节 恩施州少数民族特色村寨保护政策立法的问题

一 政策体系缺陷

政策体系缺陷是影响到政策顺利执行及执行结果的一个重要方面,

---

① C. E. Van Horn and D. S. Van Meter, "The Implementation of Intergovernmental Policy", in C. O. Jones and R. R. Y. Hmas (eds), Public Making in Federal System, Beverly Hills: Sage Publications, 1976: 45.

② 胡宁生:《现代公共政策学——公共政策的整体透视》,中央编译出版社2007年版,第225页。

政策实施必须具备一个良好的政策环境，才能达到政策的最终目标。美国政策学家拉雷·N. 格斯顿做出过一个形象比喻："在某种意义上，每项公共政策的实施都可以与苗圃中栽植的幼苗做比较。幼苗可能经历很大的自然变化，其结果可能长成一棵矮小的树，也可能长成一株成熟的树。但是，幼苗一旦栽入土中，要想让它照预期成长起来，就需要水、养分和培植。如果对它听其自然而不予置问，这棵幼苗的前途就不确定。政策的实施也是如此。"① 学者 Goggin 认为，政策执行是一套相当复杂的动态过程，并不是仅把研究重点聚集于官僚体系或基层官僚的身上，政策执行研究要探讨政策执行的动态面向，关注到政策执行环境对于政策执行的重要影响作用②。可见，少数民族特色村寨保护政策能否有效实施，关键取决于政策是否有一个完善的政策保障体系。

（一）立法不足

第一，恩施州少数民族特色村寨保护无国家专门立法。近年来，学者对少数民族特色村寨保护立法不足的研究，提出了不同的看法。石雯慧、李忠斌认为，法律法规滞后，行政管理制度不健全，制度上的缺失导致各种问题与问题之间也存在着千丝万缕的联系，要系统解决各种问题，主要是制度缺失问题。③ 李安辉提出，少数民族特色村寨政策规范化与法制化的问题，法律、法规的不健全将会影响到民族特色村寨政策的执行效果，将成为制约民族特色村寨保护与发展工作的瓶颈。④ 杜承秀认为，专门针对少数民族特色村寨施以立法保护是空白的，无法针对少数民族特色村寨施以全面性、专门性的保护与发展。⑤ 本书基于已有的研

---

① ［美］拉雷·N. 格斯顿：《公共政策的制定——程序和原理》，朱子文译，重庆出版社 2001 年版，第 127—128 页。
② 刘品：《论政策执行模式的对话性转向与官民互赖性合作关系》，《学海》2011 年第 4 期。
③ 石雯慧、李忠斌：《少数民族特色村寨保护发展研究综述》，《民族论坛》2013 年第 2 期。
④ 李安辉：《少数民族特色村寨保护与发展政策评析》，《中南民族大学学报》（人文社会科学版）2014 年第 7 期，第 43 页。
⑤ 杜承秀：《现行少数民族特色村寨保护立法之缺陷分析》，《经济与社会发展》2015 年第 1 期，第 75 页。

究，认为国家目前缺乏少数民族特色村寨保护的上位法支撑，是影响政策执行效果的关键因素。制定《少数民族特色村寨保护法》是国家保护少数民族特色村寨的重要政策保障。当前，我国已颁布了《文物保护法》《非物质文化遗产法》《城乡规划法》《历史文化名城名镇名村保护条例》，"三法一条例"是少数民族特色村寨保护政策的内容之一。虽然在《指导意见》与《规划纲要》等政策文件上给予少数民族特色村寨命名并对其定义进行了界定，但不能作为法律意义上的确认，导致其概念不明晰。同时，在少数民族特色村寨保护的专门性、系统性、整体性等方面缺少上位法支撑，以及对明确的保护目标界定和管理层面的专门要求只能有选择性地参照"三法一条例"执行。国务院下发的与少数民族特色村寨保护有关的政府行政规范性文件是在上位立法缺失的情形之下出台的，虽具有一定效力，但并不具备法律法规强制约束力。由于我国少数民族特色村寨保护数量与日俱增，分布地区广泛，各民族地区经济发展不平衡，很难制定统一的保护与发展政策，只有对少数民族特色村寨进行专门保护立法，以此解决政策基础问题。

国家针对文化遗产保护所颁布的"三法一条例"是可以保护一部分少数民族特色村寨及其部分内容，但并不能全面而针对性地保护少数民族特色村寨。我们从《历史文化名城名镇名村保护条例》中可以解读到，少数民族特色村寨申报命名为历史文化名村的村寨是可以适用于《历史文化名城名镇名村保护条例》，而《文物保护法》也只适用于确定为文物保护单位的村寨，才能被纳入文物保护法范畴。恩施州现有国家级文物保护单位9处，省级文物保护单位89处，州级文物保护单位45处，县市级文物保护单位376处。但少数民族特色村寨整体纳入文物单位保护，截至目前仅有3个村寨，即宣恩县彭家寨、小茅坡营苗寨及鹤峰县铁炉寨适用于《文物保护法》。还有一些特色村寨中的一小部分区域适用于《文物保护法》，如恩施市庨口村的唐家大院、宣恩县庆阳坝村的凉亭街。可以说，恩施州少数民族特色村寨被纳入文物法保护范围的屈指可数。

此外，列入中国历史文化名村名录的恩施州少数民族特色村寨，目前只有三个，即恩施市崔坝镇滚龙坝村、宣恩县沙道沟镇两河口村及宣恩县椒园镇庆阳坝村。而恩施州有117个村寨已纳入少数民族特色村寨保护范围，所以以上法律法规是不能保护所有已纳入保护范围的少数民族特色村寨的。《中华人民共和国非物质文化遗产法》也仅保护了少数民族特色村寨所包含的一部分内容。当前，我国现行立法体系内针对少数民族特色村寨的保护并没有制定专门的法律文件，存在立法空白。就保护与发展的客体论，现行立法无法做到对少数民族特色村寨的方方面面施以周全保护并促进其发展①。另外，现行立法并没有对少数民族特色村寨保护进行全方位的有针对性设计，在制定保护方式、方法、措施、手段及机制等方面也就缺少专门性与针对性，使保护的实效大打折扣②。

第二，恩施州少数民族特色村寨保护无地方专门立法补充。国家还没有制定少数民族特色村寨保护基本法，使其无法获得全方位的保护。各民族自治区在国家《宪法》和《民族区域自治法》两部上位法的理论指导下，对少数民族特色村寨相继制定了专门保护条例作为立法保护补充。如广西壮族自治区于2015年6月25日在第十二届人民代表大会常务委员会第十九次会议上决定：批准三江侗族自治县第十五届人民代表大会第六次会议通过的《三江侗族自治县少数民族特色村寨保护与发展条例》，由三江侗族自治县人民代表大会常务委员会公布施行③。这是一部直接针对少数民族特色村寨保护与发展的专门地方性立法，可以说至此三江侗族自治县少数民族特色村寨将得到全方位的立法保护。但恩施州没有专门制定《少数民族特色村寨保护单行条例》，存在地方立法不足。就目前恩施州少数民族特色村寨相关法律保护体系而言，对少数民族特色村寨保护仅存在原则性规定，没有具体措施内容规定。《恩施州自治条例》第61条第2款明确规定，"要对少数民族特色村寨的建设和保护进

---

① 董学荣、罗维萍：《民族文化保护的悖论与超越——以基诺族文化保护为例》，《黑龙江民族丛刊》2009年第4期。
② 杜承秀：《现行少数民族特色村寨保护立法之缺陷分析》，《经济与社会发展》2015年第1期。
③ 《广西壮族自治区人民代表大会常务委员会关于批准〈三江侗族自治县少数民族特色村寨保护与发展条例〉的决定》，《广西日报》2015年9月26日。

行鼓励、支持",可以说在立法上体现了对少数民族特色村寨保护的重视。

恩施州颁布的《民族文化遗产保护条例》单行条例及《民族文化遗产保护条例实施细则》都只是在申报名录保护方式中提到"村寨"二字,意即只有申报确定为民族文化遗产的保护单位,才给予命名加以保护,保护范围受限。恩施州颁布的上述一系列与少数民族特色村寨相关条例,仍属于宪法下的法理性规定,不能等同于政策性措施。只是表述了应当去保护,如何采取具体措施保护少数民族特色村寨的内容却没有法律规定。譬如对民族文化遗产保护的经费来源只是法律原则上规定由政府提供保障,接受社会各界捐赠,具体是什么标准及如何操作不详,没有直接针对少数民族特色村寨保护制定专门的特别法律细则规定。与其他民族自治州所制定村寨保护法律条例的完善立法相比,如湘西州制定的《历史文化名村(寨)及特色民居保护管理暂行办法》等,这对于恩施州少数民族特色村寨保护来说也是一种立法不足。

当前,恩施州政府仅以《指导意见》和《规划纲要》为总指导印发了《州人民政府办公室关于加强全州特色村寨保护工作的通知》。这些文件缺少正式的立法程序,都不能算作严格意义上的行政法规。由此折射出国家及地方对少数民族特色村寨保护停留在行政管理层面。由于恩施州缺乏专门的和针对少数民族特色村寨保护的地方行政法规,许多少数民族特色村寨不得不依靠各级政府的行政手段与权威,制定一些非法律形式的行政通告作为保护行为的法律法规。如恩施州巴东县政府出台的《巴东县领导强调切实加强沿渡河镇特色村寨建设工作》等都不具有法律约束力,而且其涉及内容广度与深度明显不足,可操作性也不强,给当地基层政府执行提供了很大的自由与伸缩空间,给具体实施政策方案制造了操作随意性的漏洞。由于政策执行缺乏一个健全的法制保障环境,政策措施不到位,政策不落实,政策每年变数大,无法照顾到老百姓的切身利益,引起老百姓对少数民族特色村寨保护政策执行效果的质疑,从而更加动摇了执政党在老百姓心中的地位。自国家民委、财政部及地方相关部门开展少数民族特色村寨保护与发展实践以来,国家及学术界已分析并总结出许多经验与教训,逐渐认识到立法完善才是少数民族特色村寨保护政策实践的关键，是村寨可持续发展的重要法律保障。

第三，权力内容不实。对于少数民族特色村寨保护而言，相关法律内容中应当明确赋予政府部门与村民各自相应的权力。1947年英国《城乡规划法》规定："城市规划中的公共权优先于建筑所有者的财产权。同时，英国的登录建筑制度表明任何未经同意而对登录建筑进行拆毁、改建、扩建等行为均属刑事犯罪，对登录建筑的保护与维修地方当局也有相当的权力。"① 国内与村寨直接相关的地方性立法如《黔东南自治州民族文化村寨保护条例》《湘西州历史文化名村（寨）及特色民居保护管理暂行办法》的相关条款表明了政府部门与村民享有各自权利以及相应的处罚措施。综合来说，法律应当赋予政府部门的权利有申报命名权、公布权、审批权、规划许可权及管理权等，而村民则有公民知情权、参与权、批评监督权、使用权、处理权等，如果这些应有的权利受到侵害，就需要有相应的法律救济措施回应。由于恩施州权力机关还没有专门针对少数民族特色村寨保护制定单行条例，因此没有从法律上明确保护主体权利内容。当然，我国《文物保护法》是比较完善的法律。对纳入文物法保护范围的少数民族特色村寨而言，各相关保护主体的自身权利内容都得到了声张，但对于不受文物法保护的少数民族特色村寨而言，法律没有赋予政府部门与村民彼此制约对方的权力，使双方的相关权利无法体现，导致权利内容不实。

第四，相关立法威慑力不足。我国司法惩处采取的是罪刑相适应的原则。"犯罪对公共利益的危害越大，促使人们犯罪的力量越强，制止人们犯罪的手段就应该越强有力。"② 但现实情况是，国家在"三法一条例"中对破坏少数民族特色村寨的违法行为仅界定在除刑事违法以外的民事违法和行政违法，对于违法者的处罚仅考量对修复侵害的经济成本，从而导致违法者的违法成本低，国家的处罚力度太轻，呈现出执法难严

---

① 张松：《历史城市保护学导论——文化遗产和历史环境保护的一种整体性方法》，上海科学技术出版社2001年版，第219—220页。

② ［意］贝卡里亚：《论犯罪与刑罚》，黄风译，中国法制出版社2005年版。

的困境。破坏少数民族特色村寨整体风貌所侵害的是公共利益，破坏的是少数民族特色村寨的历史价值、文化价值、精神价值、经济价值、科学价值，因此对直接侵害造成的损失无法一一比照，很难对破坏少数民族特色村寨行为的危害程度与损失程度做出清晰的界定与准确评估，造成取证困难，导致所确定的具体标准无充分的司法量刑依据，无法体现出执法必严、违法必究的法律威慑力。

（二）政策文件可操作性不强

对于政策文件的可操作性问题，学者都提出了相关的观点。段超指出，一些地方对村寨保护和发展规划、民居维修和改造方案重视不够，没有请专家参与制定方案，导致规划和方案不细致、不完整、不严谨，缺乏可操作性[①]。房亚明指出，特色村寨保护试点规划编制的科学性不高和可行性不强；部分地方在规划方面存在缺乏具体建设内容、特点不突出等问题[②]。上述学者观点综合表明了，政策文件中没有明确详细的村寨保护和发展规划内容，对于制订的规划是否具有科学性也没有具体相关规定。政策文件仅存在于精神传达与"喊口号"层面，没有可操作性。

2013年11月，习近平总书记在武陵山片区考察时指出："扶贫要实事求是，因地制宜。要精准扶贫，切忌喊口号，也不要提好高骛远的目标。"反视2009—2012年国家民委办公厅、财政部办公厅下发的《指导意见》与《规划纲要》，以及很多民族自治地方政府所制定的《实施意见》《通知》等政策性文件，其设计的相关内容很宏观、空洞，可操作性不强。具体表现在，国家政策层面所下达的《指导意见》虽然规定了"国家民委和财政部将对实施过程中的资金使用及管理等情况进行监督、检查，并组织验收"，《规划纲要》提出了制定《少数民族特色村寨保护与发展项目检查验收办法》，但是现阶段还没有出台民族特色村寨政策监督与评估相关事宜的具体操作办法、操作细则，由于政策制定所出现的

---

① 段超：《保护和发展少数民族特色村寨的思考》，《中南民族大学学报》2011年第5期。

② 房亚明：《关于少数民族特色村寨保护与发展的思考》，《农村财政与财务》2011年第3期。

缺陷，导致政策执行中的问题难以及时纠正。① 这也导致恩施州少数民族特色村寨建设缺少具体可操作的政策监督制度。如恩施州虽已制定关于加快民族文化州建设的有关政策措施，其中也涉及文化产业方面的部分条款，但同样存在原则性多、可操作性不强和含金量不够的问题，无法对日益发展壮大的少数民族特色村寨文化产业提供强大的政策支持，制约了少数民族特色村寨的顺利开发。

恩施州印发的《州人民政府办公室关于加强全州特色村寨保护工作的通知》，对恩施州少数民族特色村寨保护工作提出了实施意见。这是州政府出台的一部纲领性文件和方针，但这些政策只是表明了哪些方面要去实施，没有具体统一的操作法则。因此，该意见的内容同样出现了宏观、空洞、可操作性不强的问题。各县（市）政府都是根据上级政府下达的空洞的纲领性文件去制定地方政策措施，由于上级政策文件存在现实问题，这些地方政策措施是否具有科学性？是否有利于村寨自身"特色"的保护？由于没有制定统一的具有可操作性的政策措施，无法律硬性规定保障，导致政策措施执行时陷入很多无法避免的困境。

案例 AJKB：我到这个工作岗位才两年，以前的政策措施文件我这儿也没有了，主要是通过开会形式传达文件精神，政策文件都很空洞、宏观，没有具体的操作内容。下面各少数民族特色村寨具体工作的细节，有时会写的一些行政人员写了相关的工作总结，还可以收集上来，但会写的人太少，平时资料收集比较差，都是口头传达，图片还是存了很多。关于政策措施方面，有没有科学性不好说，能不能全方位保护好村寨特色也不好说。政策空洞，执行操作靠个人总结。（AJKB：男，45岁，土家族，恩施市民宗局部门领导）

案例 AUBM：对于戽口村寨的保护与发展方面，主要是恩施市民宗委所传达的少数民族特色村寨加以保护政策文件精神，恩施民委也表明了国家对于特色村寨加以保护与发展的重要性，但我们这里也没有具体的政策执行措施文件，都是我们自己在根据情况制定办法怎么操作，没有

---

① 雷振扬等：《坚持和完善中国特色民族政策研究》，中国社会科学出版社2014年版，第409页。

一定之规,边想边做吧。恩施市民委每年给我们芭蕉乡的两个村寨拨款,一个20万元,另一个50万元。我们乡政府根据资金来具体分配做哪些事情。(AUBM:女,汉族,30岁左右,大学本科,家在恩施市区,从外地调入,芭蕉乡副乡长)

上述访谈表明了两个现实问题,一是恩施州从州级政府到下面县(市)级政府没有制定统一的可上传下达的具体可操作的政策执行措施,仅有文件精神的传达对少数民族特色村寨保护的重视,具体怎么做由各少数民族特色村寨直接所属的县(市)、乡(镇)政府自己制定。二是上级政府拨款到下级执行部门,经费使用在哪些方面,由具体执行者自行决定,政策文件中没有明确具体资金使用与管理、监督、措施等内容。

(三)配套政策还不到位

配套政策是少数民族特色村寨保护政策制定的重要内容,是政策顺利实施的根本保障,更是国家现行法律规定冲突下的政策救济措施。由于国家政策文件内容的宏观制定,恩施州虽然对加强少数民族特色村寨保护工作提出了具体意见,但没有出台一系列相对应的政策配套执行措施。与国家、省的有关政策尚不配套,导致既有的政策进程缓慢及落实不到位。据笔者对不同层次人员走访调查,处于政府领导层的工作人员认为,恩施州虽已制定了大力支持保护少数民族特色村寨与发展旅游业等各种政策措施,却尚未制定与其相关的配套政策。如对开发商从事少数民族特色村寨项目开发,在土地、人力资源等政策扶持方面没有具体出台文件规定,对开发商政策配套扶持方面操作缺少依据,无法实施。

案例AXBM:我是一个热爱民族文化的商人,也是民间文化团体协会成员,所以一直积极从事村寨民族文化旅游开发项目。在开发过程中政府没有给予一定支持,包括用地都是商业用地价格购买,没有任何优惠,旅游景区员工都是请当地人,都是自己出钱给他们进行专业培训,然后进行表演,没有得到政策扶持。(AXBM:男,46岁,土家族,大学文化程度,恩施市人,民族文化旅游开发公司老总)

基层政府相关人员认为,对于少数民族特色村寨保护所涉及的相关方面，支持少数民族特色村寨民族服饰和其他民族工艺品等产业链发展的政策措施尚处于缺失状态；最重要的一点是，虽然与新农村建设结合的相关政策，如农村退耕还林、农业生产、村寨基础服务设施建设等项目补贴都有相应规定，已基本落实，但最关键的问题是目前村民另批地新建或旧房改扩建的住房配套政策相应解决措施没有出台。

在不断加快的城市化进程中，国家土地管理政策与少数民族特色村寨保护政策共同实施过程中，二者存在法律规定的冲突。长期以来我国农村施行的是集体土地所有制的农民宅基地分配政策，针对农村宅基地并没有专门立法规定，而以相关法律和政策来共同制约。《土地法》规定："农村农民一户只能拥有一处宅基地。"《物权法》规定："宅基地使用权人依法对集体所有的土地享有占有和使用的权利，有权依法利用该土地建造住宅及其附属设施等，都给予所有权和使用权的充分保护。"应当说国家法律赋予村民对于宅基地住宅建设的极大自主权，但相关法律规定中对村民使用与处理宅基地约束与管制方面的规定缺少实践灵活性，甚至是相互矛盾的。如《土地法》第62条规定："农村村民建住宅，应当符合乡镇土地利用总体规划，并尽量使用原有的宅基地和村内空闲地。"[①]《条例》第23条原则规定："在历史文化名城名镇名村保护范围内从事建设活动，应当符合保护规划的要求，不得损害历史文化遗产的真实性和完整性，不得对其传统格局和历史风貌构成破坏性影响。"[②]《文物保护法》第22条规定："不可移动文物已经全部损坏的，应当实施遗址保护，不得原址重建。"上述相关法律规定表明，《文物保护法》《条例》与《土地法》《物权法》规定的"一户一宅""有权原址重建"的规定是矛盾的。一些少数民族特色村寨基础设施落后，大部分传统历史建筑因年久失修，甚至只剩下遗迹，还有许多居民建筑需要修缮继续承担使用功能。因此，建议完善地方相关立法，出台宅基地使用救济政策，解决文物保护区的居民生存需求。

样本村寨调查发现，处在文物保护区的民居依照《文物保护法》

---

① 全国人大常委会：《中华人民共和国土地管理法（2004年修正）》。
② 国务院：《历史文化名城名镇名村保护条例》，2008年4月2日。

不准动、不准乱拆、不准乱扩建的规定，村民不能获准另批地基建房或原址扩建、重建。对6个样本村寨的调查数据表明，有150位村民认为被纳入文物保护范围后，政府没有出台另批地基建房的规定，占样本量的100%；没有一个村民认为政府出台了另批地基建房的规定（详见表3—1）。

表3—1 被纳入文物保护范围后，政府有没有出台另批地基建房的规定

	人数（人）	百分比（%）
有	0	0
没有	150	100.0
合计	150	100.0

小型座谈会：政策规定，我们的房子不准动不准拆不准建，属于文物保护单位了。可是我们这里房子都太小了，有的家里孩子多了，都长大了，每个孩子都不能保证有一个单独的房间，特别有的女儿都长大了，谈恋爱了，对象带回家都没有住的地方，孩子都挤一个房间是不行的。不能批地另建房，有的村民就在现在的房子上扩建房。还有的儿子长大了要结婚没有房子，都面临问题，如果政策还不早点落实下来，再过不久，这个古街原样就保不住了，村民们要生存，要住房就必须要扩建。还有的村民说，10年前如修个砖房是花不了多少钱的，那时物价便宜，政策又不批地，不准动不准拆，现在想建房，就是另外给个地基没有补偿也建不起来，现在建房是比以前贵多了，物价涨了，老百姓没有能力弄这么多钱。还有，现在要急需解决村民家里人口多要住处的问题，再不解决，村民们就不会再听政府说不准建不准动不准拆的规定了。（10男5女，40—50岁，土家族，庆阳坝村凉亭古街，种茶及经营小商店）

通过问卷调查及对村民访谈来看，缺少相应的配套政策措施无法解决村民生存生活问题。随着子女相继成人，原有的住房空间已不能满足现实需求。体现政策的灵活性，就要制定相关配套政策，提出允许处在

文物保护法保护范围内的居民，准批另择地建房的具体规定。

二 政策保护目标偏离

政策保护目标是少数民族特色村寨保护政策实施所预想达到的最终结果。目前，对于少数民族特色村寨保护目标的研究，国际宪章、国内政策与学术界都提出了相关观点。《保护历史名城和历史街区宪章》指出任何保护计划"都应旨在确保历史名城区域与整个城市之间的和谐关系"。《乡土建筑遗产保护宪章》指出："对乡土建筑物的改变必须尊重并维持其布局及它们与物质环境和文化景观的关系，以及各个建筑物之间的关系。"《国家民委关于印发〈少数民族特色村寨保护与发展规划纲要（2011—2015年）〉的通知》明确表明，少数民族特色村寨保护与发展的目标是："人居环境明显改善、群众收入大幅提高、村寨风貌与特色民居得到合理保护、民族文化得到有效保护、村寨基本公共服务体系进一步完善、民族关系更加和谐。"石雯慧、李忠斌指出，要推动少数民族地区的发展，让少数民族地区的村民能够安居乐业[①]。贺能坤认为，生态环境、民族文化的保护、民族个人的精神与幸福等是民族村寨开发的首要目标，然后才是经济利益目标[②]。还有学者提出的目标是保护与传承民族优秀文化，改善村民生活环境，发展特色优势产业，加快脱贫致富步伐，实现少数民族农村地区的经济社会全面发展[③]。已有研究表明，国际立法保护目标重在整体的协调保护，国家政策及部分学者所提出观点旨在村寨建设、保护与发展同时兼顾。但李然认为，保护与发展很难兼顾[④]。

本书基于已有的研究认为，从国家立法及恩施州地方性立法层面分析表明，保护目标有的重在发展，有的则重在保存，制定的目标都不全

---

① 石雯慧、李忠斌：《少数民族特色村寨保护与发展研究综述》，《民族论坛》2013年第2期。

② 贺能坤：《民族村寨开发的基本要素研究》，《贵州民族研究》2010年第1期。

③ 国家民委经济发展司编著：《中国少数民族特色村寨保护与发展经验研究》，民族出版社2013年版。

④ 李然：《民族村寨保护与发展的实践及其理论省思——基于武陵山区的调查》，《中南民族大学学报》（人文社会科学版）2014年第5期。

面，均利于某一方面。《文物保护法》保护目标重在保存。《历史文化名城名镇名村保护条例》对申报为历史文化名村的少数民族特色村寨侧重于保护、管理与继承。《非物质文化遗产法》侧重于少数民族特色村寨非物质文化遗产的保护、保存、继承和弘扬。当前，恩施州少数民族特色村寨保护目标，无论在立法层面还是政策内容层面，都是为了促进村寨经济发展，重点在于开发利用，保护目标明显偏离。地方性立法《恩施州自治条例》总的目标并没有明确提出要进行少数民族特色村寨保护与发展的思想，只是高度概括表明了国家宪法与民族区域自治法是制定《恩施州自治条例》的立法依据。《恩施州民族文化遗产保护条例》保护目标侧重于对民族文化遗产的保护、继承与弘扬及经济发展与社会进步。《恩施州民族文化遗产保护条例实施细则》指导思想与《恩施州民族文化遗产保护条例》是同步的，主要是为了完善《恩施州民族文化遗产保护条例》进行的补充。恩施州少数民族特色村寨保护工程总体目标是关注民生为前提、以开发利用为目的。可见，现阶段的目标主要是注重村寨建设及经济发展，兼顾保护。

省思国家为什么要进行少数民族特色村寨保护与发展？其宗旨是为了保护少数民族村寨文化"特色"，用发展来更好地促进长久保护这一特色。正确处理保护与发展的关系问题是解决保护目标偏离的前提。少数民族特色村寨保护不仅是对文物式的一种单纯的保存行为，还包括对其特殊的人居环境与生态环境进行维护与建设，及对村寨世居民族特有传统文化保护、传承与发展等的一系列工程，是一种在现代生活中与"人的现实需求"具体相关联的社会行为。正如学者所言："改革开放以来现代化的强烈冲击以及国家和社会对少数民族传统文化着力弘扬的双重作用，使当前少数民族传统文化呈现出复兴、衰退和变异并存的状况。"①当前，由于对少数民族特色村寨自身特征认识不足及对村寨现实需求考虑不充分，致使对村寨保护与发展的关系没有一个清晰认识，是导致保护目标呈现偏离的又一个重要因素。

少数民族特色村寨保护建设不是为了保护而保护，而是通过保护资

---

① 王希恩：《论中国少数民族传统文化现状及其走向》，《民族研究》2000年第6期。

源，充分利用资源优势，促进当地经济和社会协调发展，提高人民生活水平。这意味着少数民族特色村寨保护建设要坚持保护、开发和利用并重，挖掘、传承和创新并举的原则，制订特色村寨建设规划，既保护了优秀传统文化，又增强了村寨发展后劲。① 少数民族特色村寨保护与发展工作尚处于建设阶段，这种建设行为在一定程度上往往与当代社会文化语境中的"发展"联系在一起，而"保护"一词在某种意义上来说是对"建设限制"的代名词，因此，二者在历史文化遗产保护领域中往往被视为一对不可调和的矛盾。② 虽然保护是针对村寨本身所特有价值的现实行为，也是村寨文化生命力的延续，但发展是对人的现实生存需求责任的回应，如果村寨中没有人的存在，那么它的价值将无法体现。如何才能做到二者的统一协调？

保护注重表现具体形式上的保存和精神文化上的有效传承，发展注重的却是民生改善与地方经济的持续增长。目前，恩施州已有部分村寨完成建设初期工作，利用"保护式开发"或"开发式保护"模式进行了解决二者矛盾的探索，但效果不佳，还造成了"破坏式保护"与"开发式破坏"等一系列问题。很关键的一点是，运用此模式取得明显成效与村寨所在区域本身具有较高经济水平以及便利的交通状况有直接关联，通常离城区越近的村寨运用此模式的效果越显著，而大多数村寨地处偏远山区，经济落后，交通不发达，完全仿效是不现实的。正是这样的客观因素造成了其他仿效村寨出现了许多现实问题，主要有村寨试点示范效果不明显；资金投入大产出小，实际效益差；规划与方案不科学，特点不突出；经济发展不平衡，当地村民没有收益；旅游产业过度开发导致村寨文化庸俗化等一系列问题。也正是这样的问题造成了保护与发展的严重脱节。如何能求得保护与发展双赢，亦是我国现阶段少数民族特色村寨保护发展政策目标实现所面临的一大困惑。

---

① 吴正楠：《特色村寨保护既要"面子"也要"里子"——甘肃少数民族特色村寨保护调查（下）》，《甘肃经济日报》2015年3月31日。
② 戴彦：《巴蜀古镇历史文化遗产适应性保护研究》，东南大学出版社2010年版，第37页。

三 政策公众参与原则缺失

（一）相关立法无公众参与原则

立法原则是立法主体（国家权力机关）据以进行立法活动的重要准绳，是立法目标在立法实践中的重要体现，是立法目标与立法活动结合过程中要特别注重的理论要点，主要反映了执政者的立法意识与立法制度，是内在立法精神品格所在。公众参与原则是指在环境资源保护中，任何单位和个人都享有保护环境资源的权利，同时也负有保护环境资源的义务，都有平等地参与环境资源保护事业、参与环境决策的权利。[①] 公众参与原则是国家立法原则在少数民族特色村寨相关环境保护立法中的具体体现，应当作为恩施州少数民族特色村寨地方相关立法的基本原则。

目前，国外立法及国内学术界研究中都提出了公众参与原则的相关观点。1992 年《里约环境与发展宣言》在联合国《人类环境宣言》基础上宣告了关于环境保护与发展的 27 个原则，其中就有公众参与原则。1998 年法国的《环境法典》、加拿大的《环境保护法》及俄罗斯的《联邦环境保护法》都体现了公众参与原则。张显伟提出，少数民族特色村寨的保护与发展应该坚持依法、政府主导、多方参与、积极、人本、完整、保护与发展、尊重习惯等基本原则[②]。《宪法》第 2 条规定："国家一切权力属于人民，人民有权通过各种途径和形式管理国家事务，管理经济和文化事务，管理社会事务。"这为公众参与原则提供了宪法依据。修改后的《民事诉讼法》第 55 条规定："对污染环境、侵害众多消费者合法权益等损害社会公共利益的行为，有关机关、社会团体可以向人民法院提起诉讼"，突破了对民事诉讼原告资格的限制，扩大了原告范围，尤其是赋予公众以环境公益诉讼权。少数民族特色村寨包含了对人居环境与自然生态环境的保护，应当体现公众参与原则。

《文物保护法》第 4 条规定："国家文物保护以保护为主、抢救第一、合理利用且加强管理为原则"；第 21 条规定："对于那些不可移动的需要修缮、

---

① 吕忠梅：《环境法新视野》，中国政法大学出版社 2000 年版，第 236 页。
② 张显伟：《少数民族特色村寨保护与发展基本原则》，《广西民族研究》2014 年第 5 期。

保养及迁移的文物,必须以不改变文物原状为原则。"《非物质文化遗产法》第 4 条规定:"非物质文化遗产保护应当遵循真实性原则、整体性原则、传承性原则";第 5 条规定:"使用非物质文化遗产时,应当尊重其形式与内涵,禁止歪曲、贬损事实。"《历史文化名城名镇名村保护条例》第 1 章总则第 3 条规定:"保护要遵循的原则是科学规划与严格保护的原则、保持历史风貌原则、延续传统格局原则、维护历史文化遗产真实性与完整性原则。"《恩施州民族文化遗产保护条例》第 5 条规定:"对于民族文化遗产保护,应当实行以保护为主、抢救第一、合理利用、有序开发的方针";第 12 条规定:"确保民族文化遗产保护的真实性与整体性,重视原生态保护,禁止随意改变原貌,禁止歪曲民族文化遗产的原意,保护措施应当尊重民族传统风俗习惯。"《恩施州民族文化遗产保护实施细则》也是秉承执行了《条例》立法原则,并在此基础上补充了开发与利用应注意保护其原生态事项,突出重在经济效益与社会效益两方面。国家民委、财政部印发的《指导意见》《规划纲要》实施基本原则为:"立足发展与保护利用原则、因地制宜与突出特色原则、科学规划与统筹兼顾原则、政府主导与社会参与原则、村民主体与自力更生原则。"《恩施州少数民族特色村寨实施意见》提出"因地制宜与分类指导原则;统筹规划与分批实施原则;经济建设、村寨建设、文化建设与社会建设相结合原则;保护传统与发展创新相结合原则。"上述国家法律法规、恩施州地方立法及政策文件都没有将公众参与原则规定其中,公众参与的主体利益得不到立法原则的强制性规范。

　　世界环保事业的最初推动力量来自公众,没有公众参与就没有环境运动。① 我国自上而下的少数民族特色村寨保护行政管理体制往往将公众参与排除在外,多采取行政手段对少数民族特色村寨进行保护与管理,要求社会各界及村民个体必须遵守禁止性和义务性的规定,长期以来使公众被动参与其中。在对样本村寨调查中,有一位彭家寨的村民说:"关于村寨木房整改方面的,我们是世代居住这里的土家族,对土家族建筑还是比较精通的,政府却不要我们参与吊脚楼的整改与外观打造工程,在外面请人包给别人做。来这里施工的都是武汉、高罗乡那边的工人,

---

① 韩德培:《环境保护法教程》,法律出版社 1998 年版,第 77—78 页。

政府不相信我们的技术，但可以通过沟通把我们当地人也搞来进行搬运，老百姓有能力的也可以集中起来，本地人民也懂房子建造风格，也能够做好的，由本村寨的村民都来参与建设，也都搞点钱，也都有保护的积极性。不要我们参与建设，但来施工需要水等方面的，政府要求我们无偿提供，因为是给我们房子打造外观了，还要遵守规定，不要搞和建设有关的破坏。"对于少数民族特色村寨资源归属权、资源保护与利用及当地经济发展政策之间的冲突与矛盾，无法顾及公众应有利益，致使当地居民对村寨保护存在心理抵触，以致出现故意损害村寨自然生态环境的现象。在少数民族特色村寨保护相关立法中充分贯彻公众参与原则，有利于改变现行立法指导思想的滞后，有利于公众环境保护意识的提高，有利于实现公众积极参与少数民族特色村寨自主保护。

（二）保护与开发的参与主体缺失

德国文化遗产保护主体分为三个层次，即：政府公共部门、民间组织与当地市民，均各自承担不同的职责，以非常系统的文化遗产保护法作后盾。瑞士马伦伯格露天博物馆文化遗产保护主体与欧洲其他国家有较大的区别，即其保护主体是州政府。我国立法上明确规定民族文化遗产保护主体为国家机关、社会团体、企事业单位及公民。恩施州少数民族特色村寨作为民族文化遗产的一部分，相应村寨保护主体应是恩施州政府、社会各界团体组织、企事业单位及村民。综观恩施州所颁布的各项法令条例，解读可知，大多数与少数民族特色村寨相关条款都是在表述政府部门作为村寨保护主体应当怎样去作为。法律规定了责任与义务，明确政府机关的重要地位，世居在少数民族特色村寨的村民居于从属地位，当然这还是与当前我国行政管理体制相关。正如学者所言，由于民族村寨开发的目标重在追求经济利益，所以，一些既得利益者总是在开发中扮演"主角"，如政府、企业等。表现在形式上，政府和企业比当地村民更积极，投入的人力也更多，开发的方案多根据政府和企业的需求进行设计，至于当地村民参与与否及其参与程度如何却少有考虑。[①] 法律并没有明确表明村民的权利、责任与义务，作为与不作为应承担的法律

---

① 贺能坤：《民族村寨开发的基本要素研究》，《贵州民族研究》2010年第1期。

后果。当前,少数民族特色村寨实际上是一种公权力保护,正是在这种公权力保护的作用下,秉承了政府主导、社会参与的原则。落实到基层干部与群众作为时,在各自利益的驱使下,干部为求"政绩"工程,造成政府主导力量过度,给予群众参与机会较少,而群众因为没有求得实惠而退出主体行列,处于被动服从与观望的局面。

案例 CZA:路修好了,环境好了,也现代化了,老百姓的刺绣也能在广场卖,赚点小钱,老百姓也算是有收益了。但你说政府搞旅游开发,我们老百姓没啥好处只能看着热闹。(CZA:女,52 岁,羌族,麻柳溪村村民,村里经营小商店和茶加工)

案例 FGMB:老百姓没有发言权,发言也不起作用。我们只是听从的份儿,如果你不听从,与你不相关也行,那也是不能搞破坏了。(FGMB:男,36 岁,土家族,黄柏村村民,木工)

从对村民访谈感受到,对村寨进行旅游开发,村民作为少数民族特色村寨保护参与主体,并没有真正行使主体的权利与义务,仅是政府单方面的行为,村寨保护与发展应当是政府与村民共同的责任,是利益的共同体。

进一步调查发现,部分村民并没有意识到作为生活在少数民族特色村寨的主人,自身才是少数民族特色村寨保护的重要主体,只是一味地享受国家政策给他们带来的好处,成为将自身置于主体之外的局外人,坐享既得利益。如果政府在主导村寨建设、保护与发展中,具体规划方案意图没有明确告知到位及其他客观原因,而出现村民眼中的"不公平"现象,就会产生抱怨与不信任情绪。当地政府对村寨的村民特色民居建筑进行"外包装"统一造型打造,先后执行顺序不一样,或者有些已落实而有些村民没有享受政策福利等一系列问题都会引起村民的不满与抱怨。

案例 BATM:国家都没有管,也没有做什么事,我那百年老房子都垮了,我想拆不让拆,有别人的房子垮了,有的都给修了,我的都是自己装的,我去找村里,村里说,那些都搞完了没钱了,没有条件管,我们去哪里弄钱了?还要再要钱了才能给你修,国家没有为我出一分钱。既然是保护区,怎么就不管我的了,我去找他们村里闹,他们说我是搞破坏,那我就不闹了,我下面的木房子是 100 多年的老屋了,都烂了,都没有钱修了,不管我,我就想拆,又不让我拆,下雨都漏水了。(BATM:

女，60岁左右，土家族，彭家寨村民）

案例FYOM：她说村里上下村民的房子都整修了，就我家不整了，政府说是没有规划了，没有钱都停了。都停了，但是下面你刚经过的那一家就是砖房进行的木房外观的打造，政府还在验收，这点不公平。不给我整修，我就要把木房子整修大一点，想怎么整就怎么整，不会按统一规划的，因为小儿子还没有结婚，房子有点小，想修一个砖房子给小儿子结婚。（FYOM：女，50岁左右，土家族，黄柏村村民，照顾孙子）

还有很多村民对少数民族特色村寨保护与发展持观望态度，认为这是政府的事情，与其不相关，本民族传统特色保护意识淡薄，对政府作为不太配合。

案例FOPM：政府要在我砖房的顶上按木制房子样式统一打造包装，我没有同意，木工师傅的技术太差了，搞得质量不过关，前面有好几家的砖房按国家要求统一打造的，飞檐翘角没有设计搞好，下雨天积水都从上面到下面，从砖里漏水，豆腐渣工程。上面的已打造好的村民都在扯皮。好多砖房按木房结构样式打造的返工了，盖瓦漏水，没有设计好，都只为外观好看，却漏水不实用，只是外观搞美观了一下，我们现在不太注重民族特色，那是国家的事，我们只要实用与舒服就行。（FOPM：男，45岁，土家族，黄柏村村民，务农）

从上述系列案例访谈分析来看，造成少数民族特色村寨保护部分主体缺失的主要原因有两方面：一是法律赋予公权力保护下的政府部门对少数民族特色村寨保护过度主导，迫使村民无法行使主体的权利、责任与义务；二是具有小农思想的村民自身主体意识淡薄，主动放弃参与主体地位。

按照公约和我国有关非物质文化遗产政策规定，政府的行为应当限定在"制定总的保护政策、制定保护法规和行政规范、指定或建立管理机构与文献机构、拟订非物质文化遗产清单、宣传教育、提供活动和表现的场所和空间等宏观性的和指导性的层面"[①]。但政策开发实际操作过

---

① 刘志军：《非物质文化遗产保护中的大众参与——以主客位为中心的探讨》，《文化艺术研究》2009年第3期。

程中，少数民族特色村寨保护与开发纯粹是政府行为。恩施州政府为了促进民族地区的社会发展，把少数民族特色村寨保护与开发利用目标侧重放在经济发展层面。在政府主导下，利用行政手段，组织相应机构部门，拉动各方资金及积极的政策扶持作为，联合企业对少数民族特色村寨进行开发，而与开发相关的村民却成了旁观者或被动参与者，当然，开发获利最大的是政府与开发商。正是在这种利益的驱动下，村民们得不到任何利益而主动退出了开发主角行列。

村民世代居住在村寨里，早已和村寨血肉相连、不可分割，村寨作为他们的精神家园、灵魂归宿，其保护程度如何与他们的生存生活保障息息相关，村民才是少数民族特色村寨保护最重要的主体。现阶段，村民或成为置身事外的角色，或被动接受与村寨利益相关的分离。对6个样本村寨的数据调查表明，有136人认为没有参与过少数民族特色村寨保护，占样本量的90.7%；有14人认为参与过，占样本量的9.3%（见表3—2）。有4人认为参与后没有一点获利，占样本量的2.7%；有10人认为获利不多，占样本量的6.7%；没有人认为获利较多（见表3—3）。

表3—2　　　　　　你是否参与过少数民族特色村寨的保护

	人数（人）	百分比（%）
有	14	9.3
没有	136	90.7
合计	150	100.0

表3—3　　　　　　如参与后，你有没有从中获利

	人数（人）	百分比（%）
获利较多	0	0
获利不多	10	6.7
没有一点	4	2.7
没有参与	136	90.6
合计	150	100.0

政府与商业开发机构是旅游开发既得利益的共同体,村民本是村寨旅游开发重要的主体,现却处于政府与商业开发机构主导下的可有可无的从属地位,成为利益不相关者。

案例 CYUM:国家对我们村发展旅游,鼓励村民开农家乐,但没有什么生意,也没有民族文化特色的看点,政府开发后,把我们村卖到黄金洞旅游景区,作为一部分,向游客收门票了,门票是 100 元,其中,60 元是游黄金洞,40 元是游我们村的,看我们村的茶园、山水、木房子风光,门票费归黄金洞景区,老百姓也是站着看热闹。(CYUM:男,50 岁,土家族,麻柳溪村村民,外地打工)

四 政策保护机制不健全

第一,领导机制有待加强。健全的领导机制是少数民族特色村寨保护与发展的管理保障。应当在党政领导、部门联动的倡导下,成立相应的机构。2003 年,文化部与财政部联合国家民委、中国文联正式启动了中国民族民间文化保护工程,相继成立了"保护工程"领导小组、专家委员会和国家中心,各省(市、区)也成立了"保护工程"的组织领导机构和工作机构。[①] 2009 年 9 月 8 日,国家民委与财政部联合出台了《关于少数民族特色村寨保护与发展试点工作的指导意见》,正式将少数民族特色村寨保护与发展试点工作纳入国家重要议程,明确了政府主导、社会参与原则下组织少数民族特色村寨保护工作。因此,政府机关作为政策执行的行为主体,就需要发挥少数民族特色村寨保护的主导作用,专门成立相关领导机构对少数民族特色村寨保护进行协调与管理。湖北省民宗委印发《湖北省少数民族特色村寨保护与发展试点工作考核验收办法》的通知,对考核验收范围、验收内容、验收组织、验收办法和程序、验收结果的确定与运用进行了规定。其中,考核验收工作由省民宗委成立考核验收工作组,集中统一赴各地对县(市)申请少数民族特色村寨保护与发展试点村寨进行考核验收。对于地方少数民族特色村寨保护而

---

① 吴磊:《我国少数民族非物质文化遗产政策研究》,博士学位论文,中央民族大学,2012 年,第 110—112 页。

言,如江永县浦尾村成立了江永县女书文化抢救保护和产业开发领导小组,把女书文化抢救保护工作列入重要议事日程,多形式、多途径进行科学抢救保护,在保护中开发,开发中保护,让女书成为当地旅游热点,实现可持续发展。①

政府机关作为政策执行的行为主体,就需要发挥少数民族特色村寨保护的主导作用。但是,根据笔者调查,恩施州目前还没有专门成立"少数民族特色村寨保护"工作领导小组,进行统一领导协调工作。仅有州民委及文体相关部门着力推动,将国家民委颁发的少数民族特色村寨保护相关文件精神传达到各县(市)民宗及文体部门,各自施行举措推进工作。在少数民族特色村寨保护与发展试点工作中,主要靠会议、文件等方式推动,缺乏强有力的组织保障。少数民族特色村寨涉及民族文化保护的问题,不仅是民族文化政策,也是民族政策的一部分。民族宗教事务部门在少数民族特色村寨保护中应当起到一个什么样的作用,并没有明确地界定其自身的职责。少数民族特色村寨保护需协同文体局、建设局、规划局、农业局、林业局、气象局、旅游局、档案局等相关部门的通力合作,这些部门都属于少数民族特色村寨保护的利益相关主体。当前部门职能重叠、纵向分离的少数民族特色村寨保护管理体系,已呈现出条块分割、多头管理的局面。这样的局面也造成在申报为历史文化名村的少数民族特色村寨中,出现了申报全国第一批、第二批历史文化名村名录空缺的严重失误等问题。正是恩施州少数民族特色村寨保护的领导体制不健全,使少数民族特色村寨保护仅停留在部门工作的层面。

第二,机构设置不合理。合理、有效的机构设置是少数民族特色村寨保护的组织保障。在国外相关少数民族特色村寨保护的实践中,也都非常重视这一点。1968年日本在废除"文化财保护委员会"之后,由国家文化厅设置"文化财审议会",地方政府也同样设置了"文化财保护审议会",与民间团体一起保护当地的文化财。法国在文化部下设了文化遗

---

① 国家民委经济发展司编,段超等著:《中国少数民族特色村寨保护与发展经验研究》,民族出版社2013年版,第180页。

产局，地方上也有相应的机构，负责调查文化遗产的现状和监督文化遗产的维护情况。意大利政府专门设有文化遗产部，并在保护和管理文物古迹方面探索出了"意大利模式"，即指"政府负责保护，私人或企业进行管理和经营"。上述国家都有相应的专设机构进行保护工作，这对我国少数民族特色村寨保护机构的设置提供了重要的经验借鉴。

2005年国务院办公厅下发的《关于加强我国非物质文化遗产保护工作的意见》提出："要发挥政府的主导作用，建立协调有效的保护工作领导机制。由文化部牵头，建立中国非物质文化遗产保护工作部际联席会议制度，统一协调非物质文化遗产保护工作。"[1]重庆市梅江镇民族村建立了苗族特色村寨保护与发展项目领导小组。由秀山县政府领导任组长，成员由县民委、旅游局、国土局、文广局、梅江镇政府相关领导组成，领导和协调民族村的保护和建设。云南省云龙县诺邓村成立了诺邓村文化保护机构，成立了诺邓村保护和发展领导小组和非物质文化遗产保护工作领导小组，设立专门机构负责诺邓村和非物质文化遗产的挖掘保护和发展工作。[2]

相比之下，恩施州少数民族特色村寨没有统一部门牵头进行管理，现在负责村寨建设、保护与发展等工作的几个部门都在进行村寨保护管理工作，存在机构设置不合理的问题。样本村寨调查发现，对刚纳入名录的恩施州少数民族特色村寨的前期建设、保护工作由各县（市）民宗部门具体负责实施。被申报为历史文物保护单位和中国历史文化名村的少数民族特色村寨则由文体局相关部门负责后期保护工作，除此之外的少数民族特色村寨则依旧属于民宗部门管辖范围。如恩施市芭蕉乡戽口村的唐家大院和宣恩县椒园镇庆阳坝村的凉亭街都属于文物保护单位，按文物局所规定的保护措施进行保护。各部门之间各自为政，互不相关，各行其是，彼此之间缺少村寨保护与发展专业技术工作上的互动与政策举措上的统一协调性。其实，对于村寨中那些属于文物保护范围而又没

---

[1] 吴磊：《我国少数民族非物质文化遗产政策研究》，博士学位论文，中央民族大学，2012年，第110—112页。

[2] 国家民委经济发展司编：《中国少数民族特色村寨保护与发展经验研究》，民族出版社2013年版，第180—209页。

有被申报为文物保护单位的一部分,可以借鉴文物局专业技术进行互动保护,既可以节约资金也可以节省人力。

五 政策监督力度不够

第一,政策监督缺乏。政策监督机制是政策实践过程中的关键环节,对分析政策执行绩效具有重要作用。由于缺少监督管理机制,有的政策无法落到实处。[①] 截至 2015 年年底,恩施州已成功申报国家级"民间艺术之乡"13 个、省级"民间艺术之乡"16 个,已命名 5 处省级文化生态保护区、20 处州级民族民间生态文化保护区,纳入恩施州少数民族特色村寨保护范围的村寨有 117 个。但是在这令人欣喜的数据背后,由于缺少政策监督机制,后续保护与管理没有及时跟上,一些地方政府在申请文化遗产之前,准备数据、材料等工作非常积极,一旦申请成功,便放松了管理。[②]

现阶段,大部分地方政府都很重视申报名录,争取政策上的资金扶持来发展当地经济。恩施州在少数民族特色村寨的项目性保护与传承人保护的申报方面都比较积极。一旦村寨的重点项目与重要传承人纳入各级政府和有关部门的保护范围之后,往往会出现保护措施不力的现象。除主管部门积极向上争取各种保护经费之外,全州各级政府并未及时制定相应的具体保护政策和措施,其他相关部门也缺乏相应的保护措施,使相当一部分村寨保护项目缺乏政策支撑和专项资金支持,导致保护工作难以取得实质性进展。

中国国家博物馆研究员、中国民俗学会首席顾问、民族考古学家宋兆麟在接受一家媒体的采访时披露,我国每年申报国家及地方各级"非遗"项目浪费金额多达 3 亿元,"各地方申报项目必须准备文本和宣传短片。有的省份不会做文本,就花钱请人帮忙。几分钟的电视片需花费 1 万元至 5 万元。加上人工成本等,一个项目申报到全国平均花销不会少

[①] 李安辉、雷振扬:《建立健全民族政策监督制度探析》,《广西民族研究》2009 年第 6 期。

[②] 方圣德:《浅论公众意识:非物质文化遗产保护的"基层"》,参见中国非物质文化遗产网。

于 10 万元。去年申报了 3600 多项，都是没评审就做了宣传片的，如果事先考虑清楚的话，可能 1000 项都不到。成功申报的只占其中的 15%"。恩施州有关部门普遍重视少数民族特色村寨保护工作的舆论宣传效应，对保护与开发成绩的肯定大力宣传，忽略了对村寨保护与开发工作的实地调研，无法准确把握保护和开发工作的现状，对所存在的问题了解和分析不够，难以提出针对性强的对策措施。

恩施州没有制定统一的政策监督措施是出现政策监管不力的主要因素。少数民族特色村寨建设、保护与发展过程中，聘请专家制订村寨保护规划，具体做法则是由相关部门行政人员去其他搞得好的少数民族特色村寨实地考察，学习借鉴并组织开会交流拿出具体实施方案，经上级部门审批通过后，项目均承包给工程队具体实施。由于政府相关部门缺少专业队伍进行质量评审与验收，村寨建设工程完工后，部分质量验收不过关，后续补救措施也未及时跟上，出现监管不力的现象。

案例 CWJK：我的房子一层是砖房，二层是木房，政府说出钱统一请木工给我家房子外面墙进行木质包装。我们是第一批包的，包工头他们骗我说是占着关系才给搞，不要太多要求，搞啥样就啥样。其实不是那么回事，这是国家政策规定的要给老百姓搞的，还是没有给我搞好，木工不精细，面墙凹凸不平很难看，当时那个负责包工头要我们验收签字，不要看内容，等我签了字，他们才填内容。等我出门打工回来了，我去找他们，能不能再搞一下，质量太差了，他们给我说没有管这个事了。包工头师傅，有的搞得好，有的搞得不好，但都要签字，政府从来不派人来查看一下质量问量，更没有上面派人监督这个事，政府只管看村民的签字付包工钱，就算搞完过关。（CWJK：女，40 岁，羌族，麻柳溪村村民，本地做生意）

案例 EDMN：我旁边的邻居，人不在家，国家帮他修的吊脚楼，楼里的框子都垮了，资金到位了，却搞出了"豆腐渣"工程，邻居喊我帮他去整一下，我这几天忙还没时间去搞。政府的钱到位了，但钱都用哪里去了？政策监督力度不够，7 年前，是全修吊脚楼指标，我们不在家，就整到上面别家去了。政府要开发，不是开发哪一家，都要开发才行。（EDMN：男，45 岁，土家族，舍米湖村村民，养羊）

从上述村民访谈情况来看，政府部门没有制定相应的政策监督措施，国家筹资为少数民族特色村寨特色民居外观进行打造的质量不过关，验收存在很大问题，后期补救措施也没有及时跟上，影响村民对少数民族特色村寨保护的支持和参与积极性。

第二，保护措施不力。正如著名学者冯骥才所言，文化遗产一旦被产业化，就难免按照商业规律被解构和重组，经济潜力较大、能成为卖点的便被拉到前台，不能进入市场的那一部分则被搁置一旁，由此造成"非遗"被割裂与分化。古村落中的民族语言和民间文学（民间史诗、传说、故事、歌谣等）就是消失得最快的"非遗"。[①]

政府部门普遍重视少数民族特色村寨的经济价值，对极具商业价值的天然生态资源与具有旅游价值的物质文化遗产及非物质文化遗产类进行重点保护与开发。那些村寨里不具有经济价值的民间文学、民族语言等"非遗"类都处于自生自灭的状态，如目前恩施州少数民族特色村寨中会说土家语的仅有来凤县舍米湖村的少量老年人，苗语保存相对完好的是宣恩县小茅坡营村。难怪也有学者断言："如果说到濒危和脆弱，中国少数民族的口头和非物质文化遗产最濒危、最脆弱。"[②]

抢救保护措施不到位，导致部分少数民族村寨的民族特色濒临消失。恩施州少数民族特色村寨保护过程中存在着抢救保护措施不力的问题，主要体现在以下几个方面。一是对将消亡和濒危的少数民族特色村寨的民族文化发掘不够、抢救不力。二是对部分优秀的民族文化，缺乏原生态保护措施，造成"保护性破坏"或"开发性破坏"。三是对文化空间的认定和保护重视不够，特别是对承载着大量非物质文化遗产内涵的特色村寨整体风貌保护不够。四是对文化生态的理解过于狭隘，造成了只是对一些村寨文化遗产的孤立保护或仅仅专注于具体表现形式的保护。五是对与邻近地区共有的民族民间文化遗产抢救不力，保护不够，致使资源流失。抢救保护措施不力是对恩施州少数民族特色村寨保护工作的一

---

① 周清印等：《在文化认同下共栖中华精神家园——打一场中华民族文化基因保卫战（四）》，《半月谈》2009年第10期。

② 邢莉：《口头非物质文化遗产的物质层面——兼谈口头和非物质文化遗产的保护》，《中央民族大学学报》（哲学与社会科学版）2006年第6期。

个严峻考验。

第二节 恩施州少数民族特色村寨保护政策执法的问题

一 政策执行者素质不高

影响政策执行的主要因素乃是人的因素：(1)初始政策的制定者(中心)；(2)执行层官员(外围)；(3)计划指向的私人行动者(目标团体)。①

(一)执行者专业素质较低

保护和发展少数民族特色村寨民族文化，专业人才是根本。党中央、国务院高度重视少数民族文化人才队伍建设，不断提升少数民族文化专业人才工作的战略地位。2009年7月，《国务院关于进一步繁荣发展少数民族文化事业的若干意见》指出："各地区、各部门要进一步提高对少数民族文化工作重要性的认识，增强责任感和紧迫感，切实把少数民族文化工作纳入重要议事日程，纳入当地经济社会发展总体规划，纳入科学发展考评体系"，并要求，"努力造就一支数量充足、素质较高的少数民族文化工作者队伍，营造有利于人才脱颖而出的体制机制和社会环境，着力培养一大批艺术拔尖人才、经营管理人才、专业技术人才"②。2010年7月，胡锦涛在中央政治局集体学习时特别强调："要加强文化战线领导班子建设，加强文化事业和文化产业人才培养，为深化文化体制改革和文化建设提供有力组织保证和人才保障。"③ 可见，执行人员的专业文化素质对少数民族特色村寨保护政策的执行起着重要的影响作用。

李金珊、叶托认为，村落保护政策的执行需要由地区主管部门整合资源要素，通过合理的执行程序来实施，一般包括：政策颁布—政策分

---

① ［美］斯图亚·S.那格尔编著：《政策研究百科全书》，林明等译，科学技术文献出版社1991年版，第113页。

② 国家民族事务委员会、中共中央文献研究室编：《民族工作文献选编（2003—2009）》，中央文献出版社2010年版，第49页。

③ 胡锦涛：《在十七届中共中央政治局第22次集体学习时的讲话》，《人民日报》2010年7月24日，第1版。

解—政策资源的投入—政策宣传—政策试验—政策全面实施—政策执行检测。① 那么这一系列的政策过程都必须依靠政策执行人员来实施。具备较高的专业水平、对工作的投入负责及良好的业务素养是政策有效执行的必要条件。但是现实中许多少数民族特色村寨保护相关政策出现了替代性执行或象征性执行等现象，究其原因都是由于政策执行人员缺乏必要的专业知识及能力，理解不了政策或者任意解读甚至歪曲政策的本意，导致了政策在宣传、执行中的失真、失当乃至失误。譬如，2006年4月，由内蒙古自治区文化厅、群艺馆在全区范围内组织了对各级非物质文化遗产保护工作的群众艺术馆、文化馆、文化所的部分工作人员的专门培训，为期7天。但是参加培训的各群艺馆或文化馆的人员大多数是从文艺团体退役下来的演员，文化底子薄，起点低，缺乏对非物质文化遗产保护的专业知识，对民间文学艺术作品等"非物质文化遗产"缺乏识别和整理的能力，更无法达到"摸清非物质文化遗产范围并准确进行分类和定级"的要求。经过短期培训，这些人员虽然掌握了一些相关方面的知识，但距离非物质文化遗产保护工作的要求还相差甚远，很难完全胜任此项工作。由于缺乏专业知识和专业技术，缺乏对非物质文化遗产的识别和分类整理、定级、归档的能力，有可能在非物质文化遗产的拯救工作中出现主观性的过失错误，会给拯救非物质文化遗产工作造成无法挽回的损失。②

（二）基层管理组织政策执行不力

恩施州少数民族特色村寨保护政策的指导机构为国家民委与财政部，执行机构涉及州、县（市）、镇（乡）及村委基层组织。被纳入少数民族特色村寨保护范围的村寨规划与建设总体方案主要由各县（市）民宗局及相关部门把关，由乡（镇）级政府组织实施，而最直接执行者是村委基层组织。而村委组织组建薄弱，大多数村委干部自身管理素质较低，没有经过专业文化学习，缺乏必要的专业知识及沟通能力不强。6个样本

---

① 李金珊、叶托：《公共政策分析：概念、视角与途径》，科学出版社2012年版。
② 包桂荣等：《民族自治地方少数民族非物质文化遗产的法律保护研究——以蒙古族为例》，民族出版社2010年版，第95—96页。

村寨调查数据显示，基层组织在政策执行时表现出执行不力的现状，大部分村民不大满意基层组织的政策执行效力。有31人认为对现在村寨政策的执行比较满意，占样本量的20.7%；有77人认为不太满意，占样本量的51.3%；有29人认为非常不满意，占样本量的19.3%；有13人认为说不清，占样本量的8.7%（见表3—4）。

表3—4　　　　　　　　　您对基层组织的执行态度

	人数（人）	百分比（%）
比较满意	31	20.7
不太满意	77	51.3
非常不满意	29	19.3
说不清	13	8.7
合计	150	100.0

进一步调查发现，由于对村寨规划与建设执行相关细节与县、乡（镇）组织单位沟通不畅，而经上级部门把关的村寨规划与建设方案又无法获得村民的支持与认可，同时基层政府与基层组织很少与当地村民进行面对面交流，没有充分调动村民的主观能动性，使政策执行困难或政策无法执行下去。6个样本村寨调查数据显示，有8人认为村委干部经常与村民进行交流，占样本量的5.3%；有142人认为没有与村民经常交流，占样本量的94.7%（见表3—5）。

表3—5　　　　　　　　　村委组织领导经常与村民交流吗

	人数（人）	百分比（%）
是	8	5.3
否	142	94.7
合计	150	100.0

另外，村委基层组织干部配制及专业后备干部储备的数量与村寨建设趋势及现实需求不相适应。随着政策执行力度加大，与之配套的部门

机构也相对增多，专业管理人员供不应求，导致政策执行人力资源严重不足。由于具体负责执行的人力不足，出现一人身兼多职执行各项事务，这必然会导致出现不执行或执行不当及执行不到位的漏洞，而无法达到政策执行目标。调查中村民也谈到了现实状况。

案例BADM：政策规划，从县、镇，退耕还林，老百姓吃什么？山坡上搞退耕还林，不是平原田地上也要搞退耕还林吧！彭家寨村民建房子从不占田，田种成果树是为了好看，也是叫退耕还林，一亩补115元，补了3年，3年挂果，不挂果就自谋生路，也没推广技术，要去请农业部门来搞技术，规定是说要跟踪服务技术，但也是不会来服务的，老百姓不会修枝，就不会结果，村里面也各有各的事管不上来。（BADM：男，62岁，土家族，彭家寨村民，前支书）

二　执行策略模糊不清

（一）重申报、轻保护

自我国成为联合国教科文组织《保护非物质文化遗产》的缔约国之后，政府部门高度重视并相继出台有关扶持和奖励政策，成立专门机构开展此项工作，"非遗"保护工作取得长足进步与发展。截至2011年11月底，我国入选联合国教科文组织非物质文化遗产名录项目总数达36项，其中7项入选"急需保护的非物质文化遗产名录"，有16项是属于少数民族非物质文化遗产。另外，我国还建立了国家、省、市、县四级非物质文化遗产名录体系，包括7万多项，其中仅国家级非物质文化遗产项目就有1219项之多，文化部还公布了3488名国家级项目传承人，各省、市、自治区公布了6332名地方项目传承人。此外，我国还建立了闽南、徽州、四川羌族等十个文化生态保护实验区，有520多座专题博物馆，197座民俗博物馆。① 但在这富有成效的数据背后，"重申报、轻保护"现象普遍存在，这种现象蔓延到少数民族特色村寨保护，"政绩工程、形象工程"更是肆无忌惮，严重影响了少数民族传统文化的有效保护。

---

① 《中国28项目列入"非遗"名录6项目急需保护》，人民网，2010年11月24日。

现阶段，大部分地方政府都很重视申报名录，每年都在不断地申报计划项目，申报成功的数量将作为政绩考核的一部分。同时，政府部门除了想通过申报成功所获得项目资金发展当地经济之外，还想通过村寨旅游开发、特色产业运作来提高当地知名度，获取更多的经济效益和社会效益，没有对村寨各方面保护引起足够重视。当前，恩施州成功申报了一批国家级、省级非物质文化遗产名录（含拓展项目，其中国家级 15 个，省级 62 个），公布了 124 个州级非物质文化遗产名录及 331 项县（市）级非物质文化遗产名录；成功申报了一批国家级、省级非物质文化遗产项目代表性传承人（其中国家级 5 个，省级 76 个），命名了四批州级民间艺术大师（共 48 名）及部分县级优秀民间艺人。据资料显示，2015 年纳入少数民族特色村寨保护范围的有 117 个，但真正进入村寨建设与保护阶段的只有 40 多个。

在"中国入选联合国教科文组织非物质文化遗产名录项目保护论坛"上，国家非物质遗产专家委员会委员田青批评了"非遗"项目中存在的"重申报、轻保护"的问题。他说："光申报只是一个名头，我们要从暂时的喜悦中冷静下来，能在履约年拿出一份履约报告，让联合国看到中国申报的这些项目都在切切实实地做。"[①] 正如他所言，少数民族特色村寨已进入"后申报"时期，国家"十二五"期间，计划申报 1000 个少数民族特色村寨纳入保护与改造。如何从少数民族特色村寨及所含的物质文化遗产和非物质文化遗产的"申报"转移到对其的"保护"则是当前工作的重中之重。对于恩施州少数民族特色村寨的保护而言，同样是至关重要的。

（二）重投入、轻验收

根据立项申报获得上级政府所拨给的村寨保护资金后，基层政府就开始着手对村寨进行项目建设投入，堪比重于泰山，但对于项目完工验收时，一个形象比喻是轻于鸿毛。对于少数民族特色村寨建设，国家投入了很多资金。2009 年，国家民委和财政部联合下文，开展少数民族特

[①] 吴磊：《我国少数民族非物质文化遗产政策研究》，博士学位论文，中央民族大学，2012 年，第 92 页。

色村寨保护与发展试点工作。全国 28 个试点省、自治区、直辖市共确定 121 个试点村寨，涉及 27 个少数民族，投入中央补助资金 5000 万元[①]。恩施市芭蕉洞乡某副乡长说："恩施市民委每年给我们芭蕉洞乡的两个村寨拨款，一个 20 万元，另一个 50 万元，主要是国家建设新农村新民居款项。去年，恩施州民委拨款 20 万元，对唐家大院房（文物保护单位）内的灯泡、灯管、包线套管进行了更换，由于是木质房子特别要防止火灾问题。"然而，国家对于村寨建设加大投入力度，但建设项目的质量却不尽如人意，验收时很多项目不过关。舍米湖村一位村民说："有一户村民的吊脚楼，政府帮建的，没过多久吊脚楼的框子就垮了，好危险，是'豆腐渣'工程。钱花了不少，质量差，验收时也不把关。"

对村寨民居进行外观包装与打造过程中，没有安排专业工作人员进行现场监督，只将工程承包给工程队做，做好之后，也没有工作人员来验收是否合格，让工程队与村民直接交接即可，这说明政府部门对于验收重视不够。在调查访谈中也听到村民反映类似问题："村民觉得国家投入很大，但建设质量好多不过关，还有不少都是'豆腐渣'工程。"还如有村民反映，"国家花钱买修路、打造民居等方面用的材料耗费很严重，工程还没有搞完，就因各种原因停工放在那里，时间长了都流失不见了"。6 个样本村寨调查数据表明，村民普遍认为政府没有直接派专门人员对民居进行验收，只是委托具体施工方代验收，施工方凭村民的签字才能找政府结账，而政府部门以村民签字为验收合格的凭证。民居外观改造完工后，有 97 个村民认为政府有委托第三方来验收，占样本量的 64.7%；有 53 个村民认为政府没有负责人来验收，占样本量的 35.3%（见表 3—6）。有 122 个村民认为验收过关和不过关都要签字，占样本量的 81.3%；有 28 个村民否认验收过关和不过关都要签字，占样本量的 18.7%（见表 3—7）。有 122 个村民认为是施工负责人让他们签字，占样本量的 81.3%，28 个村民认为是其他人员让其签字，占样本量的 18.7%（见表 3—8）。

[①] 资料来源：国家民委经济司内部统计资料。

表3—6　　　你家房子外观统一改造后，政府部门
　　　　　　有没有负责人或委托第三方来验收

	人数（人）	百分比（%）
有	97	64.7
没有	53	35.3
合计	150	100.0

表3—7　　　　　如有，验收过关与不过关都要签字吗

	人数（人）	百分比（%）
是	122	81.3
否	28	18.7
合计	150	100.0

表3—8　　　　　　　　如有，谁让你签字

	人数（人）	百分比（%）
具体施工负责人	122	81.3
其他人员	28	18.7
合计	150	100.0

（三）重"面子"、轻"里子"

习近平总书记说，实现城乡一体化，建设美丽乡村，是要给乡亲们造福，不要把钱花在不必要的事情上，比如说"涂脂抹粉"，房子外面刷层白灰，一白遮百丑。不能大拆大建，特别是古村落要保护好。① 有学者认为，一些村寨在建设中，还存在着村寨特色保护项目呈现同质化，缺乏全局性、长远性、原创性不足等问题。② 当前，恩施州少数民族特色村寨仅处于申报与建设初期，还没有具体法律行文的统一实施措施，皆是

---

① 习近平：《建设美丽乡村不是涂脂抹粉》，高层动态，新华网（http://news.xinhuanet.com/politics/2013-07/22/c-116642787.ht），访问时间，2013年12月31日。
② 吴正楠：《特色村寨保护既要"面子"也要"里子"——甘肃少数民族特色村寨保护调查（下）》，《甘肃经济日报》，2015年3月31日。

各县（市）相关部门自行操作，没有具体做法的正式文本。为积极响应上级政府下达的各项工作指标任务，标显政绩工程，对有可建设性的村寨，就发起保护运动，向上级部门和商业组织争取立项与资金，就开始投入建设。由于在特色民居建设目标驱使下，特色村寨建设中注重形式主义，为了达到上级政府下达的计划指标，很多村寨的特色民居与特色传统建筑实施"面子工程"，对其外观进行"穿衣戴帽"统一打造，领导能视察到的地方进行重投入外观打造，高山上或不在路边显眼处的民居房外观不打造。这种"穿衣戴帽"违背了民族村寨建筑文化随社会发展和民族需要而发生变迁的客观发展规律，强行打造的建造虽然具有可观赏性，但多数不具有生态和生活的适用性，因此呈现出非常明显的假象生态文化。①

对6个样本村寨调查数据显示，政府对村寨民居外观打造比较注重"形象与面子"工程。有72个村民认为政府对自家的民居房进行了外观打造，占样本量的48.0%；有78个村民认为没有，占样本量的52.0%（见表3—9）。有40人认为打造了公路边上的民居房，占样本量的26.7%；有30人认为打造了景区内的民居房，占样本量的20.0%；有20人认为打造了划为文物保护单位的民居房，占样本量的13.3%；有60人认为打造了上级视察看得见的地方的民居房，占样本量的40.0%（见表3—10）。

表3—9　　　　　　政府为村民居房外观打造，你家打造了吗

	人数（人）	百分比（%）
是	72	48.0
否	78	52.0
合计	150	100.0

---

① 龙晔生：《少数民族特色村寨建设问题研究——以武陵山片区湘西南民族村寨为例》，《民族论坛》2015年第3期。

表3—10　　　　　　政府主要打造哪些地方的民居房

	人数（人）	百分比（%）
公路边上	40	26.7
景区内	30	20.0
划为文物保护单位的	20	13.3
上级领导视察看得见的	60	40
合计	150	100

通过调查发现，为了凸显村寨整体风貌具有"本民族文化特色"，对村寨本身所不存在的文化进行人为打造。李忠斌、郑甘甜指出，伪文化的出现将加速民族文化的异化趋势，尽管目前对"伪文化"尚未有统一的界定标准，但"以政绩、金钱为目的""不尊重历史文化遗产""大搞假冒伪劣"等描述已成为人们对"伪文化"的共识。① 这种"穿衣戴帽"与打造"伪文化"的做法，既浪费国家大量财力，又破坏了村寨的原生态环境基础。每个村寨打造的特色民居与传统木质建筑外观千篇一律，没有形成各自村寨风貌的原有特色，皆为互相借鉴与仿造，破坏了村寨自身文化的内生动力与发展的自然朴素性。政府部门一味地追求"政绩工程"和村民对民生需求、生活实用性的愿望产生矛盾，反而阻碍了少数民族特色村寨有效保护。据村寨调查发现，文化保护中出现了不属于本寨的传统文化而移入寨内打造的现象。如民族特色的歌舞戏曲等，恩施州摆手舞发源地是舍米湖村，但自从摆手舞被申报为"非遗"后，来凤县及其他特色村寨也将摆手舞作为其村寨特色。还有一个最明显的现象是政府为了提高村寨形象，将赐匾挂在特色木制结构民居的正门两侧，特别是公路两边的木制居民房，增加村寨民族文化特色。而这种文化特色在官坝村的陆家院子、夏家院子才会有，是这两姓的先祖在明清年间由朝廷所赐匾，已挂了几百年了，具有历史性的文化特色。但在黄柏村

---

① 李忠斌、郑甘甜：《特色村寨建设、民族言语化旅游与反贫困路径选择》，《广西民族研究》2015年第1期。

四合院子、麻柳溪村的木制民居也发现了赐匾,笔者问了一位黄柏村的村民,他说:"自从把四合院也叫古院落的朝门重修之后,政府就弄来赐匾挂在朝门两侧。"一位麻柳溪村民说:"我们家的木房子外观由政府打造完之后,就送来赐匾挂在我家门口了。"

6个样本村寨调查数据显示,有8人认为没有不属于村寨的传统特色文化而移到本村寨打造的,占样本量的5.3%;有80人认为有这种事情发生,占样本量的53.3%;有62人说不知道有这种事情发生,占样本量的41.3%(见表3—11)。

表3—11 有没有不属于村寨中的传统特色文化而移到本村寨打造的

	人数(人)	百分比(%)
有	8	5.3
没有	80	53.3
不知道	62	41.3
合计	150	100.0

三 政策实施资金匮乏

资金匮乏是开展少数民族特色村寨保护工作所面临的一个普遍问题。资金匮乏主要体现在资金来源渠道有限与资金量不足两个方面。资金筹集主要通过各级政府财政拨款与招商引资这两种方式。恩施州少数民族特色村寨还处在建设时期,绝大部分资金来自政府财政拨款,但这部分资金并没有稳定供给的保障,因为没有制定少数民族特色村寨保护立法,中央与地方政府无法获得少数民族特色村寨保护经费列入财政专项资金预算的法律依据。通常国家拨款是属于专项资金下放的,经省级到州级,州级再分配到各个县级再到乡(镇)。为了进一步推进政策执行力度,加快村寨建设,还要动用国家扶贫开发资金、新农村建设资金及文物保护资金等,或"挤占挪用"其他资金来勉强维持建设。由于这些资金来自不同部门,又没有一个专门的组织协调机构来整合资金、统筹分配,无法集中使用,难以形成整体保护效应。

有些村寨建设到一半了，因为资金没到位，只能停工，等筹集资金再来建设时，前期建设成果因各种原因逐渐毁损，只能又进行重复性投入，造成国家资源浪费。

案例BADM：彭家寨为特色村寨，文物保护单位，国家很重视，镇政府不重视，国家拨的专款专用的钱到了镇政府了，镇政府就像一个家长，下面的儿女太多，这里钱撒一点，那里钱撒一点，钱就没了。8年前，国家拨款维修垛脊、流水洋沟，国家给了30万元，县政府给了20万元，一共50万元，由村书记承包搞778个半工，瓦工一个工60元，工程没有搞好多，也没搞完，钱就没有了，等再来搞时又重复要钱。还有那个修路也是的，到现在路修了一半没有修通就甩在那没人管了，花了六七万元买修路的沙石料，拖了几车放那了，时间长了全浪费没用了。等再来修路的时候，国家又要重新花钱买沙石料等材料，没人监管太浪费了。(BADM：男，62岁，土家族，彭家寨村民，前支书)

通过招商引资解决资金不足问题，但这种资金渠道与政府相比，资金量显得更加有限，因为民间资本参与保护热情度本来就不高，对村寨保护没有什么实质性的帮助。投资者追求的目标是经济利益最大化，对村寨进行商业行为的过度开发，破坏了村寨自然生态环境，人为地进行文化"移植""再造""复制"，使民族文化失去原真性。[①]恩施州现在旅游开发后保护比较好的枫香坡侗寨，它是一个移植再造型村寨，是一种人为打造村寨，缺少乡土性与原真性。可以说，招商引资这种筹集方式来建设与改造村寨只能加速民族文化变迁甚至面目全非，有悖于少数民族特色村寨保护政策执行的初衷。因此，由于政府财政拨款有限，截至2015年，恩施州纳入保护范围的117个村寨，现有相当一部分村寨因缺少资金没有进入建设行列，有的进入建设阶段的村寨还要继续加大资金投入力度，有的已建设完的村寨后期也需要资金来维持现有成果。同时，也因为资金匮乏造成了政策执行缓慢。

---

① 李安辉：《少数民族特色村寨保护与发展政策探析》，《中南民族大学学报》（人文社会科学版）2014年第4期。

四 权力内容落实不到位

解读《恩施州民族文化遗产保护条例》可知，政府拥有规划权却没有许可权及没有充分的管理权。对不属于文物保护与历史文化名村保护范围的少数民族特色村寨，其村民可以任意拆掉政府所规定不能拆的自家木制建筑，而法律上并没有赋予政府部门加以限制的权力。村民拆掉后也没有受到相应的处罚，即不用承担法律后果，没有法律支撑的政策措施干预也无济于事，政府部门管不了，任村民拆掉后重新修砖房。法律没有给予政府部门相应的权力，政府部门无权力干涉。少数民族特色村寨建设与新农村建设结合政策扶持下，政府部门只能在这些村民砖房上制定后续补救措施，进行统一的"脸面"工程如"穿衣戴帽"式的外包装，砖房外衣披上特色木质结构风格的"外衣"。据笔者观察，有些村寨建设资金不到位只能任其行事，在具有浓郁传统特色村寨中，不再是清一色的依山而建的木制房，而是砖房与木房纵横交错。还有部分外出打工的村民受到外界环境的影响，挣钱后拆了木房盖起了砖房，还有土洋结合的"怪胎"，从而破坏了村寨的原始风貌。而属于文物保护法保护范围的少数民族特色村寨及部分保护区内村民的自行处理权在法律上就受到了限制。

案例CWNB：特色村寨在打造过程中，原来的木房子逐渐减少，新增砖房逐渐增加，逐步打造成木制外观统一模式，中途老百姓设计自建的，按中心村统一规划，将砖房外观用木制样式包装。我们这里允许村民扩建房子，我们没有权力不准村民建房，但这也是不符合民意的。（CWNB：男，52岁，土家族，麻柳溪村人，乡政府领导）

案例DQMN：现在换地修房子，政府管不了，村里本来人口就多，地也少，村民建房只发准建证，没有房产证，因为老百姓建房都超标了。在8年前，规定不准拆老木房子，现在没有这个说法了，都乱套了，想怎么修房子就怎么修。（DQMN：男，37岁，苗族，官坝村村民，本地做小生意）

另外，村民的参与权、处理权、知情权、批评监督权等私权没有得到充分体现。虽然国家对少数民族特色村寨保护制定的相关文件中表明了公众参与的可行性，但由于村民自身力量的薄弱性，关于村寨规划及开发利用等方面都没有参与其中，只是按政府文件上传下达遵照执行。而批评监督权更是无所出，虽然国家宪法赋予公民的言论自由及话语权要受到尊重，但也只是形式上拥有批评监督权。况且恩施州相关少数民族特色村寨保护法律条例上也没有明确村民拥有这一权利，那么，政府部门也没有义务去履行。当前，监督权在法律上只赋予了公权监督公权的权利，而村民对少数民族特色村寨保护是一种私权意义上的保护，国外保护模式是私权对抗公权的博弈过程，这也是我国与国外法律保护制度存在的差异性之一。

对6个样本村寨调查数据显示，村民的参与权和知情权没有很好地实现。村寨进行旅游开发过程中，有29个村民认为有参与决策但只是走形式，占样本量的19.3%；有121个村民认为完全没有参与旅游开发相关决策，占样本量的80.7%（见表3—12）。150个村民认为对政策制定的具体做法了解不多，占样本量的100%；没有村民选择了解或不了解（见表3—13）。

表3—12　　　　　旅游开发过程中，您是否参与决策

	人数（人）	百分比（%）
有，但只是走形式	29	19.3
完全没有	121	80.7
合计	150	100.0

表3—13　　　　　你们对政策制定的具体做法是否了解

	人数（人）	百分比（%）
了解不多	150	100.0
了解	0	0
不了解	0	0
合计	150	100.0

案例DYBM：特色村寨为什么没有搞起来？干部责任很大，老百姓也

有问题。为了按规划打造新苗寨，老百姓的公路边上的田被强占征收，补偿不合理，征一亩地只给老百姓13100元，老百姓觉得钱太少，因为田被征收后，没有对老百姓讲清楚后面具体政策是什么样的，也不对我们说明白，偷偷执行政策，政府将征的地卖出去是120平方米的地基，以22000元卖出去。按政府规划，卖给需要建房子的老百姓，但要按统一模式建设与打造。政府低价强行买进，高价卖出去。刚开始征路两边的田地的价格是9600元一亩，我不同意，村里给我做工作补偿了我8000元，也就答应了。征地时，武装部部长来说不同意也要同意，派出所也来人了，不同意就武力解决。强制征收，价格又低，逼你签字。后来发生了一件事，让老百姓集体闹了，有一亩地上的谷子，过一个星期就要收割了，那个时候，田已经卖了，跟他们说好话，等上一个星期，我们把谷子收了，你再用挖机挖也行，毕竟是老百姓辛辛苦苦干了一季的收成，下了力，吃了苦，流了汗，不收太可惜。他们不同意，强行挖了，伤了老百姓的心，引起民愤，老百姓就开始集体闹了，打造官坝村为特色村寨也就没有搞起来。（DYBM：男，70来岁，苗族，官坝村村民）

五 保护内容不全

2009年国家民委与财政部联合出台了《关于做好少数民族特色村寨保护与发展试点工作的指导意见》，在全国选出370个少数民族村寨作为"民族特色村寨"开展保护和发展的试点工作。实践证明这一项目极大地调动了少数民族地区民众自觉保护与发展其民族文化的积极性，促进了少数民族地区的团结、民族关系和谐，为少数民族地区科学、可持续发展提供了精神动力。① 具体实施资金投入方面，据国家民委统计，至2011年，我国共投入中央财政补助资金1.1亿元，确定了206个村寨，覆盖28个省区，涉及35个少数民族。② 为进一步加大保护范围，规划纲要明确提出要重点改造与保护1000个少数民族特色村寨的目标，并于2014年

---

① 田勇：《在探索中求发展在发展中求创新——恩施土家族苗族自治州咸丰县少数民族特色村寨保护与发展工作纪实交流》，《民族大家庭》2013年第4期。

② 雷振扬等：《坚持和完善中国特色民族政策研究》，中国社会科学出版社2014年版，第398页。

1月14日至20日进行了名单公示。目前，根据恩施州少数民族特色村寨保护工作提出具体实施意见中所规定的条件，截至2015年，纳入保护范围的少数民族特色村寨有117个。对一个少数民族占总人口54%，且大部分少数民族都聚集生活在村寨里的民族自治地区来讲，还有相当一部分村寨没有纳入少数民族特色村寨保护的范畴。从《恩施州民族文化遗产保护条例》第3条所列入的保护内容来看，主要保护的是相关少数民族特色村寨的非物质文化遗产及部分代表性物质文化遗产；此外，该条例第12条规定："确定为民族文化遗产保护单位的村寨、街巷、院落和其他特定场所，采取相应措施保护。"说明对少数民族特色村寨保护内容是不全的。少数民族特色村寨作为特殊的民族文化遗产，不仅限于保护非物质文化遗产及部分有代表性物质文化遗产，还要对少数民族特色村寨的整体风貌、民族文化特色、特色产业及特色民居等方面加以保护。正是立法上保护的局限性，政策内容设定少数民族特色村寨保护范围条件的标准限制，还有政府为着眼于村寨能否可持续发展的权衡以及资金不足，理论上来说，恩施州少数民族特色村寨保护内容受到局限。

从6个样本村寨调查数据显示，现阶段，恩施州各级政府在少数民族特色村寨保护工作中，对于村寨民族传统文化的挖掘、管理、保护与传承方面还没实施到位。村寨旅游开发后，曾被村民遗忘的传统文化也没有被重新认识与开发。有97人认为政府主要做了生态环境与人居环境改善的工作，占样本量的64.7%（见表3—14）。有150人认为政府主要做了基础服务设施建设的工作，占样本量的100%（见表3—15）。有121人认为政府做了特色民居外观打造的工作，占样本量的80.7%（见表3—16）。有121人认为政府主要做了重要公共传统历史建筑维护工作，占样本量的80.7%（见表3—17）。有150人认为政府做了民族传统文化挖掘、管理、保护与传承的工作，占样本量的100%（见表3—18）。有73人认为政府做了特色产业的培育与旅游开发的工作，占样本量的48.7%（见表3—19）。有25人认为旅游开发前被村民们遗忘的节庆、歌舞，没有因为旅游业的需要被重新认识与开发，占样本量的16.7%；有2人认为有，占样本量的1.3%；有123人认为不清楚，占样本量的82%（见表3—20）。

表3—14　村寨保护，政府主要做了生态环境与人居环境改善的工作

	人数（人）	百分比（%）
是	97	64.7
否	53	35.3
合计	150	100.0

表3—15　村寨保护，政府主要做了基础服务设施建设工作

	人数（人）	百分比（%）
是	150	100.0
否	0	0
合计	150	100.0

表3—16　村寨保护，政府主要做了特色民居外观改造工作

	人数（人）	百分比（%）
是	121	80.7
否	29	19.3
合计	150	100.0

表3—17　村寨保护，政府主要做了重要公共传统历史建筑维护工作

	人数（人）	百分比（%）
是	121	80.7
否	29	19.3
合计	150	100.0

表3—18　村寨保护，政府主要做了民族传统文化挖掘、管理、保护、传承工作

	人数（人）	百分比（%）
是	150	100.0
否	0	0
合计	150	100.0

表 3—19　村寨保护，政府主要做了特色产业培育与旅游开发工作

	人数（人）	百分比（%）
是	73	48.7
否	77	51.3
合计	150	100.0

表 3—20　有没有旅游开发前被村民们遗忘的节庆、歌舞，因旅游业需要被重新认识与开发的

	人数（人）	百分比（%）
有	2	1.3
没有	25	16.7
不清楚	123	82.0
合计	150	100.0

目前恩施州少数民族特色村寨保护实际情况还只限于特色民居改造、人居环境公共基础服务设施建设、生态环境改善等方面，对于非物质文化遗产的深度挖掘、保护、传承方面还不够，保护内容还存在一定局限性。

案例 CYUW：木房子的刷漆、打磨、垛屋脊都是国家搞的，砖房包的木制外观都是国家搞的，投资还大些，不知道花了多少钱，还有门前的匾也是国家搞的，村貌很好，也好看些了，路也修好了，也有文化广场娱乐了，村民生活设施也现代化了。（CYUM：男，50 岁，土家族，麻柳溪村村民，外地打工）

六　重发展轻保护

从国家层面上看，少数民族特色村寨主要采用"自上而下"的保护模式，由此忽略了村寨与村民主体意识的发挥。在这种大环境行政保护模式下，地方政府更加注重的是经济发展，对少数民族特色村寨保护目标定位在经济利益，更加注重的是村寨的经济价值。据资料统计，截至 2012 年，鹤峰县铁炉白族乡拥有茶园 1.45 万亩，茶叶产量达 1910 吨；

野生箬叶资源十分丰富,年产量达1300吨;以无核椪柑为主的优质水果,面积达1.2万亩,年产量200万公斤以上;可露天开采的金属镁、铁、煤等矿产资源,储量大,分别达1亿吨以上。① 到2013年,建始县大店子村已种植猕猴桃500亩、乌龙茶300亩,建有1000头养猪场、制鞋厂、制衣厂、家具厂,开有5户农家乐,2012年人均增收580元,全村人均收入4619元。②

对那些纳入文物保护单位的少数民族特色村寨整体或部分都要依照《文物法》要求,进行单一的不准动不准扩建的原样保存式保护模式,还有少量被命名为历史文化名村的少数民族特色村寨也是按照《历史文化名城名镇名村保护条例》进行原真性的整体保护模式。因此,纳入《文物法》与《历史文化名城名镇名村保护条例》保护范围的少数民族特色村寨及寨内部分保护区域呈现的是"重保存"立法保护模式。

对于纳入文物保护单位和历史文化名村的少数民族特色村寨保护而言,均是采用《文物保护法》理念下进行的一种限制性规定或者说是控制性措施的保护。从学理上来说,有两种模式,一种是消极静态保护;另一种是片面单一保护。少数民族特色村寨作为一种特殊的历史文化遗产,用这两种模式重在原封不动地保存却阻碍其发展。首先是消极静态的保护,注重的是对村寨保护以一种静态的、消极的方式为主,以划定保护范围、限制在原有建筑上改建或扩建,及不准改变原有风格,在"整旧如旧"的原则下进行适度的修缮保存,注重形式上的格局特色保护。其次是片面单一的保护,仅注重的是文物建筑的保护。文物主要指革命遗址、纪念建筑物、古文化遗址、古墓葬、古建筑、石窟寺、石刻、纪念物以及各时代珍贵的艺术品、工艺美术品。③ 少数民族特色村寨除了文物式建筑,还有民族特色文化,与其相适应的历史文化环境,生态文化环境及自然景观,而单一片面保护是一种割裂式保护,缺乏整体性的观念。

---

① 资料来源:恩施州鹤峰县民宗局部门内部资料。
② 资料来源:恩施州建始县民宗局部门内部资料。
③ 参见《中华人民共和国文物保护法》。

少数民族特色村寨保护模式更加注重的是积极性保护即重发展模式。当前，恩施州少数民族特色村寨分为四种类型进行保护与发展，主要有生态主导型、文化主导型、产业主导型、综合协调型。恩施州少数民族特色村寨保护整体情况处于建设初期，重点在于扶持村寨基础设施、人居环境及生态环境等整体风貌的改善，以及加大特色产业和旅游产业的培育与开发来提高村寨的经济发展水平。根据每一个村寨的原有资源禀赋与主要特色分类型模式进行重点建设与发展，从这四种类型可以看出，是以村寨发展为目的所进行的分类，而忽略了村寨保护的重要文化价值。事实上，国家政策目标所指引的导向是在促进少数民族特色村寨民族文化特色保护基础上进行可持续性发展，但按这四种类型进行建设终归是为了达到旅游开发与利用的设想。因此，恩施州少数民族特色村寨保护模式是较片面的，有待于完善，设计缺乏科学性，有违政策制定初衷。

第三节 恩施州少数民族特色村寨保护政策实践参与的问题

一 利益分配失衡

利益是人类社会一切历史活动的根本动因。"人们奋斗所争取的一切，都同他们的利益有关。"[1] 利益反映的是人与周围世界中对其生存和发展具有一定意义的各种事物和现象之间的关系，它表现为人们受客观规律制约的需要和满足需要的手段和措施。[2] 保障村民利益是少数民族特色村寨保护与发展的持久动力，也是增加公众参与积极性的重要举措。2015年9月25日，三江县人大常委会公布施行的《三江侗族自治县少数民族特色村寨保护与发展条例》专门对旅游开发利益分享作出法律明确规定："在少数民族特色村寨保护规划区内进行旅游开发，应当遵循政府引导、群众参与、利益共享的原则，建立公平合理的利益分配机制，依

---

[1] 马克思、恩格斯：《马克思恩格斯全集》（第1卷），人民出版社1965年版，第82页。
[2] 孙国华：《论法与利益之关系》，《中国法学》1994年第4期。

法保护村寨及村民的合法权益。"① 恩施州自少数民族特色村寨保护与发展试点工作以来,现阶段主要还是处于少数民族特色村寨申报命名与建设初期,政府投入资金对纳入保护范围的少数民族特色村寨进行建设,总的来说,最终受益的是村民。从当前恩施州村寨建设状况来讲,村民个体没有做出任何实质性投资,利益分配比例不均衡的问题还没有尖锐体现。但从个别选点村寨调研情形来看,村寨旅游开发后,村民没有分得收益及分配不公的问题已部分呈现。

习近平同志在《中共中央关于制定国民经济和社会发展第十三个五年规划的建议》提出"创新、协调、绿色、开放、共享"的五大发展理念"。其中,坚持共享发展,必须坚持发展为了人民、发展依靠人民、发展成果由人民共享,作出更有效的制度安排,使全体人民在共建共享发展中有更多获得感。共享发展的本质是发展的均衡、公平与普惠。发展不仅仅是经济增长,更是经济、社会、文化、政治的全面进步。共享发展是为了进一步强调发展的公平性,让人民分享改革发展成果,对于解决目前中国经济增长中的种种问题,如经济与社会失衡、城乡失衡、东西部失衡、民生方面的问题具有极其重要的意义。②《生物多样性公约》在第 8 (J) 条也规定了惠益分享权。③ 村寨旅游业发展,村民参与利益分配,是坚持共享发展理念的具体体现。从市场经济学角度考量,政府和开发商投资是为了追求利益最大化,利益分配的比例占有重要份额,但村民也是很重要的利益分享者。村民作为少数民族特色村寨保护的行为主体之一,虽然没有注入资金一起进行旅游开发,但少数民族特色村寨是村民的生活家园、精神归宿,是村寨资源的真正主人,村民投入了本民族的民族文化风情特征、传统习俗、乡土田园生活方式及与他们生命融为一体的自然生态风光的足迹魅力等无形资产。政府和开发商正是因为有了这些看点与特色价值,才有投资的可能。如果村寨里没有了村

---

① 黄世钊:《三江县立法保护少数民族特色村寨明确规定——少数民族特色村寨列入名录重点保护》,《广西法治日报》,2015 年 9 月 29 日。

② 习近平:《关于中共中央关于制定国民经济和社会发展第十三个五年规划的建议的说明》,《共产党员》2015 年第 11 期。

③ 司马俊莲:《少数民族文化权利研究》,民族出版社 2009 年版,第 164 页。

民本色的主宰与陪衬，村寨就像一个空壳，毫无投资价值。在村寨发展中，村民牺牲了因村寨景区建设破坏了的生态环境与原生态文化，生活方面还要承受因游客大量流入造成物价上涨的经济负担等。政府投入的是村寨基础建设、行政管理的成本，开发商投入的是旅游设施建设、开发等资金成本。因此，政府与开发商对少数民族特色村寨开发投入的是有形资产，而村民投入的是无形资产，村民应当分享因开发带来的经济收益，无论多少都应占一定合适比例的份额，应当将总收益的30%分配给村民。此外，外来企事业单位及其他组织临时征用或借用村寨资源，都要收取一定费用，基层政府及基层组织都应当给村民分享点利益。

6个样本村寨调查数据显示，现阶段，绝大部分村民没有获得实质性经济收益，对于村寨旅游开发，存在没有分享收益和利益分配失衡的现象。有150人认为村寨搞旅游资源开发没有分享收益，占样本量的100%（见表3—21）。

表3—21　　　　　村寨搞旅游资源开发，有没有分享收益

	人数（人）	百分比（%）
没有	150	100.0
有	0	0
合计	150	100.0

恩施州少数民族特色村寨旅游开发过程中已出现了利益分配不公的问题，旅游开发，政府与开发商因投资而获利，村民没有分享利益，参与村寨保护的积极性肯定不高。刚开始政府为村寨整体面貌改善进行政策扶持激起村民的热情，随后，村寨旅游开发后村民没有享受经济利益而逐渐冷却，并以旁观者身份来看待村寨的保护。6个样本村寨调查数据表明，村民在旅游开发过程中没有分享过门票收益。有150人认为家庭收入来源中没有村寨旅游门票分红，占样本量的100%（见表3—22）。有150人对于政府与开发商制定的门票收入分配方案不满意，占样本量的100%（见表3—23）。

表3—22　您现在收入主要来源是否有村寨旅游门票分红

	人数（人）	百分比（%）
是	0	0
否	150	100.0
合计	150	100.0

表3—23　您对政府与开发商制定的门票收入分配满意吗

	人数（人）	百分比（%）
满意	0	0
不满意	150	100.0
合计	150	100.0

案例CWNB：村里的资源，村民们分享不到任何利益。我来讲一个现实问题。麻柳溪特色村寨是由乡里打造的，黄金洞景区（唐崖河风景名胜区），也就是鄂西生态圈公司是省企业，和县里签协议把黄金洞景区买下来了，在签协议时把麻柳溪村也签进去了，也就是把麻柳溪村的资源也占有了，圈头公司把黄金洞作为景区一个点，把麻柳溪村也作为一个景点，门票是100元，其中游黄金洞60元，麻柳溪村40元，这个钱公司都拿走了。村寨资源被无偿占有，村寨门票有收入，老百姓没有一点收益，因为是省直属企业，乡里、村里也都没有收益，多少让老百姓分享一点收益，乡政府无力解决这个问题，也是村寨发展滞后的原因。还是体制有问题，没办法，省圈头公司是省直司企业，再说了，鄂西生态圈老总挂职我们县常委。村里提出想自己收门票的设想，但乡里不敢批，因为公司购买黄金洞与县里签协议时，把村寨也包括进去了。我认为，把资源无偿占有了，至少把村寨的基础设施搞好一下，给老百姓多少分享一下利益，既然占有资源，就要投资，发展是要依靠村民支持，保护生态，保护环境，最终一个利益分享。产生利益却没有得到利益，如果老百姓有利益了，观点就不一样了，就会积极维护村寨环境、

卫生等方面。(CWNB：男，52 岁，土家族，麻柳溪村人，乡政府领导)

案例 BHWM：当地老百姓没有分享因村寨资源带来的利益。如来拍电影，都是政府行为，老百姓多少要享受点利益，没有一个组织来收费分给老百姓，从村里到乡里都处于无序状态。只有参加的群众演员一次获得 50 元左右的收入，没有参加表演的没有。只有个别老百姓参与有收益，其他老百姓没有，不公平，资源是大家的，分享只有几家，利益分配不公，要形成有序组织，统一在寨子拍照的，用的都是村寨资源。(BHWM：男，59 岁，土家族，宣恩县民宗局相关领导)

上述案例的情况比比皆是。少数民族特色村寨进行旅游资源开发，只有少量表演者获得临时性劳务收入，获得少量工作机会，还有法定传承人有少量的固定政府补贴。政府获得了税收与门票等分成，开发商获得了门票与相关服务性等收入，其他机构付费获取村寨资源。而大部分村民无偿贡献资源与资本而没有分享任何收益，少数民族特色村寨旅游开发存在利益分配失衡的问题。

二 村民参与意识淡薄

(一) 村民参与能力不足

村民积极参与是少数民族特色村寨保护与发展长久持续的有力保障。正如学者所言，民族村寨旅游开发背景下，要形成开发与保护的良性互动，首先要考虑当地人的利益，赋予当地民主体地位，这是一个途径，也是一个目标。只有村民充分地参与了，村民把它当成自己的事情了，才有可持续性。[①] 村民自身参与能力不足是造成其参与积极性不高的客观因素，村民参与能力不足主要体现于自身的受教育程度与保守的思想意识。村民的受教育程度普遍在初中及以下学历水平。从所调研对象 (150 人) 受教育程度来看，大部分处于初中及以下学历，占调研总人数比例为 70%，其中初中 41%、小学 22%、小学以下 7%，而高中学历占总人

---

① 田敏、撒露莎、邓小艳：《民族旅游开发与民族村寨文化及传承比较研究——基于贵州、湖北两省三个民族旅游村寨的田野调查》，《广西民族大学学报》2012 年第 5 期。

数比例的24%，大学更少，仅占6%，表明村民绝大部分受教育程度低，缺乏生存基本技能，体力劳动者居多。绝大部分年轻力壮的劳动力都外出打工挣钱，一般都是中老年在家里留守务农。从所调查对象年龄层统计分析来看，6—20岁的人群几乎没有遇到，主要是在调研时间这类人群有的去镇上上小学、初中、高中，还有的绝大部分初中或高中毕业就到外地打工去了。21—38岁的人群绝大部分不在村寨，大部分去外地打工，有部分人陪小孩在镇、县（市）读书，还有的则在村寨附近务工或经商。调查对象主要集中在39—69岁，大多数年龄在50—69岁，占总人数的70%，这部分人群很多是年轻时出门打工，存点积蓄，年纪大了，自家孩子出门打工了，他们就回来自创业、务农、就近务工、照顾子女的孩子。适中的在21—38岁，这类人群主要是家里有事在处理、农活做完或孕妇生产之后还要出门打工，有的是在当地经商或有手艺好挣钱的，占总人数的25%，还有少量70岁及以上的，但比例很少，仅占总人数的5%，这类人群主要是离退休教师、乡村基层干部。

在家务农的村民由于自身文化程度较低，除了农活以外，缺少基本职业技能，对新鲜事物的理解能力与接受能力弱，小农思想严重，对村寨开发缺少认同意识，表现出一种事不关己的看热闹态度，体现出参与少数民族特色村寨保护与发展能力不足。据调查，部分村民认为家中充裕的劳动力与出门打工才是摆脱贫困的关键，思想意识保守与落后。但遇到没有符合自身利益的情形之下，也不会退让，做出顾全大局的行为。6个样本村寨调查数据显示，150个村民对下一代外出务工的态度是有些鼓励，占样本量的100%（见表3—24）；对于其他选项均没有人选择。为了探究根缘，对此进行了访谈，共同的说法："现在也不知道村寨能发展有多好？发展好了能在家里和外面打工挣一样多的钱肯定好了，但现在是家里人多田少，种田辛苦一年也挣不到多少钱，外地打工怎么也比家里好过，孩子们不出门打工没有办法生活，我们农村人都是年轻时出门打工养子女，老了回家帮子女带孩子，子女在外打工挣钱养我们的老，虽然有农村养老保险，一个月100元怎么够生活啊，一旦生病了没钱，无路可走。"

表 3—24　　　　　　　　您对下一代外出务工的看法

	人数（人）	百分比（%）
有些鼓励	150	100.0
合计	150	100.0

案例 AXDU：我在村委会办公大厅遇上来办拆木房盖砖房手续的一位村民，（你为何把木房拆了盖砖房？）我觉得住木房是很舒服，可是现在别人都换砖房了，时代不同了，再住木房子别人会觉得你很穷。（对于本民族村寨文化保护与发展，你怎么看？）我也有想过自己也要对本民族文化进行保护，但这应是政府的事吧，再说现在主要是让自己生活过得好点。（AXDU：男，40岁，侗族，高中毕业，犀口村村民，打工才回来）

（二）政策支持力度不强

少数民族特色村寨进行旅游开发，村民没有分享收益、政策相应各种项目补偿太少及没有补偿到位是村民参与积极性不高的关键。对 6 个样本村寨调查数据表明，少数民族特色村寨建设与开发，村民对于政府的相关政策补偿不太满意，甚至出现补偿不到位的现象。有 150 人认为村寨进行建设与旅游开发，对相应政府补偿不满意，占样本量的 100%，没有人认为满意（见表 3—25）。有 38 人认为补偿到位，占样本量的 25.3%；89 人认为补偿不到位，占样本量的 59.3%；有 23 人认为不知道补偿是否到位，占样本量的 15.3%（见表 3—26）。

表 3—25　　　　村寨进行建设与旅游开发，相应政府补偿是否满意

	人数（人）	百分比（%）
满意	0	0
不满意	150	100.0
合计	150	100.0

表 3—26　　　　　　　　　补偿是否到位

	人数（人）	百分比（%）
是	38	25.3
否	89	59.3
不知道	23	15.3
合计	150	100.0

政府对所规定的核心区进行了原真性的人为外观打造，由基层组织负责对每一个住户相应分配少量补贴。而处于政府所涉及的具有地理优势的村民，将经由政府外观打造过的自家房又建成农家乐与乡村特色旅馆，为游客提供吃、住服务，此外，政府还为这些开农家乐的村民再次给予一定补贴扶持村民。而处在地理优势之外的及高山上的住户其实没有得到真正的政策观照，除非在政府规定的区域，按政府规定的民族特色结构样式建房，才可得到相应的扶持。对于长期贫困的村民来讲，重新建房需要大量的资金，即使政府给予微薄的激励政策帮助，也无济于事。这样只是一部分村民得到了实惠，而另一部分村民依然没有得到帮助。因此，村民之间家庭收入差距明显，村民矛盾严重，继而产生对政府不信任感，对少数民族特色村寨保护持怀疑态度。6个样本村寨调查数据显示，对于政府作为持不信任态度。有2人认为有一点相信政府在村寨旅游开发这个问题方面，县（市）政府能从老百姓利益出发，制定出公平政策，占样本量的1.3%；有148人认为不太相信，占样本量的98.7%（见表3—27）。

表 3—27　　　政府在旅游开发这个问题方面，相信政府能
从老百姓利益出发，制定出公平政策吗

	人数（人）	百分比（%）
有一点相信	2	1.3
不太相信	148	98.7
合计	150	100.0

案例 AXZ：村寨保护的相关政策从中央到地方到村里时，政策内容与具体措施到村里后所颁布的搞法都不一致，村里有什么信息都是通过在村委会墙上贴告示的形式传达，很少开大会的，比如说村里修公路，村委会告示上贴出修公路国家出钱，每家每人头按5000元分配，后来又撕了，村民去问，村委会先说有后来又说没有了。还有村里统一新民居样式，外观维修补偿一平方米才5元，他觉得都太少了。（AXZ：男，52岁，侗族，高中学历，舁口村村民，前支书）

（三）基层组织工作不力

对于基层组织存在问题的研究，学术界有各自的观点。如李安辉认为，由于县、乡（镇）组织单位与村寨基层组织沟通不畅，或因村寨基层组织不健全，或因有的村寨干部管理沟通能力不强，由县级单位把关组织制定的村寨规划得不到村民的支持与认可，无法充分发挥村寨群众的主观能动性。① 基于已有的研究，认为基层组织工作不力是造成村民参与意识淡薄的一个重要方面。村委组织是村民的直接领导者，上级政府传达的任何事项都由村委直接实施，村里关于村民的一切事务都由村委会去处理。村民参与积极性不高，村委会实际中开展工作存在一定问题。由于各村寨村委工作人员素质参差不齐，普遍学历水平不高，受教育程度较低，工作能力不强，在对村寨建设与开发政策宣传方面也不到位，力度不够，对村民思想沟通能力欠缺，没有建立一个很好的与村民互动的良性平台。此外，绝大部分基层工作人员是边工作边务农，是家里挣钱的顶梁柱，只是有限的时间去处理村里事务，造成基层组织的工作涣散。还有一些与村民利益相关的不透明做法，引起村民的误解后又不进行及时的解释、解决及善后工作，没有与村民建立起民主、平等、团结、互助互信的民族关系。基层组织工作不力是造成村民参与积极性不高的一个重要方面。据样本村寨调查发现，公开透明的平等交流很少，没有充分体现马克思主义民族理论的平等观，没有充分尊重村民的话语权。有72人认为村寨建设中出现问题需要解决是村委说了算，占样本量的

---

① 李安辉：《少数民族特色村寨保护与发展政策探析》，《中南民族大学学报》（人文社会科学版）2014年第4期。

48%（见表3—28）；有2人认为是村委会与村民集体交流解决，占样量的1.3%（见表3—29）；有127人认为是上级政府说了算，占样本量的84.7%（见表3—30）。

表3—28　　　　村寨建设中出现问题需要解决：村委说了算

	人数（人）	百分比（%）
是	72	48.0
否	55	36.7
不清楚	23	15.3
合计	150	100.0

表3—29　村寨建设中出现问题需要解决：村委会与村民集体交流解决

	人数（人）	百分比（%）
是	2	1.3
否	125	83.3
不清楚	23	15.3
合计	150	100.0

表3—30　　　　村寨建设中出现问题需要解决：上级政府说了算

	人数（人）	百分比（%）
是	127	84.7
否	23	15.3
合计	150	100.0

案例ERUM：具体搞法都是镇政府说了算，就拿建木房补贴来说，政策每年都在变，每年的搞法都不一样，宣传新建木房时，政府说修完给补偿20000元，可等你修完了，就只能拿到15000元了。国家政策再好，不能到了下面，变来变去，改来改去，都是领导说了算。（ERUM：男，67岁，土家族，舍米湖村村民，镇上退休中学老师）

小型座谈会：都说每年政策变化太大了，说法不一致。不准修砖房，只准修木房，如新修好木房了，补偿20000元，等你修好了，到账上只给15000元。政府说不准修砖房，可是村里还是有人修砖房，这个组里有三套两层楼的砖房，如果上面不批准手续，是修不成的。（座谈会成员：10个村民，土家族，舍米湖村村民）

（四）特色民居建设与改造的经济成本高

政府对村寨进行旅游开发，就必然制定政策要求村民再建房或改建房时，要建造特色木质结构居民房，不准建砖房。但目前的困惑是建木房所需材料的匮乏，现在国家实行退耕还林政策，严禁乱砍滥伐，木料短缺导致价格昂贵，青砖青瓦生产基本停止，需要新建与改建住房的村民往往需要较大的资金投入，就村民而言，水泥预制板搭建的平顶房比四面出水的木质结构房的坡屋顶要省钱省事得多。村民的积极性是原动力，如果政府没有激励政策补贴或补贴的太少，村民就没有新建或改建成特色民居的积极性。①

案例EWMB：政府不允许修砖房，只能修木房，修木房要的时间长，现在都修了一年了才修个整体框架出来，精细打磨装修还需半年，以前山上的旧房子实在是不能住了；另外造价太高，我都花了二三十万元了还没有修好，现在退耕还林政策，木材更贵了，建木房的梁柱一定要上好的木材才扎实，现在不能乱砍滥伐，材料不好搞了。上面政策是很好，我常看新闻，到了下面就不一样了，国家不许我们在村里修砖房，修砖房造价便宜些，现在城里人都住砖房了，儿子都不想要这个木房子，都说挣钱了在外面买房子。（EWMB：男，52岁，土家族，舍米湖村村民，务农）

---

① 王铁志：《特色村寨保护重在文化》，《光明日报》2015年4月22日。

第四章

恩施州少数民族特色村寨保护政策的完善

结合恩施州少数民族特色村寨保护政策的经验与问题，在借鉴国外实践的基础上，恩施州少数民族特色村寨保护政策在立法完善方面应包括健全政策体系、细化政策内容、配套规章制度、优化保护规划等内容；在完善政策执行方面需注重转变保护理念、加大投入、发展特色产业、强化公众参与、维护群众利益等内容；在监督执行完善方面需注重明确监督主体、范围、方式、责任、程序等内容。恩施州少数民族特色村寨保护政策立法、执行、监督三方面的完善，使恩施州少数民族特色村寨保护政策特色化、规范化、精细化，发挥充分有效的保护作用。

第一节 健全恩施州少数民族特色村寨保护政策体系

一 修订自治条例

《恩施州自治条例》是恩施州规范及履行各项事务的法律准则，是全州人民必须遵守的行为法则，也是制定其他单行条例和地方行政法规的立法依据。自 2009 年国家民委、财政部颁布少数民族特色村寨保护与发展试点工作实施意见以来，各地总结出许多可贵的经验教训，对于少数民族特色村寨保护在理论层面有了更深入的认识，立法不足是少数民族特色村寨保护政策执行不力的根源。

《文化多样性公约》第四条对于"保护"的定义进行了专门界定，即

"名词意义上的'保护'意指保存、维护与加强文化表现形式多样性而采取的措施；动词意义上的'保护'意指采取这类措施"。而国际公约中，联合国教育、科学及文化大会第十九届会议于 1976 年 11 月 26 日在内罗毕召开，会议通过的《关于历史地区的保护及其当代作用的建议》，则对"保护"的定义作出了更为明确、具体的表述，即："对历史或传统地区及其环境的鉴定、保护、修复、修缮、维修和复原。"此外，1982 年 12 月 15 日，由国际古迹遗址理事会登记的《佛罗伦萨宪章》第 9 条规定："历史园林保存取决于对其鉴别与编目情况，并采取维护、保护、修复与重建的行动。"在国内立法方面，《文物保护法》是一部较完善的法律保护法，对文物保护的具体体现都得到了明确规定，但绝大部分少数民族特色村寨不属于文物保护范畴。文物保护着重体现了国际相关公约中"保存、维护、修缮"的保护行为，而少数民族特色村寨所保护范围决定了保护要全面体现国际公约的保护行为，即"鉴定、保存、维护、保护、修复、修缮、重建的行动"。而上述部分具体行为在当前恩施州自治条例中没有得到表述确认，需要进一步完善。

当然，依据于国家宪法与民族区域自治法的理论观照下，充分理解国际相关公约的保护作为而实践于地方立法的具体规范不是史无前例而是有章可循的。借鉴黔东南苗族侗族自治州与湘西土家族苗族自治州成熟立法经验，根据州民族特色与现实情况，不仅在自治条例中明确国际相关公约中"保护"与其相适应的具体行动，还立足于自治条例法律依据，专门制定了关于村寨保护单行条例或保护管理暂行办法，这对于恩施州少数民族特色村寨保护立法完善具有很好的经验启示作用。如《黔东南苗族侗族自治州自治条例》第 52 条规定："自治机关制定自治州民族文化发展规划，发展民族文化事业和文化产业。加强公共文化服务体系及文化基础设施的建设和管理，抢救和保护民族民间文化、民族工艺、历史遗迹、文物古迹和非物质文化遗产，继承和发展优秀民族传统文化，培养民族文艺人才和民族民间文化传承人。"此条款明确了具体的措施行动、保护与发展方向、建设与管理的目标、保护对象范围等方面。相比较于《恩施州自治条例》的第 61 条第 2 款而言，后者明显法律规定不具体、不全面，没有给执行者具体做法一个很清晰的指导方向，这是影响恩施州少数民族特色村寨保护工作的一个很重要的因素。

为了秉承国际公约保护规范，更好地促进恩施州少数民族特色村寨保护政策目标实现，参考《黔东南苗族侗族自治州自治条例》第52条，根据恩施州当前实际情况，在原有《恩施州自治条例》第61条第2款内容基础上做出与其相适应的补充。笔者认为，现将原条款中"自治机关采取有效措施"表述修正为，"自治州自治机关制定州民族文化保护与发展规划，大力发展民族传统文化事业和民族文化特色产业"；将"保护、抢救非物质文化遗产和名胜古迹、文物等物质文化遗产"表述补充为，"抢救、挖掘、保护、整理、传承、弘扬民族民间文化、民族工艺等非物质文化遗产和鉴定、保存、维护、保护、修复、修缮历史遗迹、文物古迹、民族特色建筑等物质文化遗产"；将"鼓励、支持民族特色村寨的建设和保护"表述补充为，"鼓励、支持民族特色村寨的公共文化服务设施、人居环境基础设施、自然生态环境改善的建设、保护与管理"。这样，补充后的《恩施州自治条例》第61条第2款内容完整表述为："自治州自治机关制定州民族文化保护与发展规划，大力发展民族传统文化事业和民族文化特色产业。抢救、挖掘、保护、整理、传承、弘扬民族民间文化、民族工艺等非物质文化遗产和鉴定、保存、维护、保护、修复、修缮历史遗迹、文物古迹、民族特色建筑等物质文化遗产，鼓励、支持民族特色村寨的公共文化服务设施体系、人居环境基础设施、自然生态环境改善的建设、保护与管理，培养和保护有才华、有贡献的民族民间艺人。"

二 制定单行条例

恩施州自治权力机关还没有专门针对少数民族特色村寨保护制定单行条例或暂行管理办法，仅将其隶属于民族文化遗产类适用于《恩施州民族文化遗产保护条例》保护。随着纳入保护范围的少数民族特色村寨数量累积渐增，对于村寨各方面保护的范围扩大，少数民族特色村寨保护政策实践过程中存在诸多不可调和的问题，《恩施州民族文化遗产保护条例》已不能全面保护少数民族特色村寨，直接针对少数民族特色村寨保护制定单行条例已成为必然。当然，恩施州自治条例已明确表述了

"鼓励、支持少数民族特色村寨建设与保护"，这也是制定少数民族特色村寨保护单行条例的立法依据之所在。

制定恩施州民族特色村寨保护单行条例是对州自治条例第 61 条第 2 款补充内容的具体原则性规定，借鉴已成熟的《黔东南苗族侗族自治州民族文化村寨保护条例》和恩施州少数民族特色村寨相关保护条例及实施细则、意见等内容，主要对少数民族特色村寨保护目标、条例适用范围、保护原则、保护机构及职责、保护客体范围、保障及义务、保护具体措施及相应实施具体要求规定等方面进行法律明确。

第一，保护目标。主要是要加强少数民族特色村寨规划、保护、建设、管理及合理利用，结合恩施州实际情况，依据国家有关法律、法规及恩施州自治条例，制定本条例。

第二，本条例适用范围。恩施州行政区域内少数民族特色村寨的规划、保护、建设、管理及合理利用等方面。

第三，保护原则。应当把少数民族特色村寨规划、保护、建设、管理与利用纳入所属恩施州县（市）级及州级政府国民经济社会发展规划重要议程上来。少数民族特色村寨应当坚持秉承历史真实性、风貌完整性、生活延续性、利益平衡、保护优先、可持续利用、政府主导、社会参与的原则。少数民族特色村寨经批准需改建、维修、新建的建筑物及构筑物必须遵循"整旧如旧"的原则。

第四，保护对象范围。隶属于少数民族特色村寨的民族民间传统文化、民族工艺、民族歌舞等非物质文化遗产；历史遗迹、文物古迹、民族特色建筑等物质文化遗产；少数民族特色村寨的公共文化服务设施体系、人居环境基础设施、自然生态环境；有才华、有贡献的民族民间艺人及民间文化传承大师皆属于少数民族特色村寨所保护范围。

第五，保护机构及职责。自治州政府应当组织专业人员对少数民族特色村寨开展深入调研普查工作，制定少数民族特色村寨保护、建设、管理及利用的总体规划方案。县（市）级政府的文化、民族事务相关行政部门应当对少数民族特色村寨的非物质文化遗产和物质文化遗产进行抢救、挖掘、收集、鉴定、整理、研究、管理，建立少数民族特色村寨相关资料、数据、影像、光碟等档案库。自治州级、县（市）级民（宗）

委部门及乡（镇）级基层政府负责本行政区域少数民族特色村寨保护、建设、管理及利用工作。村级组织依据所制定条例规定，负责辖区内少数民族特色村寨保护、建设、管理和利用工作。少数民族特色村寨建设方案需经所属县（市）级政府组织相关部门专家进行审定。对于少数民族特色村寨内需要建设项目及设施，需先由建设单位或个体提出申请，经村委会、乡（镇）级政府签署意见，上报县（市）级民（宗）部门提出意见，经州级建设部门审核发放建设规划许可证后方可实施。

第六，保障及义务。对于经费保障方面，自治州政府应当将少数民族特色村寨规划、保护、建设、管理及利用所需经费定为专项资金纳入每年财政预算范围；激励引导方面，鼓励单位或个人对少数民族特色村寨保护、建设与利用提供赞助、捐赠、投资，对少数民族特色村寨规划、保护、建设、管理与利用做出贡献的单位及个人，县（市）级及以上政府要给予其表彰和奖励。所属州各级政府对民间艺人、工匠开展技艺相关培训、传承、研究与交流活动应当予以经费鼓励和支持。

第七，保护措施。首先是权利限制：对少数民族特色村寨内民族特色标志性建筑物、构筑物及民族文化公共场所等都要设置标识，应当在尊重当地村民意愿和维护村民切身利益的前提下，对少数民族特色村寨进行保护、规划、建设、管理和利用，对少数民族特色村寨的公共文化服务体系设施建设、人居环境基础设施建设及特色民居建设，应当体现民族地方特色风格，在政府规定的保护区内，禁止修建与特色村寨建筑风格极不协调的建筑物和构筑物，如违反以上规定，由所属县（市）级以上政府的建设主管行政部门提出警告责令拆除，不于规定期内拆除的将依法强制拆除。政府部门已明确规定不准随意拆除的公共特色建筑与民居建筑，如有单位或个人违反规定，将受到行政处罚，并追究刑事责任。已视为国家文物范围内如：原始手稿、典籍、契约、碑碣、楹联、艺术品及图书资料等具有历史、艺术与科学价值的文物，一律不得私自出境，需依法按程序报批方可出境，如有违反规定则由公安机关依法收其资料和实物并移交至文化行政主管部门，如犯罪未遂，将其依法予以行政处罚。如在少数民族特色村寨内从事影响村容、村貌或破坏自然生态环境与村寨自然景观的行为，按不同程度给予相应批评教育和一定比例罚款。在少数民族特色村寨保护工作中，国家工作人员如有玩忽职守、滥用职权、徇私舞弊的行为，如未构成犯罪的，则由所在单位或上级部门予以行政处分，如已造成损失则依法赔偿。

第八，实施要求。少数民族特色村寨要根据规划，对所需要改建、维修、新建的建筑物、特色民居以及水、电、网、路、垃圾处理器的格调、外形等，要求与村寨整体建筑风格和环境协调一致，如异同，应当对其进行改造或者迁出；少数民族特色村寨公益文化活动场所及设施、重点民居、院落、标志性建筑物应当保持完好，并在当地政府支持下，采取保护、修缮、维修、改造等保护性措施；加强少数民族特色村寨申报命名及非物质文化遗产名录及民族民间文化传承工作；加强少数民族特色村寨自然生态环境保护与改善、人居环境生活美化与卫生、公共安全及防火、防洪等工作。

三　补充配套政府规章制度

配套政府规章是政府行政机关部门为具体实施立法层面的原则性规定而出台的通知、意见等执行文本。恩施州人民政府办公室印发《州人民政府办公室关于加强全州特色村寨保护工作的通知》作为少数民族特色村寨保护工作的具体实施意见，主要包括总体目标、基本原则、保护范围、保护内容、命名方案及保障措施六个方面的意见。根据目前政策体系实施情况来看，实施意见需要进一步具体化，增加可操作性强的内容。

借鉴黔东南人民政府颁布的《黔东南苗族侗族自治州民族文化村寨保护条例》实施办法、湘西土家族苗族自治州历史文化名村（寨）及特色民居保护管理暂行办法及近年来最新的关于传统村落保护实施意见，结合恩施州少数民族特色村寨保护工作现实特殊性，完善现有的关于恩施州少数民族特色村寨保护实施意见。新修正的实施意见亦是在所立法建议的《恩施州少数民族特色村寨保护条例》原则性法律规定内容基础上的具体实施办法，需完善与补充的主要是以下几个方面。

第一，保护工作的基本原则。坚持规划先行、保护为主、合理利用、政府主导、社会参与、利益平衡原则。

第二，保护主要内容。在原有基础上补充：加强少数民族特色村寨民居及传统建筑群的保护，对改建、修缮、新建的建筑物及构筑物必须遵循"严格控制、整旧如旧"的原则。

第三，保障措施。在原有措施"成立组织、加强领导、整合资源、有序推进、多方联动、形成合力"基础上对具体做法进行补充：一是必须严格执行乡村建设规划许可制度规定。少数民族特色村寨保护规划范围内的建设项目必须按照乡村建设规划许可制度法定程序执行。村寨中划为文物保护单位范围和按建设规划需建设项目控制地带，必须依法行使许可程序，对那些破坏少数民族特色村寨历史风貌、传统格局及其所依存的整体自然环境的建设项目，不能为其签发乡村建设规划许可证。未经许可擅建的各类违建必须强制责令拆除。

二是建设规划实施需确定专门驻村专家和村级联络员。少数民族特色村寨保护的建设项目要在专家指导下实施，州级政府民委部门要与建设部、文化部、文物部及政府部门会同县级相关部门确定驻村专家，重要项目及传统建筑与民居的修缮改造方案需在专家签字同意下实施，对于做出重大修改项目的文物保护类的修缮方案，需重新按程序报批，驻村专家需在建设项目实施前期与期间进行不定期入村督导。少数民族特色村寨需指定一名及以上村级联络员，负责宣传少数民族特色村寨保护政策，向驻村专家及上级部门反映项目建设进展情况，确定村级联络员的基本条件应当为本村常住居民，积极热心于少数民族特色村寨保护与发展事业，能够精通电脑、数码相机、手机等电子产品类工具。

三是建立一支本地传统建筑工匠专业队伍。要在少数民族特色村寨所在地的县（市）找寻并培育一批本地传统建筑工匠，聘请优秀的传统建筑工匠对其进行专业知识培训，由传统建筑工匠来承担传统建筑的修缮、改造、新建工作，保存传统建筑修建过程的详细记录，对传统建筑技术的优缺点进行总结与分析，并在此基础上结合现代技术进行改良与提升。

四是关于传统建筑及民居修缮事项具体要求。处在少数民族特色村寨保护重要核心范围内的、严重影响村寨整体风貌的建筑，可以对其进行拆除，新修的建筑要与原有建筑风貌保持协调一致。处在核心保护范围内的或范围外的与整体风貌较不协调的建筑不宜大规模拆除，可以对其进行外观改造。对于传统建筑修缮与民居改造，要根据规划方案实施，在保持传统建筑风格和形式不变的前提下，可以对室内进行现代化提升，符合村民现实生活需求，但传统民居的外观改造要运用乡土材料与传统工艺，属于文物保护的修缮要遵从文物部门的相关规定实施。

五是具体负责组织与人员保障。少数民族特色村寨所属的县（市）政府要专门明确一名领导挂帅负责整合资源、统筹协调各项工作；乡（镇）基层政府要明确1名具备一定专业知识与素养的领导人员负责具体管理实施项目；已确定的具有建筑、规划、文物保护等专业知识的驻村专家负责村寨建设规划项目实施的技术指导，也鼓励具有此类专业知识的志愿者积极参与；少数民族特色村寨要聘请1名具有传统建筑实践经验的带班工匠负责主持项目实施。

六是加强项目实施检查与监督。村委会与项目实施主体应当对项目的规模、内容、施工方、合同、投资额等信息在村内及时公开，村级联络员要将工程实施进展情况、工程进度及重大事项的照片上传到管理系统。创建恩施州少数民族特色村寨网站，公开举报电话、邮箱和微信平台，对各类破坏行为接受公众举报，同时，也要建立社会监督、明察暗访制度，调查违反保护与发展规划的各项建设与开发行为，并进行相关处理。

第二节　细化恩施州少数民族特色村寨保护政策的内容

一　规范政策主体及其地位与职责

积极发挥主体主观能动性，提高参与度，加强民间与政府的相互协作是少数民族特色村寨保护政策执行的人力资源保障。正如学者所言，少数民族特色村寨保护与发展要多方参与，明确职责，形成以政府为主导、群众为主体的参与方式，并且认真借鉴、吸纳国内外成功经验。[①] 少

[①] 段超：《保护和发展少数民族特色村寨的思考》，《中南民族大学学报》（人文社会科学版）2011年第5期。

数民族特色村寨是村民世代生存、生产、生活、娱乐的空间场所，也因为人与自然融入而使村寨变得更加有生命力和延续力。正是人的因素造就与体现了村寨特有的历史、文化、经济、科学等价值，村寨及其价值的展现亦成为社会群体与个人获取人生价值与实现个人发展的载体。由于当前国家政府对于少数民族特色村寨保护政策执行中的过度主导地位的影响，并没有村民事实上的主体地位，政策没有明确规范所有参与主体的行动角色与相应职责。政府作为村寨建设、保护与发展的重要力量，其他参与主体处于边缘地带。从6个样本村寨调查数据看，村寨建设主要是政府主导，通过行政手段实施，村民没有充分认识到自身的主体地位及其应尽的职责与义务。有150人认为少数民族特色村寨建设主要是政府在负责做，占样本量的100%（见表4—1）。有126人认为少数民族特色村寨保护的主人是政府，占样本量的84%；有24人认为是村委干部，占样本量的16%（见表4—2）。

表4—1　　　　少数民族特色村寨建设主要是谁在负责做

	人数（人）	百分比（%）
政府	150	100.0
合计	150	100.0

表4—2　　　　少数民族特色村寨保护的主人

	人数（人）	百分比（%）
政府	126	84.0
村委干部	24	16.0
合计	150	100.0

由于村民自身力量薄弱，处于少数民族特色村寨保护主体缺失地位。但是任何与少数民族特色村寨保护政策相关实践都需与村寨内的各种因素进行接触与碰撞，来自多方的外在力量与村寨内在自生因素相互作用下，才能有效促成少数民族特色村寨保护政策实践过程、政策机制、政策效果。由于政策实施改变甚至重塑了少数民族特色村寨整体风貌，因

此,少数民族特色村寨保护相关利益主体多元化,且各参与利益主体所处的地位、执行职能与所发挥的作用不同,但彼此间的协调、配合等方面紧密相关,构成不可缺少的共同体,是实现少数民族特色村寨保护政策目标的关键。

恩施州少数民族特色村寨保护政策实施过程中,主要是政府部门作为第一执行主体利用行政职能手段主导少数民族特色村寨保护与发展工作。参与利益主体多元化的相互协调与合作还没有得到充分展现。在政府部门主导下,少数民族特色村寨初期建设与没有建设之前,村寨整体面貌有了较大的改变。

在当地政府部门主导政策推动作用下,村寨基础设施、民居外观改造、人居与自然生态环境建设明显改善。但这种政府单方面着力推动作用并不能全面覆盖所有村寨达到良好的示范效果,还有不少村寨存在个体差异。由于其他相关参与主体缺失,政府作为主体推动政策执行的力量较为薄弱,因没有其他主体积极能动参与、与各方主体相互协调通力合作,没有规范各方主体相应的职责范围与义务。民间与政府没有发挥相互协调与合作的积极作用,阻碍了政策正常有序执行,使村寨建设、保护、发展缓慢。

案例 ADMN:政府把规模一直压着,一直没有实施,规划也没有下来。几百年的、六七十年的老木房子,官坝村都上报了,民宗局里也有村里上报的材料。几年前,搞村寨建设时,老百姓有问题,上面领导也有问题,最后没有搞成。其实老百姓能有什么问题?搞官坝村建设时,上面来的领导来了,早上吃过早饭了,就去打麻将,也不去实地和老百姓调研、访谈,一到汇报情况时,就是老百姓有问题。村支书在负责打造第一苗寨的时候,由于村寨人口多,控制了5—6年不准拆建房子,只准再建木房子。一户里的孩子都大了,要成家没有房子,没地了,地被征了,买地基建砖房了,乱了,也管不了。(村寨现在有没有发展?)刚开始,是县里发现官坝村是一笔财富,政策一直实施不下来,老百姓子女很多控制不住,政策力度不强,政府改造新民居方面,给老百姓做了吊檐、垛屋脊、木窗几个项目。老百姓子女多了无法居住,自行不办手续建房,村委会也管不了,现在只能调规划,调成中心村规划,特色村寨也没有取消，调成中心村后，在公路边下也可以建房了。如按中心村规划，房子应该是统一样式，前两天进行了调整规划开会，新的规划书还没有下来。正在这时，村支书也回来了，知道笔者的来意，他是苗族人，刚上任的村支书，对以前村委会的情况也不是很清楚，笔者访谈的这位女工作人员已在这儿工作10多年了，情况比较了解。（ADMN：女，38岁，苗族，官坝村人，村委会工作人员）

当前，对恩施州少数民族特色村寨保护政策执行起到重要作用的应当是政府部门、社会组织、当地居民、市场运作（媒体、学界、商界）等相关参与主体。现阶段仍处于少数民族特色村寨保护工作初期，主要还是依靠政府主导对村寨基础设施建设及民居改造等方面。但随着多方利益相关主体参与项目发展，保护工作的资金可以实现自给，还能实现自我增值的理想状态。在政府部门主导、当地村民为主体的基础上，建立有效的政策机制发动社会各界广泛参与，社会组织及在市场运作下的媒体界、商界及学界各方对村寨保护持久生命力具有重要作用。在规范与明确少数民族特色村寨保护政策主体的同时，对各方主体所处的地位、职责范围进行具体规定。

(一) 政府主导

曾经担任过美国副总统的蒙代尔在其所著《掌权者的责任》一书中指出："当年美国制宪者所致力于解决的一个基本问题，正是想通过制度的设计，使各种权力的主体都能够切实地负起行使权力的责任，以避免不负责任的权力。在理论上，政府主导需要责任的规制。"① 政府部门主要作用是统筹管理、组织、协调与引导各方利益主体，及对各方力量进行整合，促进少数民族特色村寨的有序经营与管理。恩施州及各个县（市）政府作为少数民族特色村寨保护的组织者，应当协调相关部门进行有计划、有步骤、有创造性的推动少数民族特色村寨规划建设工作。

首先，政府部门作为村寨保护的行政机构，必须明确最基本职责范围。

---

① 牟延林、吴安新：《非物质文化遗产保护中的政府主导与政府责任》，《现代法学》2008年第1期。

第一，恩施州政府要制定相应的政策制度。恩施州政府自治机关除了在《恩施州自治条例》相关条款中完整表述少数民族特色村寨保护总原则规定，还要制定具有可操作性的实施暂行办法。另外，恩施州各级政府要承担起少数民族特色村寨公共基础服务设施的投资与建设等职责，制定有吸引力的、同时能最终达到政策目标的相关保护政策及配套实施政策，通过制定良好的政策环境来吸引开发商投资和村民积极参与，实现少数民族特色村寨保护与经济发展共赢。

第二，完善监督管理制度。有学者提出，我国世界文化遗产保护和利用工作"目前所存在的关键问题是缺乏对各种开发行为的有效监督机制"[1]。中国社会科学院环境与发展研究中心张晓教授在其主编的《加强规制中国自然文化遗产资源保护管理与利用》一书中也谈到我国应建立监督机制的问题，"建立由各相关领域专家、政府官员、非政府组织和周边群众组成的监督委员会，定期或不定期对文化遗产和国家级风景名胜区的保护管理工作进行评估，提出对资源保护不利的管理机构进行惩罚的依据，并将评估结果向社会公布"[2]。恩施州各县（市）级、乡（镇）级政府要对所属少数民族特色村寨进行参与监督、管理，完善监管制度。恩施州政府应当明确自身的角色定位，需置身于少数民族特色村寨保护所产生利益分配之外，作为利益分配的协调者，才能拥有权威更为公正地去行使自身行政职责。如对少数民族特色村寨进行申报命名、宣传、监测方面，通过行政手段防止对已纳入保护范围的少数民族特色村寨进行过度开发与破坏性建设，以及随时对村寨的土地使用状况进行监测。

第三，完善行政管理机制。恩施州各级政府部门要对少数民族特色村寨规划、整治及建设进行相关协调工作。主要体现在村寨公共基础设施建设服务、旅游经营管理、交通治理等方面，要提供相应的服务与发挥应有的指导作用。同时，政府部门还要对村民、政府管理机构与专业建设机构之间的关系行使协调职责，随时做好沟通工作，因公共基础服

---

[1] 魏小安、韩健民：《旅游强国之路——中国旅游产业政策体系研究》，中国旅游出版社2003年版，第391页。

[2] 张晓：《加强规制——中国自然文化遗产资源保护管理与利用》，社会科学文献出版社2006年版，第44页。

务设施建设与旅游项目开发带来的补偿配套政策作好协调、落实到位。基于少数民族特色村寨保护工作的复杂性、系统性、长期性的特点，应当专门成立少数民族特色村寨保护工作委员会。不少学者已有类似呼吁，如徐永志认为，应当设立中国少数民族传统民间文化保护的综合决策机构——中国少数民族传统民间文化保护与发展管理协调委员会。机构的职能是，指导保护和发展项目的规划、产业布局、区域分工和招商引资；协调解决各地项目实施中的矛盾和问题；监督重大项目的建设和运行。① 祁庆富则认为，我国少数民族地区申报为世界遗产比例偏低，缺少全局性的统筹指导是一个重要原因。申报世界文化遗产是通过国家行政部门进行的，为了加强与我国有关承担申报事宜的政府机构沟通，并对中国少数民族地区申报工作给予具体的有力指导，建议国家民委成立由行政官员和学术专家组成的"中国少数民族文化遗产专门指导委员会"，并与教育部、文化部、国家档案局等部门联系，得到正式认可，使之成为有一定代表性、权威性的机构。②

借鉴上述学者们观点，恩施州政府的少数民族特色村寨保护工作主要包括恩施州各级政府的宏观工作职责和各级政府部门的责任分工两个方面内容。首先，宏观工作方面职责主要是要建立并实施组织管理体系、资金运作体系、政策保障体系。

第一，组织管理体系。它包括两个方面，其一是建立村寨保护相关专门领导机构，制定领导牵头1人组织各级政府相关部门联合会议。鉴于少数民族特色村寨保护的长期性，笔者建议，由州政府建立一个联席会议长效制度。通过该机构来统一协调各部门意见，集中解决少数民族特色村寨申报命名、规划、保护中存在的问题。该机构职责主要有：拟定少数民族特色村寨保护工作实施的方针政策、对恩施州各少数民族特色村寨保护规划进行审定、对保护工作中所涉及的重大事项的处理进行协调、监督管理各少数民族特色村寨保护与整治工作。其二是要建立健

---

① 徐永志：《加强保护、开发和利用中国少数民族传统民间文化资源刍议》，《中央民族大学学报》（哲学社会科学版）2004年第5期。

② 祁庆富：《少数民族文化遗产保护的难点及对策》，载侯远高、刘明新主编《西部开发与少数民族权益保护》，中央民族大学出版社2006年版，第213页。

全工作管理机构,专门为少数民族族特色村寨保护成立一个村寨保护工作管理委员会。其职责有履行少数民族特色村寨保护政策咨询工作、组织开展村寨民族文化普查工作、指导保护规划的实施、举办学术论坛、公益展演等各类活动,对保护工作取得的成果和经验进行交流、推介及宣传,组织实施科研成果的发表与人才队伍的培训。

第二,建立资金运作体系。主要保障少数民族特色村寨保护工作有稳定的经费来源,经费主要来自中央政府的财政预算、地方政府的财政预算及民间资助。要将少数民族特色村寨保护资金列入国家及地方政府每年的财政预算,确保少数民族特色村寨有专项基础保护资金。还要建立传统的专项保护资金,主要来自接受各类捐款、其他渠道拨款、集资及管理税费,确保少数民族特色村寨保护工作的正常运行。

第三,建立政策保障体系。可以从政策、法规上明确保障社会参与少数民族特色村寨保护的权利和义务,保障各级政府相关少数民族特色村寨保护机构的完整性与有效性,保障保护经费专款专用的正常投入与落实到位,保障居民合法权益及以法律形式确保少数民族特色村寨保护工作的规范与协调。具体方面主要体现在以下几个层面:其一,颁布恩施州少数民族特色村寨保护条例及具体实施办法等政策法规,对划入少数民族特色村寨保护范围的村寨所有建设项目活动都要求按照法定程序办理审批手续,方可实施。其二,制定少数民族特色村寨保护规划是村寨保护的重要依据,城乡规划行政主管部门要会同相关部门加紧组织规划编制工作,编制少数民族特色村寨保护规划,要委托具有相应资质的规划编制单位负责规划编制,以确保规划编制的质量与专业水平。其三,要实施少数民族特色村寨田野调查研究,对各村寨自身的历史文化、自然资源现状及保护利用可行性与可操作性进行综合分析,明确保护目标、原则,制定确实可行的具体保护措施。其四,具体实施时,要严格注重少数民族特色村寨整体风貌、空间格局的保护,对具有历史、文化、经济、科技及艺术价值的古建筑物(群)、构筑物、特色民居与公共设施等进行重点保护。

其次,政府各部门职责分工要明确。恩施州少数民族特色村寨保护工作的政府各部门之间并没有明确分工。各平级部门均自主行使各自管辖权,每个部门都有涉及对少数民族特色村寨的相关管理工作,各部门之间也没有相互协调与配合的联动机制。从6个样本村寨调查数据分析来看,政府多个部门同时负责少数民族特色村寨保护、建设、发展、管理工作。有49人认为村寨建设、保护与发展具体主要由民宗局部门负责,占样本量的32.7%(见表4—3);有49人认为是文体部门负责,占样本量的32.7%(见表4—4);有25人认为是建设部门负责,占样本量的16.7%(见表4—5);有25人认为是旅游部门负责,占样本量的16.7%(见表4—6);有25人认为是农业部门负责,占样本量的16.7%(见表4—7);有2人认为是档案部门负责,占样本量的1.3%(见表4—8),有3人认为是委托基层村委负责,占样本量的2.0%(见表4—9);有103人认为是乡(镇)政府负责,占样本量的68.7%(见表4—10)。

表4—3　　村寨建设、保护与发展具体主要由民宗局部门负责

	人数(人)	百分比(%)
是	49	32.7
否	101	67.3
合计	150	100.0

表4—4　　村寨建设、保护与发展具体主要由文体部门负责

	人数(人)	百分比(%)
是	49	32.7
否	101	67.3
合计	150	100.0

表4—5　　村寨建设、保护与发展具体主要由建设部门负责

	人数(人)	百分比(%)
是	25	16.7
否	125	83.3
合计	150	100.0

表 4—6　村寨建设、保护与发展具体主要由旅游部门负责

	人数（人）	百分比（%）
是	25	16.7
否	125	83.3
合计	150	100.0

表 4—7　村寨建设、保护与发展具体主要由农业部门负责

	人数（人）	百分比（%）
是	25	16.7
否	125	83.3
合计	150	100.0

表 4—8　村寨建设、保护与发展具体主要由档案部门负责

	人数（人）	百分比（%）
是	2	1.3
否	148	98.7
合计	150	100.0

表 4—9　村寨建设、保护与发展具体主要委托基层村委负责

	人数（人）	百分比（%）
是	3	2.0
否	147	98.0
合计	150	100.0

表 4—10　村寨建设、保护与发展具体主要由乡（镇）政府负责

	人数（人）	百分比（%）
是	103	68.7
否	47	31.3
合计	150	100.0

对样本村寨进一步调查发现，彭家寨共牵涉民宗局、城乡建设局、文物局、文化局、规划局等几个部门同时管理。屌口村的唐家大院是保存最完整的民族特色古院落。2012年4月，恩施市人民政府公布为文物保护单位，划定整个院落为文物保护范围。该村也涉及民宗局、文物局、城乡建设局等部门管理。各部门均采用自身的方法进行保护、建设、管理。各自行使自身职能，各行其是，各自为政，缺少明确责任分工，不利于政策统一执行。

恩施州属于民族自治区，对于少数民族特色村寨保护主要是州民宗委及各县（市）民宗局部门主导负责此项工作。少数民族特色村寨保护工作过程中会涉及许多相关部门的配合与协同事项，应当有明确的责任分工。笔者建议，恩施州民宗委及各县（市）民宗局部门是少数民族特色村寨保护工作的总负责单位，负责协调各相关部门的民族文化遗产保护、申报工作，及处理、协调少数民族特色村寨保护、开发、管理中出现的各类问题。其他有关部门要全力协助民宗部门对少数民族特色村寨的发掘、申报命名、规划、建设、保护、利用、开发、管理等工作。各县（市）民宗部门要成立一个专门的少数民族特色村寨保护工作管理委员会，应当作为各县（市）所属少数民族特色村寨保护工作的执行单位。它的主要职责是：负责少数民族特色村寨的申报命名、管理、保护、开发、普查、申报、申请解除、组织协调、数据库登录及网站相关建设、露天博物馆的筹建、收藏、研究、展示等工作。

各部门相应的具体职责：建设局、规划局负责协助民宗部门做好少数民族特色村寨规划和传统建筑及传统技术发掘、保护与开发等工作；科技局负责协助民宗部门做好与少数民族特色村寨内科技、传统手工技艺等非物质文化遗产的发掘、申报与保护工作。农业局、林业局、气象局负责协助民宗部门做好少数民族特色村寨的传统农业、林业类的非物质文化遗产发掘、申报与保护工作。旅游局负责协助民宗部门对少数民族特色村寨进行旅游资源开发，旅游资源主要体现在自然生态景观、旅游商品资源两部分。档案局主要协助民宗部门加大少数民族特色村寨保护宣传，并提供图片及文字等历史资料，并在少数民族特色村寨建设过程中保存所有有价值资料。文体部门主要负责协助民宗部门对传统民族文化、体育保护、发掘、传承、弘扬等工作，及划为文物保护单位、历史文化名村的少数民族特色村寨整体及局部的保护工作。公路局主要协助民宗部门，为促进旅游工作，在公路上设置路标、宣传广告牌、引导牌来加大宣传当地村寨民族文化遗产，便于游客参观。社保局主要协助民宗部门管理少数民族特色村寨民族文化传承人的生活低保与大病医疗保险。教育局主要负责与少数民族特色村寨相关的乡土教材的编撰工作，重点宣传少数民族特色村寨民族文化遗产及其重要价值、保护理念与方法等。妇联、共青团、工商联、文联主要协助民宗部门，重点发掘、收集、整理、调查、研究、申报、保护村寨中与妇女、儿童、"非遗"保护有关的书画展及各种传统商业活动。责任分工明确后，将以上各部门工作纳入各级主管领导及行政人员的政绩考核。

（二）社会参与

政府重视、学者支持、村民热情参与是村寨建设成功的关键。[①] 基于少数民族特色村寨本身所具有的公益性与民间性的特点，社会各界作为少数民族特色村寨保护政策执行的参与地位，亦是少数民族特色村寨保护与发展中不可缺少的中坚力量。社会各界力量不仅包括学术界各位学者的支持，还包括招商引资的开发机构、民间自发保护组织及媒体界的大量宣传。

社会参与包括招商引资的开发机构、民间组织、媒体界、学术界，对这些主体所处的角色、实施行为、职责必须做出要求。

1. 开发机构

开发机构主要是各类企业及投资机构。开发机构对于少数民族特色村寨旅游开发起着重要作用，对于少数民族特色村寨保护并不是唯一路径，但对于那些交通便利、资源优势适宜旅游开发的村寨来说，进行适度的旅游开发可以促进村寨的保护。一般少数民族特色村寨所在的乡（镇）级政府财政困难，上级政府对于少数民族特色村寨保护拨款也是有限的，仅维持村寨初期基础设施建设，建设工期也因经费问题进展缓慢，

---

① 姜爱：《湖北少数民族特色村寨保护与发展经验解析》，《湖北社会科学》2012年第9期。

直接缺乏村寨开发所需要的资金，而对于少数民族特色村寨进行旅游开发是一个较大而又相当特殊的工程体系，单靠当地居民的力量是很难实施的。因此，通过市场运作，联合开发商，本着互惠互利原则，对村寨进行投资适度开发，政府部门加强监管，是少数民族特色村寨保护延续的一条现实有效的路径。当村寨作为景区开发时，开发机构将作为村寨发展经济主体，通过市场运作手段对村寨进行建设、整治、特色产业开发等。

当然，开发机构与投资机构终归是以营利为目的的企业，追求利益最大化是企业生存的目标。市场运作下的开发机构及投资机构愿意积极投入于少数民族特色村寨开发，主要是看中了村寨丰富的旅游资源能够吸引大量的游客来观光，游客为村寨创造了市场经济效益。再者，政府对村寨保护与利用的行动，为开发商提供了良好的政策环境，制定了许多扶持村寨开发的优惠政策。作为政府部门而言，开发商开发尺度必须被控制在重保护的前提之下。因此，对于开发商的开发行为、开发内容、开发要求需做出定性规制。

第一，开发行为的硬性规定。应对商业开发行为进行规范与调控，将商业开发理念定格在实现保护制约开发、开发促进保护的模式。商业开发固然可以促进当地经济发展，也为少数民族特色村寨保护提供了资金来源，但弊端是旅游开发会影响当地乡土文化生活结构，过度的商业开发也会影响村寨民族传统文化与特色建筑风貌。如果缺乏有效的商业开发就不能促进村寨经济发展，也实现不了获得保护资金的需求。针对现状，开发机构对村寨所进行的商业开发应当注重度的把握与控制，结合村寨实际，遵循保护为主、合理利用的开发原则，制定科学、长远规划与政策措施，避免影响与破坏少数民族特色村寨传统文化与建筑风貌。

第二，开发内容的限制。开发机构对于旅游事象与旅游产品方面，应当突出对少数民族特色村寨传统文化的开发，丰富文化旅游产品，对村寨生活与文化有禁忌的旅游事象与旅游产品不能注入村寨开发事项，应当避免村寨文化进行商业调适后展现出文化庸俗化现象。可以借鉴凤凰古城等开发模式，既有文化观光旅游也有文化休闲娱乐，设计出许多体现本村寨历史文化内涵的产品，丰富游客体验经历，形成多元化旅游产业结构，加强对村寨传统文化资源的开发与利用。

第三，开发要求。开发机构进行商业开发时，应当注重对少数民族特色村寨传统特色古建筑、民居、自然生态环境、空间格局等整体风貌的保护。尊重并避免破坏村寨传统文化形态的历史性、乡土性、民族性、生态性、完整性。村寨的存在价值主要体现于古建筑、古环境、古文物的遗存，还体现于世居村寨村民的生存、生活状态。

总之，少数民族特色村寨旅游开发以保护当地民族文化特色与环境为最终目的，只有完整的历史风貌与文化环境才能真正体现少数民族特色村寨存在的旅游价值。作为开发商而言，才能获取因旅游开发带来的长期效益，维持旅游业的持续发展。对于政府而言，只有扶持开发机构适度的旅游开发才能有力促进村寨经济发展，改变贫穷落后面貌，为村寨保护与发展提供有利条件。只有做到适宜保护、适度开发，才能达到保护与发展双赢的目标。

2. 民间组织

民间组织是一种非政府、非营利的自发形成的公益组织。由当地居民与少数民族特色村寨保护爱好者组成。民间组织由于能够掌握较多的政策、信息，对于少数民族特色村寨规划决策中可能存在的潜在影响，也可以对其做出客观判断，为村寨教育、咨询、培训、监督等方面提供学术、技术、资金帮助。现在不少村寨都自愿建立起热衷于少数民族特色村寨保护的民间组织，为村寨规划建设建言献策，民间组织可以帮助村民在政府协助下与相关开发机构、与村民利益相关的单位进行有效谈判，为保障村民合法权益制定有关协议。民间组织具有非政府、非营利、公益、自愿等主要特征，是真心为人民服务的正义组织，具有政府、企业无法替代的重要作用。

3. 媒体界

通过一些成功案例表明，媒体介入可以通过传媒作用有效地促进少数民族特色村寨旅游业的发展，还可以促进村寨保护与原样修缮及资金的筹备与运行。对少数民族特色村寨保护工作，媒体工作主要体现于宣传、教育、普及传播等方面，具体职责有以下三个方面。

第一，普及少数民族特色村寨历史沿革、文化传统、名人逸事、文物古迹等民族文化特色，树立独具本村寨特色的品牌形象，通过普及教育，增强村民对本村寨的认同意识及对村寨心灵归属意识，促进村寨知名度的提升。

第二，利用广播、电视、壁画板报刊、宣传册、网络等媒介对少数民族特色村寨保护意义、保护方法、村寨民族文化遗产进行宣传、传播。宣传保护意义可以让当地村民了解少数民族特色村寨保护对于社会、经济及文化发展的重要性，使村民对保护行为形成自觉意识。宣传保护方法可以使村民能够在正确的保护理念、知识、经验引导下开展村寨保护活动。宣传、传播村寨民族文化遗产，如利用广播收听和播放视频、图片及民间戏曲、山歌表演等方式，可以让村民简单、直接、明了地对村寨物质文化遗产与非物质文化遗产进行了解。

第三，举办少数民族特色村寨保护基本知识的相关专业培训，从村民中选拔热心于村寨保护的积极分子，将其作为技术骨干力量和管理人才队伍进行专业素质培养，为村寨保护储备中坚人才。

总体来说，媒体虽作为一种追求经济利益的机构，但也有担负维护与增进社会利益的责任。在少数民族特色村寨保护过程中，利用媒体优势可以参与村寨民族文化资源的发掘、提高村民对村寨的具体认识与了解，充分体现公众媒体对民族文化的历史使命感。

4. 学术界

少数民族特色村寨保护工作缺乏学术理论层面的提升与指导，将会使村寨保护成为趋于政绩工程的"表面"工程，甚至失去指引方向。冯骥才对民间文化抢救和保护工作提到了"民间创造，精英挑选"的观点，他认为"文化传播不能肤浅，要想更多的人正确认识遗产的文化价值及其精神内核，就需要借助专家的有效解读，有利于树立正确的社会传播方向"[①]。如中国艺术研究院在积极发挥本部门研究人才优势的基础上，首批聘任了30位民族民间艺术家作为该院民间艺术创作研究员，将高层次的科研力量同民间草根创作传统相结合。从实践层面上看，这种学术

---

① 周建明：《中国传统村落——保护与发展》，中国建筑工业出版社2014年版，第152页。

型高层人才与地方性"非遗"人才的长期交流与合作，对"非遗"研究人员学术成果的推介和学术品位的提高会产生积极影响。① 同样，这样的观点也适用于少数民族特色村寨保护。专家学者要有少数民族特色村寨民族文化遗产抢救、保护与发展时代潮流下的勇于担当与责任，要站在文化制高点上研究与判断，用精英的眼光去挑选最具有保护价值的少数民族特色村寨及其承载的物质文化遗产与非物质文化遗产，才能取其精华、去伪存真，发掘出真正具有保护价值的民族文化遗产。

对于专家学者学术职责要求而言，当前，少数民族特色村寨保护工作中，需要具有专业素养的具体科研工作者。就是要在村寨保护的具体事象方面深入基层，扎根于田野，实实在在从事理论与实践研究，依据田野实践的理论研究才真正具有价值。如少数民族特色村寨物质文化遗产保护（古建筑、特色民居建筑、民族文化场所、古文物及遗址等）、非物质文化遗产保护（传统手工制作工艺、山歌、民舞、宗教仪礼等）及村寨保护的生存土壤的适应性更新等都是学术研究值得深入思考的问题，也是学界自身学术工作职责所在。

此外，在通过田野调查实践论证少数民族特色村寨保护理论方法与意义基础上，需要借鉴国内外最先进、前沿的理论与方法，与时俱进，不断更新学术观点，并深入经历村寨历史文化背景与传统习俗，找到村寨保护与发展普遍内在管理机制、村寨自身特殊性价值与最新学术理论观点的融合点，进而从整体与局部方面准确把握村寨保护政策实施的理论方向，真正实现政策终极目标，体现学术界参与的价值功能。学术成果运用于实践时，应当将学术界与基层行政管理部门的沟通渠道建立运行机制，进一步合作，深化交流。对基层少数民族特色村寨保护部门进行学术、理论指导，提高对保护目标、标准及收集资料、展示与利用的认识和能力，让政府充分认识到应当保护具体对象、保护具体举措的理论概念。

对于学术界具体职责来说，主要体现在两个方面。

第一，努力学习国外先进经验与方法，实践于保护指导。

---

① 王宪昭：《试论非物质文化遗产研究人才的培养》，《文化遗产》2010年第4期。

理论方面，学习国外先进理念与做法，探寻少数民族特色村寨民族传统文化保护与传承规律，明确少数民族特色村寨的文化内涵、本体价值、保护方法，对保护实践工作进行指导。

第二，构建咨询机制，为政府决策提供支持与帮助。

在各县（市）级政府相关部门设置的少数民族特色村寨保护工作管理委员会下面设立专家咨询顾问机构，便于支持、帮助政府决策的制定。其主要涉及少数民族特色村寨保护规划、普查方案的制定与监督；纳入少数民族特色村寨保护范围的村寨申报命名、村寨"非遗"名录评审、民族文化传承人评选及村寨保护与管理；少数民族特色村寨保护模式的规划评审、认定及监督执行等方面。

（三）村民主体

少数民族特色村寨属于公共事物的保护范畴，因而属于多数人的"公共事物"保护活动。基于公共利益与私人利益的对抗下，正如亚里士多德所说："凡是属于多数人的公共事物常常是最少受人照顾的事物，人们关怀着自己的所有，而忽视公共的事物；对于公共的一切，他至多只留心到其中对他个人多少有些相关的事物。人们要是认为某一事物已有别人在执管，他就不再去注意了，在他自己想来，这不是他对那一事物特别疏忽。"[①] 公共事物往往由于其公共性和共享性而不受多方主体的重视，任何一方都是想当然地认为"其他人"应当管理和负责，因此，如果不对这一现象和事实加以重视的话，往往会造成经济学中的"公地悲剧"[②]。正是这样的原因造成了政策无法有效执行。6个样本村寨调查数据显示，村民对于少数民族特色村寨保护存在主体规避意识，村民的思想觉悟普遍较低，仅关注于私人利益而忽略公共利益。有150人认为少数民族特色村寨保护是政府的事情，占样本量的100%（见表4—11）。

---

① 亚里士多德：《政治学》，吴寿彭译，商务印书馆1996年版，第48页。
② 谭宏：《"公地悲剧"与非物质文化遗产保护》，《上海经济研究》2009年第2期。

表 4—11　　　　少数民族特色村寨进行保护，你认为是谁的事情

	人数（人）	百分比（%）
政府	150	100.0
合计	150	100.0

案例 AXZ：现在村里的民族文化保护与发展意识都很淡化，民族身份也淡化，自身利益想得多一点。再说了，现在的村民大多数在外面打工，接受了城里的新思想新观点，都不愿意再住老式的木房了，都想住城里的很洋气的楼房，民族文化都融合了，老百姓自愿保护本民族文化很困难，除非国家政策搞得好，老百姓有实惠了，才愿意积极保护，不然都是政府的事情，与老百姓没有关系。（AXZ：男，52 岁，侗族，高中毕业，犀口村村民，前村支书）

村民除了注重私人利益忽略公共利益而无法积极参与的人性常理驱使之外，还因政府主导过度的地位，导致村民主体缺失。正如学者所言，现实中，文化传承的真正主体缺位现象非常之普遍，愈演愈烈的"仪式"表演逐渐将以往民间的文化生态环境剥离出去，主办者不再是非物质文化遗产的传承人，而是有着官方头衔的各种"长官"。"由于政治权力与经济资本的挟持，导致一些非物质文化遗产的保护和发展，更主要的是为了迎合某些'政绩工程'的需要，并未给经济资本提供盈利机会……与此同时，一些不恰当的裱糊方式，也在不经意之间强化了文化主体的弱者意识，从而加剧了非物质文化遗产保护的去主体化倾向。"[1] 还有学者认为："少数民族地区文化保护之所以进展不利，更重要的原因是没有完全建立文化自觉的行为主体对自身发展和文化处置的权力失位。究其更为深层次的缘由，则是少数民族传统文化的价值被漠视，少数民族适应自然环境与其生计方式相应的文化艺术传统未能在发展中保持应有地位的结果。"[2] 据样本村寨调查发现，绝大部分村民认为只要有利于民生

---

[1] 吕俊彪：《非物质文化遗产保护的去主体化倾向及原因探析》，《民族艺术》2009 年第 2 期。

[2] 王建民：《"非遗"保护应激发少数民族主体性》，《中国社会科学报》2010 年 6 月 8 日。

需求的真正解决，他们非常愿意积极地参与村寨建设、保护与发展，村寨开发中积极地想参与的愿望也是很强烈的。调查数据表明，有150人对于本寨建设、保护与发展积极性高，占样本量的100%（见表4—12）；150人对大量游客进入村寨所持的态度是欢迎的，占样本量的100%（见表4—13）；有150人对大量投资者与从业人员进入村寨所持态度也是欢迎的，占样本量的100%（见表4—14）。

表4—12　　　　您对本寨建设、保护与发展积极性

	人数（人）	百分比（%）
高	150	100.0
合计	150	100.0

表4—13　　　　大量游客进入您所在村寨，您的态度

	人数（人）	百分比（%）
欢迎	150	100.0
合计	150	100.0

表4—14　　　　您对大量投资者与从业人员进入村寨的态度

	人数（人）	百分比（%）
欢迎	150	100.0
合计	150	100.0

案例CYUM：现在政府发展旅游，开农家乐，没有什么生意，也没有民族文化特色。你说政府搞旅游开发，我们老百姓没啥好处只能看热闹。（CYUM：男，50岁，土家族，麻柳溪村村民，外地打工）

村民是少数民族特色村寨保护最重要的行为主体，是村寨建设、整治的主要参与者和基础动力。村民自身传统民居建筑属于村寨保护的组成部分，但其拥有自家房产权，成为村寨资源的拥有者之一。少数民族特色村寨旅游业的发展影响了村民正常的生活秩序，村民的传统生活方

式、田间劳作等空间隐私裸露于游客视野中，这一切使村民成为少数民族特色村寨保护的重大利益相关者。决定了村民对所在村寨的规划、建设、整治等重大事项应当有参与决策权、监督权、维护合法权益权、旅游开发利益分享权。由于村民（包括村委干部）本身文化程度普遍较低，村委干部作为村民集体利益诉求代表，而村民并不知晓自身权利的声张，对超越现实直接经验以外的景象比较盲目。因此，需要更多地考虑村寨当前现状与民生需求，给予村民话语权空间，充分尊重村民的自身权益与采纳村民合理诉求、意见，真正为村民办点实事，勿求面子工程，才能从根本上激发村民参与村寨保护的积极性，引导其以主人翁姿态投身于保护工作中去。

政府、社会参与等主体对村民进行宣传与教育，提高村民对少数民族特色村寨保护的认知与热爱及对村寨民族文化的危机意识，充分激发与调动村寨内的社会资本，实现村民文化自觉。用实际行动去支持、鼓励村民参与少数民族特色村寨保护规划。使社会各层次、村寨古建筑产权所有者一起努力，积极参与村寨保护与管理。强调村寨保护的同时，突出注重民生为根本的需求，应改善村寨人居环境，包括基础设施条件的改善。改善民居传统建筑的居住要求是村寨规划的现实基本问题。在保证民居统一历史建筑风格外观的前提下，居住在非文物建筑中的村民可以允许改善建筑内部设施条件，可以进行现代化居住生活需求的改造，如室内采光、通风、保暖、卫生等设施。注重民生经济改善方面，注重人员安排的村民优先原则，可以让村民最大限度地参与到村寨保护方方面面具体实施中，帮助村民创收是改善民生大计的根本。譬如，安排村民多余劳动力在村寨旅游开发中承担各项建设与管理工作；对村民进行旅游开发专业培训，扶持与引导村民步入开发行列；加强农家乐餐饮、特色文化商品、农副产品规范管理，维护村民利益，才可调动村民保护少数民族特色村寨积极性，村寨保护才具有持久的延续动力。

二　完善少数民族特色村寨保护标准

少数民族特色村寨相关保护标准最前沿的新提法是国际立法与村寨保护相关的《关于乡土建筑遗产的宪章》（以下简称《宪章》）。该宪章于 1999 年 10 月在墨西哥举行国际古迹遗址理事会第 12 届全体大会上通过。《宪章》关于乡土建筑遗产保护特征、原则等内容明示了保护标准具有历史性、民族性、乡土性、生态性。乡土建筑文化遗产本身就具有乡土性特征，而乡土建筑作为物质文化遗产存在于少数民族特色村寨、传统村落、历史文化名村等乡村社会单元范畴。费孝通先生在其著作《乡土中国》第二部分乡土本色中描述道："中国社会的基层是乡土性的，被称为土头土脑的乡下人才是中国社会的基层。无论出于什么原因，中国乡土社区的单位是村落，乡土社会的生活是富于地方性的，地方性指他们活动范围有地域上的限制，在区域间接触少，生活隔离，各自保持着孤立的社会圈子。"① 乡土建筑是少数民族特色村寨自然生态文化景观的组成部分，《乡土建筑遗产宪章》的乡土建筑遗产保护标准适用于少数民族特色村寨保护标准，历史性、民族性、乡土性、生态性应当是少数民族特色村寨最完善的保护评价标准。

当前，国家现行相关立法还没有对少数民族特色村寨保护标准做出明确规定，仅《国家民委关于印发〈少数民族特色村寨保护与发展规划纲要（2011—2012 年）〉的通知》中对少数民族特色村寨概念进行了界定，即"少数民族特色村寨是指少数民族人口相对聚集，且比例较高，生产生活功能较为完备，少数民族文化特征及其聚落特征明显的自然村或行政村"。从其概念本身联系到保护标准的范畴来看，村寨必须具有民族性的标准表述非常明确。国家住房和城乡建设部、文化部、文物局、财政部联合发布了《传统村落评价认定指标体系（试行）》②。该体系中关于传统村落保护的评选标准比较接近国际立法《乡土建筑遗产宪章》保护标准的规定，仅乡土性没有在传统村落保护评选指标体系建构的指标分解及释义中表明（详见论文附录四），但历史性、民族性、生态性得到了充分体现与具体说明。其指标体系主要包括中国传统建筑评价指标体系、村落选址和格局评价指标体系，这四个方面的内容对少数民族特

---

① 费孝通：《乡土中国》，北京大学出版社 2012 年版，第 9—13 页。
② 周建明：《中国传统村落——保护与发展》，中国建筑工业出版社 2014 年版，第 20—23 页。

色村寨保护标准的完善具有重要的参考与借鉴作用。

从恩施州少数民族特色村寨保护标准来看，恩施州没有相关条例明确规定村寨保护标准。恩施州政府出台了关于加强全州特色村寨保护的实施意见中明确规定划入特色村寨保护范围需具备5个基本条件，"一是年代久远，村落、寨子的形成和多数建筑在50年以上；二是特色明显，村落、寨子依山傍水，多数建筑为木质或木石结构，民族特色风格明显；三是具有一定规模，村落、寨子特色风格建筑集中连片；四是具有保护开发价值，村落、寨子具有民族文化特色、具有旅游开发潜力和保护开发综合价值，有利于传承民族民间优秀文化；五是有支柱产业作支撑，住户有能力、有意识进行有效保护与利用"。从以上5个基本评选条件内容分析来看，纳入恩施州少数民族特色村寨保护范围标准需具有历史性、民族性、生态性，与国际立法最前沿观点比较需要进一步完善。乡土性是少数民族特色村寨存在的基本属性，那么，乡土性应当纳入少数民族特色村寨保护评选标准的基本范畴。

国际立法《乡土建筑遗产宪章》是基于乡土建筑本身具有的"乡土"而对乡土性所进行的内涵界定，而国内对于乡土性的提法，最早来源于费孝通先生对于乡土性的认识，他认为："中国基层社会是乡土性的，'乡'是村落和家庭，'土'是泥土，以农为生的人，世代定居是常态，迁移是变态。"[①] 按照费孝通先生著作《乡土中国》中对乡土性含义的理解，通俗表述是："考察那些以'土地'（更多指农业、林业而非游牧业）为基本生活依靠，以'乡村'群居为基本聚落，以朴素原始礼法观念为纽带的区域的文化形式与文化状况。"[②] 对于少数民族特色村寨乡土性的特征而言，应当具有内卷性、民间性、地域性、活态性，只要同时具备这四个方面的特征就能满足村寨乡土性的保护标准。

三 明确具体保护措施

政策实现的最终目标是保护少数民族特色村寨的"特色"，保护优先

---

① 费孝通：《乡土中国》，江苏文艺出版社2007年版，第5—11页。
② 杨杰：《试论非物质文化遗产的乡土性》，《郑州大学学报》2012年第6期，第40页。

来制约发展,通过适度开发来促进村寨的保护。为了实现政策的终极目标,必须对少数民族特色村寨所包含的具体对象与保护范围,制定各自相应的具体保护执行措施。现阶段,恩施州少数民族特色村寨保护政策内容还没有对少数民族特色村寨制定具体的可操作性的政策保护措施,仅按照恩施州出台的关于加强少数民族特色村寨保护的实施意见提出了特色村寨保护的保障措施,是对村寨保护工作的宏观性指导,而对少数民族特色村寨所包括的物质文化遗产、非物质文化遗产、村寨风貌、村寨环境、村寨功能复兴等内容的具体保护做法,如何保护,没有明确的具体规定。

案例FGUM:省到州级传达了关于少数民族特色村寨保护与发展文件精神后,我们就去一些搞得好的村寨学习别人的经验与搞法,相互交流,然后根据村寨情况,请专家规划方案,我们自己制定措施,向上面申请拨款后实施。(FGUM:女,40来岁,土家族,来凤县民宗局相关领导)

从上述访谈情况来看,恩施州对于少数民族特色村寨所涵盖的保护内容并没有制定统一的具体保护做法,没有对不同的保护内容制定相应的保护方式与保障措施。如何真正做到对少数民族特色村寨的"特色"保护,避免人为因素引起的"建设式破坏"与"破坏式保护"等现状,应当对不同的保护内容制定不同的具体操作事象。

(一)物质文化遗产保护的具体要求

恩施州少数民族特色村寨的物质文化遗产保护,主要是对传统建(构)筑、历史建筑、特色民居、公共民族文化场所、宗教信仰等标志性建筑物等进行保护。如果已被列入文物保护单位或重要的历史传统建筑,建议应当按照《文物保护法》的要求进行保护。如果是历史传统建筑或已被命名为历史文化名村的村寨物质文化遗产,建议应当按照《历史文化名城名镇名村保护条例》要求进行保护并对其进行改善设施建设。除此之外的传统建(构)筑物、特色民居、公共民族文化场所、宗教信仰等标志性建筑物等应当按照对其进行调查、认定、维修、保存的方式进行保护。

第一,调查。由各县(市)政府所成立的少数民族特色村寨文化保护工作管理委员会组织专业人员对各村寨所属的物质文化遗产进行调查工作。对传统建（构）筑、特色民居等进行现场拍照留存、分类归置、鉴定、登记名册、统计数量，检测哪些属于完好无损状态的建筑并留存图片样本，哪些属于已损坏的遗迹需要按原样修复，哪些属于整体完好、局部需要维修的建筑，进行资料调查统计之后，信息反馈相关管理部门。

第二，认定。经初期调查汇总之后，由少数民族特色村寨文化保护工作管理委员会聘请专家进行再次鉴定，认定出符合文物保护单位保护要求的历史传统建筑（群）、历史遗迹等上报给州政府成立的少数民族特色村寨领导机构进行会议协商、评审通过后，由文体部门申报命名为州级文物保护单位，再依次上报获得省级或国家级文物保护单位，如被名录为文物保护单位的将由文体局部门按照《文物保护法》要求来保护。

第三，维修。经各县（市）级少数民族特色村寨文化保护工作管理委员会认定为一般的传统风貌建筑类，应当在不改变外观原有风貌的前提下，秉承"整旧如旧"原则，对公共建筑服务设施采取维护、修缮、整治等措施进行改善；对传统特色民居建筑类，根据原貌样式，对其外观进行统一"穿衣戴帽"式维修与改造。至于民居室内打造式样方面，则不作统一规定，根据村民自身所折射的对生活舒适与便利的想法、自行喜好的风格打造室内基础生活设施。

第四，保存。对那些没有列为文物保护单位的一般性建（构）筑物如传统标志建筑、民居木制建筑等，经过原样维修之后，对其进行保存式保护。这种方式也是借鉴《文物保护法》要求进行保护，是一种消极的静态式保护，《文物保护法》中关于"保存"一词的含义指"冻结现状"。在实施保存措施时，可以采纳文物局保护部门的专业技术与方法进行专业保存。

（二）非物质文化遗产保护的具体要求

恩施州少数民族特色村寨非物质文化遗产的保护，主要是对村寨民族传统文化、民间歌舞、戏曲、传统技艺、手工制作工艺、宗教风俗仪式等"非遗"保护。譬如，"申遗成功"的非物质文化遗产来凤县百福司镇舍米湖村的摆手舞，则按照《非物质文化遗产法》要求进行保护。除此之外的非物质文化遗产则应当按照对其进行调查、名录、传承、传播的方式进行保护。

第一，调查。由各县（市）政府所成立的少数民族特色村寨文化保护工作管理委员会组织专业人员对各村寨所属的非物质文化遗产进行调查工作。对村寨内非物质文化遗产进行抢救、挖掘、收集、整理、研究等措施，特别是对于那些口述作品、传统技艺流程、代表性戏剧及宗教、传统风俗仪式规程等信息，要采取文字、音像、多媒体等保护方式进行真实、系统的记录，还要对资料调查、采集记录等进行数字化加工处理后，建档保存及成果出版。

第二，名录。经过一系列调查汇总后反馈信息到各县（市）少数民族特色村寨文化保护工作管理委员会，由其再次聘请专家进行鉴定，并上报给州成立的少数民族特色村寨文化保护领导机构进行会议协商，评审通过后，送至州文体部门进行"非遗"名录项目申报。如果申报名录成功，则由文体局部门按照《非物质文化遗产保护法》要求进行保护。

第三，传承。恩施州少数民族特色村寨非物质文化遗产传承工作，具体措施主要体现在几个方面：一是传承方式方面，有指定传承人、建立"非遗"传承馆、露天博物展览馆、举办"非遗"文化表演等；二是具体传承工作举措方面，租赁传承场所、购买传承设备、承办培训机构、师带徒、开设职业教育、班社剧团传承、复编曲剧目、编写教材等；三是对指定的传承人保护方面，要对那些具有传统技艺的工匠、手工传统制作工艺者及重要民间文化传承大师给予政策扶持方面的一定的经济补贴；四是对于"非遗"传承所需的实物与材料保护方面，要保障相关材料的生产、制作、加工、储存的正常运行，制定具体相应规划措施，保证有充足的传统材料、工艺维持传承的延续；五是对于传承场所与线路的专门使用保护方面，要对"非遗"传承场所、活动主要路线、建筑、空间格局进行保护，只能专门用于传承事象，不得随意对其进行侵占与变更。

第四，传播。通过广播、电视、新闻、报刊、互联网络、微博微信、出版书刊等媒介对少数民族特色村寨非物质文化遗产进行宣传；在各乡村寨地区可采用农村广播、壁画板报、宣传小册等形式进行"非遗"传播；在各大城市、县城等公共文化场所、各地旅游景点举办多类型"非遗"文化演出及村寨本身、博物展览馆、陈列馆等现场展示；将"非遗"

类歌舞编入当前老百姓所盛行的广场舞行列,全民共舞传播到大街小巷。

(三) 村寨风貌改善的具体要求

恩施州少数民族特色村寨风貌保护包括传统格局与历史风貌的保护。制定村寨风貌保护措施是为了保护村寨传统范围、轮廓、传统肌理与风貌,及维持公共空间传统形态与功能。具体实施保护措施方面,应当从格局整治、新建、改建控制、拆除许可制度四个方面进行明确要求与规定。

第一,格局整治。对于少数民族特色村寨传统格局的整治主要是针对传统建筑、空间形态与轮廓的整治。一是传统建筑的整治,分为风貌协调建筑整治与风貌不协调整治。风貌协调建筑的整治方面,对于那些建筑风貌完整但局部有破损、残缺不全的需要做细部的修缮,在维持原有建筑形式基础之上进行补缺性修缮;还有那些局部如窗门破损较严重及与风貌特征不符的建筑或因功能调整需要重新局部改造的建筑,都需要重新局部设计进行改造。风貌不协调建筑的整治方面,可以尽量在原有建筑基础上进行整治与改造,具体整治措施途径:将二层建筑降改为一层,平屋顶改为传统结构的坡屋顶,山墙与门窗增加传统建筑细部,对院落进行封闭整合;另外,对于体量过大的不协调风貌建筑,如不符合拆除条件则等待拆除许可规定或自然消亡。

二是空间形态与轮廓的整治。村寨传统范围与轮廓要求村寨不能无序蔓延地建设,村寨新建区域应当用人工景观隔离或制定缓冲空间措施;村寨历史环境要素要求村寨各街、巷、河道的分布、走向、宽度、空间节点不得改变,治理河道时不能对其周围的驳岸、古桥、铺装材质、界面等历史环境要素有任何改变。公共空间形态内的小型建筑的风格、材质、色调、体量等布设方面要与周围环境保持协调。

第二,新建。为了保持少数民族特色村寨历史风貌的和谐统一,对于村寨保护范围内的新建建筑,应当按照当地传统建造方式,建设具有本土特色的传统民居;对于新农村建设部分的新建建筑,应当按照统一建造外观样式进行建设。

第三,改建控制。改建原有建筑物时,不能改造成另一种与村寨风貌不协调的建筑物,建筑内部基础设施可以装修、改造成现代化便利的构造，但建筑外观必须保持原样。

第四，拆除许可制度。恩施州少数民族特色村寨内被命名为文物保护单位或列为历史文化名村的传统建筑，根据《文物保护法》《历史文化名城名镇名村保护条例》规定，未经许可擅自损害、拆除属文物建筑类，将依法受到处罚。而除此之外的传统建筑无法可依，村民拥有自家房产权，对其有处理权。建立拆除许可制度，相关行政管理部门对未经许可就自行拆除自家建筑的村民，可以正当行使管理职能，对其进行相应行政处罚。

(四) 村寨环境治理的具体要求

漫长历史发展过程中，少数民族特色村寨与周围的环境已融合为一个有机整体，村里的河流、水池、树林、祠堂、田园等都是村寨人和自己家族人的精神情感寄托与认同。对村寨人工再造环境与自然环境保护是其生态文化保护的一个重要方面。

第一，禁止破坏人工再造环境。对于人工再造环境来说主要是人文景观保护，具体有道路景观、生活场所景观、文化场所景观（祠堂、宗教礼仪、寺庙、神堂等）、私家院落景观、房前屋后景观及其他历史环境要素（古井、古桥梁、古墙等）景观等。无论是对现存景观的整治还是新增景观的建造，都不能破坏原来的形态要求，建造技术与建造材质都必须按照原来的要求进行，并且要与村寨整体风貌环境融为一体。如少数民族特色村寨对于道路形式与走向是根据选定房屋基址后，按照惯常足迹"踩"出来的路，村内所有的路都是依山傍水就势，根据村民自身需求产生的道路。根据现实需要对以前的路适当扩宽，也必须按照原来道路的铺装形式，并还原以前道路两侧的绿化种植形式，同时，不能对道路形式与方向走势进行人为改变。对于生活场所景观保护，要保留原有的广场、空地等公共空间景观，对于需要整修的公共活动空间，要尽可能按原样空间尺度、建造材质的要求进行整治；再如，对于新修公共活动空间，不能破坏原有村寨形态与景观特征，尽量采用原来的建筑手法与材质进行新建，并注意与村寨原有建筑、空间整体环境保持协调，对新增公共活动空间规模、形态与分布等进行合理确定。

第二，保护自然环境。村寨自然环境保护主要是对山体、水体、自然植被、历史地形地貌等自然景观制定保护措施,即对生态遭到破坏的山体、水体、自然植被、历史地形地貌等进行生态修复,对这些自然景观造成不利影响的因素要采取整治、改造及拆除等措施,待拆除之后要进行生态修复,并对山体、水体、自然植被、历史地形地貌保护制定相应的具体保护规划方案,对村寨自然环境应用专业保护。

(五) 村寨功能复兴的具体要求

少数民族特色村寨保护原则之一就是要坚持生活延续性原则,村寨除了所承载的物质文化遗产、非物质文化遗产,还有生活在村寨里的世居村民,他们的生活也是村寨的有机组成部分。村寨因有人类的存在而变得有生命力,当地村民也很爱村寨世代相传的文化遗产,但也对生活现代化的改善与收入的增加充满着强烈的渴望,生活的延续性意味着村寨要发展,才能更好地促进保护。发展需要对村寨整体各方面进行现代适应性更新,所谓"现代适应性更新"是指"在保护历史文化的同时,考虑现代背景下的需求,以现代适应性要素与历史基底有机融合而符合时代发展特点的更新方法"①。少数民族特色村寨功能复兴最重要的措施就是要对村寨的人口、土地、交通、通信、特色产业、旅游等方面进行现代适应性更新,村寨的更新也是村民实现与现代生活接轨最便捷的方式与途径。

第一,人口数量适应性更新。根据对恩施州选点特色村寨调查对象(150人)职业统计情况来看,村民们的职业主要是务农、经商、外出务工、村干部之类,各类职业之间比例相关不大,务农24%、经商24%、务工35%,村干部比例要小一点,占总人数的9%,其他占8%。这些数据表明,村民除了少部分在家务农及老年养老外,大部分在外地打工、于附近或外地经商,村寨内常居人口不多。每个村寨人口外流情况严重,绝大多数村寨中青年劳动力外出务工,村里只有老年人和学龄儿童留守,有少数青壮年在家也是因为家里特殊情况没有外出务工,村寨渐呈空心化趋势。外出务工最重要的原因是村寨农耕经济收益远比外出务工收入

---

① 练茂:《重庆主城区历史文化风貌街区现代适应性更新研究》,硕士学位论文,重庆大学,2010年。

低。应对具体措施：一是制订产业发展规划，繁荣村寨经济，吸引当地村民的人口回流；二是规划全村人口数量，制定相关移民优惠政策，吸引其他地方少数民族（包括汉族）来本村落户；三是大力发展第二、第三产业，为村民提供收入较高的就业机会。

第二，土地适应性更新。村寨土地为集体所有，土地主要分配用于文物古迹类用地、建设用地、农田用地、林地、牧草地、道路用地、水域、工副业集中用地、企事业单位用地、区域设施用地、闲地及其他地等，则土地功能恢复要重新进行功能布局的调整。具体调整：一是针对旅游业的发展，要重新调整增加广场与停车场合用地、公共绿地、商业金融用地、旅游服务设施等方面用地；二是恢复村落空间格局，为戏台、庙宇、祠堂、村门等重要建筑重建留地，使其功能复兴；三是恢复历史环境元素如恢复水池的消防水池功能等；四是对不符合要求的建筑进行功能转换；五是对村民住宅进行规划调控，严格遵守"一户一宅"原则，对宅基地的大小进行范围控制，如使用新村地块基地，则旧基地要交回村委会统一进行规划。

第三，交通适应性更新。要对村寨对外交通道路、内部交通道路、内部巷道、游览线路、消防交通、停车场等做出具体要求与规定，恢复交通要道功能。

第四，通信适应性更新。要对村寨进行广播、电视、电话、网络、宽带全面覆盖，恢复村寨通信功能。

第五，特色产业适应性更新。每个村寨都有相应的特色农副产品，都是以手工作坊形式存在，包装简易，消费群体很单一，扩大销路较困难。通过更新理念，在产品包装上面运用"文化产业"的精神，借用民间故事、民谚、神话传说对产品进行包装，运用文化企业来丰富品牌内涵，用无形的传统文化内涵来促进特色传统产业的转型。

第六，旅游业适应性更新。少数民族特色村寨拥有丰富的天然旅游资源，是一种乡村旅游。主要客源是城市居民，来乡村享受与城里不一样的生活感觉。当然，在旅游设施符合乡村特色的同时，也要与城市现代设施做出相应的现代适应性更新。乡村旅游设施如景点、餐饮、家庭旅馆、交通设施等进行现代适应性更新，如村民将自家的民居内部设施结合本地建筑装饰风格改造成地方特色的"农家乐"餐饮店,将自家民居建设成乡村风格的家庭旅馆,让城市游客体验到农家生活的趣味,吸引游客光顾,促进了村寨价值功能转换,恢复村寨旅游功能。

第三节 转变恩施州少数民族特色村寨保护的理念

一 适度原真性保护

少数民族特色村寨是我国宝贵的民族文化遗产,蕴含着深厚的历史文化信息,被誉为民间文化生态博物馆和乡村历史文化的"活化石",是中华民族优秀传统文化的重要载体和精神象征。但随着全球化和信息化快速发展,外部的强势文化不断冲击着少数民族特色村寨地区的弱势文化。当地村民特别是大量农民工进城后,经济收入不断增加的同时,更是接纳了城市现代建筑和现代主流文化的观点。我国少数民族特色村寨保护面临众多难题,根本原因是乡土生活方式正遭受现代化生活方式的冲击,传统居住建筑已不再适合当代居民的生活需求。少数民族特色村寨的居民普遍愿意追求现代化生活,主要体现于生活条件的先进、便利、舒适和体面等。在对样本村寨调查时,在屏口村村委会大厅里遇上了一位村民,他是来办理拆木房盖砖房的手续的,我问他为何木房拆了盖砖房?他说:"住木房是很舒服,但砖房更气派,现在别人都换砖房了,时代不同了,再住木房子别人会觉得你很穷。"还有一个村民说:"我们出门打工,思想变化了、开放了,我也想过城里人的'高大尚'的生活,也想享受一下现代化设施带来的新鲜感。"由此可见,现代社会所倡导的破旧立新使传统建筑不如现代建筑的思想价值观已根深蒂固。虽然村寨固态建筑和设施已产生文化变迁,但乡土情感、村寨历史、个体生活历史和村民长久以来形成的生活方式都是村民不愿舍弃的,还有传统生产农具、礼俗、仪式都是少数民族特色村寨传统文化的可见载体,应当予以保护。

因此,少数民族特色村寨保护需要转变观念。

第一,充分认识居民对于文化价值和经济价值双重认同。少数民族特色村寨不仅有文化价值、精神价值,更具有经济价值,只有当传统建筑的市场价值高于新建现代建筑的市场价值时，居民才会自然增强主动保护意识。①

第二，原真性保护的理念反思。道萨迪亚斯指出："人类聚居是动态发展的有机体，人类聚居环境是不断自发地生长、变化、成长着的""因为历史街区的情况与建筑不同，应当允许有不同的保护和利用方法……无论哪一种保护方式，历史真实性的延续都只能是部分的和相对的，有些历史真实性根本无法保护"②。鉴于此，原真性保护是相对而言，并非绝对定律。特别是对于少数民族特色村寨所承载的居住功能不应过分强调而是适度原真性保护。传统民居需在现代化保护进程中得到再生发展。

第三，建筑材料的更新换代。《威尼斯宪章》第10条规定："当传统技术被证明为不适用时，可采用任何经科学数据和经验证明为有效的现代建筑及保护技术来加固古迹。"③ 我国传统建筑材料的特征符合"不破不立、推陈出新"的传统营造思想。对于建筑艺术欣赏与审美体现的核心主体是"神似"的意境，所表达的是思想的一贯性，"形似"是"神似"的基础，"神似"体现"形似"，这与西方的审美有很大的差别。由此可见，当传统材料已不适应传统工艺的现代化改造时，特色村寨现代建造技术应当在保护传统建筑本质所蕴含的精神和传统符号基础上，研发和使用可替代材料，适当调整建筑功能，迎合中国传统审美标准，注重传统建造技术人才的培养，运用传统建造技术选用可替代材料营造出"神似"的传统建筑，以适应现代生活方式的必然转变。

二　注重类型保护

少数民族特色村寨的建设、保护与发展，就是要保持每一个村寨都有各自的"特色"性。那么基于特色保护的视角下，按照特色类型分为四种，需要有针对性地实施分类保护。

---

① 邹艳丽：《我国传统村落保护制度的反思与创新》，《现代城市研究》2016年第1期。
② 陈波：《古镇民居保护与更新原则探讨》，《贵州大学学报》（自然科学版）2009年第1期。
③ 第二届历史古迹建筑师及技师国际会议：《威尼斯宪章》，百度百科。

第一，生态主导型。生态主导型村寨是指主要以尊重与保持村寨特有的生态环境，以生态文明为理念的指导下，对生产空间的集约高效、生活空间上的居住适宜及生态空间上的绿水青山为主要特色进行保护的少数民族特色村寨。生态主导型村寨秉承资源节约、环境友好的原则，对少数民族特色村寨进行建设、保护与发展。恩施州生态主导型的村寨有恩施市崔坝镇斑竹园村、恩施市芭蕉乡寨湾村、利川市建南镇大道角村、宣恩县高罗乡火烧营村、来凤县三胡乡石桥村、来凤县百福司镇兴安村、鹤峰县邬阳乡斑竹村、鹤峰县燕子乡董家村等代表性村寨。它们共性特征是地处偏远的大山里，天然的生态环境优美，而且在规划与建设方面大都是根据生态主导型的特色进行，在保护现有的自然环境下，加大基础设施建设，充分展示少数民族吊脚楼群的古建筑风格、历史风貌和乡土风情，政策制定措施在村寨的一切土地利用规划方面，不准报批与本村寨的历史风貌不协调的土地使用。鉴于此类村寨，生态环境良好，农业生产条件也好，适合继续发展生态农业，但对于交通基础设施和规划控制引导至关重要，并且凭借天然的自然环境来美化村寨容貌，政策扶持全力打造田园风光、山清水秀、民俗风情、特色民居、民族特色餐饮为一体的生活、居住、旅游的生态主导型村寨。

第二，文化主导型。文化主导型村寨是指那些历史文化底蕴深厚，对以浓郁民族特色建筑与传统文化氛围为主要特色进行保护的少数民族特色村寨。在村寨中特有的民族文化特色建筑遵循"整旧如旧"的原则基础上，政策上采取修缮加固的方法进行原样保护，对村寨固有的传统文化进行有效的保护、传承与发展。文化主导型村寨有恩施市盛家坝乡二官寨村小溪、恩施市白杨坪乡熊家岩村、建始县高坪乡大店子村、建始县茅田乡耍操门村、利川市柏杨镇水井村、利川市沙溪乡繁荣村张高寨、巴东县野三关镇石桥坪村、宣恩县沙道沟镇彭家寨、宣恩县高罗乡小茅坡营村、宣恩县晓官侗族乡野椒园村、咸丰县高乐山镇官坝苗寨、咸丰县尖山乡唐崖司村、来凤县百福司镇舍米湖村、来凤县翔凤镇关口村民族风情园、鹤峰县铁炉白族乡风情寨（铁炉村）、鹤峰县中营乡三家台蒙古族村等代表性村寨。此类村寨虽然民族文化遗产保存完整，民族传统文化自发传承意识具有习惯性，但多位于偏远山区，有一部分可能是空心村，交通不发达，公共基础设施不完善、经济发展相对落后，面临自生自灭的危险，需要注入新的动力机制进行保护。

第三，产业主导型。产业主导型村寨是指一些在原有资源禀赋基础上，以特色产业开发和旅游产业开发相结合为主导下进行保护的少数民族特色村寨。根据村寨的现实情况，进行农业产业结构调整，结合村寨特有的资源优势选取特色产业，进行政策扶持，通过旅游产业来促进特色产业的发展。产业主导型村寨有恩施市沐抚办事处营上村、恩施市芭蕉洞乡戽口村、咸丰县黄金洞乡麻柳溪村、来凤县三胡乡黄柏村、鹤峰县铁炉白族乡碉堡村等代表性村寨。此类村寨的共性特征是旅游开发条件较好，交通便利，周边具有大客源市场、村民生活水平较高、公共基础设施较齐全、村寨风貌整洁、村寨特色可持续发展。因此，选择合理的商业运作模式，实施产权界定，对原住民进行有效的妥善安置和建立利益分配机制至关重要。

第四，综合协调型。综合协调型村寨是指不以单一特色保护为主导，在生态、文化、产业、民族团结和谐等方面相互协调一致进行全方位建设、保护与发展的少数民族特色村寨。它以政策扶持建设、保护与发展少数民族特色村寨为平台，以提高生产技能，发展特色产业为目标兼顾生态、文化、旅游的发展，引导村民走上创业致富的道路，展开各种形式的民族团结进步教育与法制宣传的活动，倡导乡风文明，促进村寨综合协调发展。综合协调型村寨有恩施市白杨坪乡麂子渡村、恩施市龙凤镇龙马村和双握塘村、恩施市红土乡石灰窑村、恩施市芭蕉洞乡高拱桥村、建始县红岩寺镇落水洞社区、建始县三里乡新桥村、建始县业州镇大堰社区、建始县高坪镇闵仕坝村、巴东县东瀼口镇雷家坪村、宣恩县椒园镇庆阳坝村、宣恩县长潭河侗族乡两河村、宣恩县椒园镇水田坝村、来凤县大河镇五道水地徐家寨、鹤峰县走马镇曲溪白族村等代表性村寨。此类村寨共性特征是地处于318国道、209国道等交通干道沿线和旅游景区周边地区，交通便利、公共基础设施较完整，民族团结示范村，生态、文化、旅游及特色产业等综合协调发展。因此，全面采用上述已阐述的产业主导型保护和生态主导型保护的应对策略之外，充分利用良好的基础条件优势，大力发展生态特色产业，综合协调发展很重要。

三 强调整体性保护

整体性保护的理念起源于20世纪60年代欧洲城市保护的实践过程。1975年欧洲建筑遗产年是其标志性事件，自此欧洲遗产保护开始更为关注普通建筑的保护，并且考虑到保护所涉及的社会和经济方面，而不只是考虑建筑外观等历史风貌的保存。1975年通过的《关于建筑遗产的欧洲宪章》指出："建筑遗产的未来很大程度上取决于它与人们日常生活环境的整合状况，取决于其在区域和城镇规划及发展计划中的重视程度，历史中心区和历史地区的组织结构有益于保持和谐的社会平衡。"① 城乡规划中一个重要目标是建筑遗产，照此推理，《关于建筑遗产的欧洲宪章》保护了建筑遗产也保护了其相关的少数民族特色村寨整体风貌。1976年UNESCO通过的《关于历史地区的保护及其当代作用的建议》提出了"整体性"保护原则，指出每个历史地区及其周边环境均构成一个整体，其平衡与特性取决于这个整体中的各个构成要素的有机整合，如建筑、空间组织与环境，且包括当地居民的活动在内。1985年，欧洲理事会通过的《欧洲建筑遗产保护公约》确立了欧洲整体性保护政策，自始全面推进文化遗产整体性保护。

我国现行政策法律法规还没有直接针对少数民族特色村寨整体保护提出明确规定。但住房和城乡建设部制定印发的《传统村落保护发展规划编制基本要求（试行）》明确规定："传统村落应进行整体保护，将村落及与其有关重要视觉、文化关联的区域整体划为保护区加以保护。"②《历史文化名城名镇名村保护条例》明确规定注重整体性保护。可见，整体性保护的理念已基本达成共识，但在实践中并没有强调整体保护理念，没有引起足够的重视。欧洲对于文化遗产的整体性保护理念形成及实施效果很理想，它们的历史名城和村寨都保护得很好。而我国城乡遗产保护与之相比，还存在很大的差距，就恩施州少数民族特色村寨保护而言，在做法上出现了一定的偏差。

---

① 张松：《整体性保护政策让传统村落焕生机》，《世界遗产》2015年第3期。
② 周建明：《中国传统村落——保护与发展》，中国建筑工业出版社2014年版，第35页。

少数民族特色村寨进行整体保护，保护理念上就是要尽量保持少数民族特色村寨的历史原真性与统一性，尽量注重对少数民族特色村寨的独特文化气质风貌的营造，通过对少数民族特色村寨系统性、有机性、整体性的理念强调，充分塑造各具特色的少数民族特色村寨文化氛围。从恩施州少数民族特色村寨保护实践和利用现状看，保护工作总体上还处于少数民族特色村寨建设初期。作为村寨本身来讲，不但需要保护老建筑，还要保护整体风貌、空间格局、周边环境和历史文化元素。恩施州少数民族特色村寨保护工作局限于村寨基础设施建设、特色历史建筑和民居房的外观改造、村寨资源的开发和利用。意大利著名古城博洛尼亚的保护实践经验，简单地讲就是"把人和房子一起保护"①。现实是仅对民居房的外观进行修缮整治，而忽略居民房内部的安全隐患和不适应现代生活设施需求，也就是只是单一性地保护房子外观造型。笔者去宣恩县庆阳坝村凉亭古街调查时，一位村民说："凉亭街划为文物保护单位了，文物局规定不准乱动乱建乱拆，外观都是政府维修打磨，整旧如旧。文物局说如果你自己要房内装修是可以的，但必须也是整旧如旧，旧的很黑很暗的风格，那里面也是不能刷白的，所以我们只能里面也是木质色的内墙，还要显旧色，那就只能再刷一层暗色，看起来如旧。但你要知道，街道上面有瓦盖的，本来就很暗，光线差，潮湿，白天与晚上不太分明，民居房都在街道两边，一个整体，像风雨桥的样式，室内光线就更差了，还是很影响日常生活的。"将人和房子作为一个整体保护，可以共生互补，彼此滋养，既是民生利益需求的体现，也是文化遗产活态传承的延续根本所在，更是体现了人与自然的和谐相处。在对样本村寨调查时，一位彭家寨村民说："木房子要有人居住，要有烟熏，木头才不会腐烂，也不长虫，才会保持原状。如果没有人住，外观保存再好，时间长就会驻虫，长青苔，像鬼屋。还要保持传统的生活习俗和浓厚乡土生活方式，天天有人住，房子越住越新越旺，可以维护几百年，而砖房就没有这么长的寿命了。"村寨进行旅游资源的开发，应当是以不触动村民利益需求为宗旨，以务实改善村民群体的生活困境为核心。旅游开发

---

① 张松：《整体性保护政策让传统村落焕生机》，《世界遗产》2015 年第 3 期。

过程中，为了景区规划方案所需，将村寨原有居民全部迁出，或应用政府行政手段低价征收农民土地仿建特色村寨，实行过度商业化或乡土豪人绅士化开发和营销，忽略原住民真实愿望与诉求，甚至侵害原住民生存利益。缺少"以人为本"原则下的开发，展现在大众眼前的只能是舞台景观保存或表面虚假的繁荣。[①] 事实上，无法真正实现民族文化的传承与复兴，更是无法实现中华民族的伟大复兴。

少数民族特色村寨是一种鲜活的历史文化遗产，也是一种体现人类现实生活的社会景观，这就要求通过整体性保护来实现具有造血功能的完整保护系统，实现少数民族特色村寨全面保护与延续发展。强调整体性保护理念，尊重民意，将原住民切身利益放在村寨保护和利用的首位，兼顾协调各方利益和平衡各种关系，切实改善人居环境条件，适宜人居，真正体现"为人民服务"的宗旨，实现社会、经济、文化全面发展。

第四节　调整恩施州少数民族特色村寨保护政策的落实途径

一　提高居民保护意识

少数民族特色村寨保护政策有效实施不仅是技术层面上的政府指导与管理工作，关键还在于广大村民对自身民族文化意识的觉醒，发挥村寨主体应有的主观能动性。正如学者所言，公众参与不是一句口号，需要公众和管理机构双方的努力。提升居民这一主体的文化意识和改善历史城镇的居住环境质量是历史保护工作走向全面自觉的双重前提条件。[②] 培养当地村民的文化价值观，对少数民族特色村寨民族文化基于正确的理解之上，探究少数民族特色村寨保护的意义和普实性价值，产生广泛保护共识，形成文化保护自觉。

样本村寨调查发现，村民注重更多的是现实生活需求，对于少数民

---

　　① 张松：《整体性保护政策让传统村落焕生机》，《世界遗产》2015年第3期。

　　② 张松：《建筑遗产保护的若干问题探讨——保护文化遗产相关国际宪章的启示》，《城市建筑》2006年第12期。

族特色村寨传统文化保护意识相对薄弱。当前,对于村寨建设与开发而言,有150人都关心的是经济利益、就业机会、生活环境,占样本量的100%(见表4—15、表4—17、表4—19);有53人关心文化保护与传承,占样本量的35.3%(见表4—16);有52人关心居民房外观打造,占样本量的34.7%(见表4—18);有75人关心娱乐活动,占样本量的50%(见表4—20)。

表4—15　当前,对于村寨建设与开发而言,你关心的是经济利益

	人数(人)	百分比(%)
是	150	100.0
否	0	0
合计	150	100.0

表4—16　当前,对于村寨建设与开发而言,你关心的是文化保护与传承

	人数(人)	百分比(%)
是	53	35.3
否	97	64.7
合计	150	100.0

表4—17　当前,对于村寨建设与开发而言,你关心的是就业机会

	人数(人)	百分比(%)
是	150	100.0
否	0	0
合计	150	100.0

表4—18　当前,对于村寨建设与开发而言,你关心的是居民房外观打造

	人数(人)	百分比(%)
是	52	34.7
否	98	65.3
合计	150	100.0

表4—19　当前，对于村寨建设与开发而言，你关心的是生活环境

	人数（人）	百分比（%）
是	150	100.0
否	0	0
合计	150	100.0

表4—20　当前，对于村寨建设与开发而言，你关心的是娱乐活动

	人数（人）	百分比（%）
是	75	50.0
否	75	50.0
合计	150	100.0

案例AXM：很多土家口传文化都已失传，传承断层，老一辈的七八十岁的传承人都已离开人世，所有的文化记忆也都消失，现代年轻人都不知这个民族上代人的文化历史及祖先，拥有这些文化记忆的人也没有所谓的传承意识，年轻人也不愿意学，都想着出门打工挣钱去了。（AXM：男，40岁，土家族，大学文化程度，恩施市芭蕉洞乡人，自由职业）

因此，如何提高居民保护意识，支持居民参与少数民族特色村寨的保护的基本策略是要从加大政策支持力度，对村民进行宣传、培养与教育，尊重其主体地位等方面得以实现。

第一，加大宣传教育力度。目前，我国农村基础教育要以农村经济、社会、文化发展为主要导向，未来乡村教育需强调引入本土知识和能力教育，使教育从乡村中得到认同，乡村也才从教育中获得活力，维持尊严①。少数民族特色村寨保护要进行相关规划、建筑维护、文化传承等知识的教育和培训，要树立正确的文化保护理念和文化自信。因此，提高居民保护意识，就要深入开展少数民族特色村寨保护的宣传教育，增强

---

① 刘云杉：《冗山：一个村落的生活、文化与教育——中国乡村教育实践的困境与出路》，豆丁网，http://www.docin.com/p-611526854.html。

各级政府保护少数民族特色村寨意识，引导、鼓励、支持当地村民参与少数民族特色村寨保护工作。样本村寨调查发现，村民热衷于现代穿着风格，而对本民族文化服饰趋于冷漠，民族服饰已不是日常所需，仅成为一种象征意义的符号。有150人认为任何时候都不穿民族服饰，占样本量的100%（见表4—21）；有116人认为是节日喜庆时穿，占样本量的77.3%（见表4—22）；有116人认为满足游客及迎接领导视察工作时穿，占样本量的77.3%（见表4—23）；有34人认为从来不穿，占样本量的22.7%（见表4—24）。

表4—21　　　　　　　　何时穿本民族服饰：任何时候

	人数（人）	百分比（%）
是	0	0
否	150	100.0
合计	150	100.0

表4—22　　　　　　　　何时穿本民族服饰：节日喜庆

	人数（人）	百分比（%）
是	116	77.3
否	34	22.7
合计	150	100.0

表4—23　　　何时穿本民族服饰：满足游客或领导视察工作时需要穿

	人数（人）	百分比（%）
是	116	77.3
否	34	22.7
合计	150	100.0

表4—24　　　　　　　何时穿本民族服饰：从来不穿

	人数（人）	百分比（%）
是	34	22.7
否	116	77.3
合计	150	100.0

第二，明确并尊重村寨村民的主体地位。村寨保护是他们的责任与义务，引起足够重视才能提高村民保护意识，村寨所承载的一切才能永远存在与永续发展。对于文化程度普遍较低的广大村民而言，对少数民族特色村寨自身价值的理解与本村寨文化遗产捍卫需要一个认识与提升的长期过程。社会责任在于唤起他们的文化自觉，从而科学、理性地认识传统与现代的关系进而自觉地保护传统建筑文化。① "任何越俎代庖都是无济于事的，因为拥有农村文化享受农村文化的是农民自己而不是别人。"② 事实上，从人性常规思维角度出发，人是其所有物的主人，对自己所有物有一种天生的保护欲与占有欲，村民充分认识到自身是少数民族特色村寨的主体，对少数民族特色村寨保护具有重要作用。尤其随着当地经济发展，村民的生活水平得到提高，享受到真正的直接实惠，村民重视少数民族特色村寨保护的思想意识就会逐渐增强。

二　支持居民参与

居民参与是少数民族特色村寨保护政策实现目标的基础，村寨是村民集体所有财产，必须由村民参与管理。在少数民族特色村寨保护规划编制过程中，应当邀请村民参与讨论。提供与搭建多学科、多层次保护研究平台，对村民开展村寨保护与发展的教育培训工作。2014年召开的中央民族工作会议提出："要紧扣民生，抓发展，重点抓好就业和教育。"③ 提高村民保护少数民族特色村寨意识也要从青少年时期开始培养，

---

① 单霁翔：《乡土建筑遗产保护理论与方法研究（下）》，《城市规划》2008年第12期。
② 毛海虓：《中国城市居民出行特征研究》，博士学位论文，北京工业大学，2005年。
③ 《中央民族工作会议暨国务院第六次全国民族团结进步表彰大会在北京举行》，《光明日报》2014年9月30日，第1版。

把少数民族特色村寨的民族文化特色编入乡土文化教材,列入教学计划,走进课堂,培养学生对自己故乡文化遗产的特殊情感。

样本村寨调查发现,村民愿意参加各类培训,对政府提供的培训活动持满意态度,但举办各类活动较少,大部分村民参与缺失。有2人十分愿意参加政府举办的各类培训活动,占样本量的1.3%;有148人比较愿意参加,占样本量的98.7%(见表4—25)。有7人只是偶尔参加政府举办的培训活动,占样本量的4.7%;有143人从来没有参加过培训活动,占样本量的95.3%(见表4—26)。参加的7人都对培训效果比较满意,占样本量的4.7%(见表4—27)。

表4—25　　　　你是否愿意参加政府举办的各类培训活动

	人数(人)	百分比(%)
十分愿意	2	1.3
比较愿意	148	98.7
合计	150	100.0

表4—26　　　　您目前是否参加过政府举办的各类培训活动

	人数(人)	百分比(%)
是,偶尔	7	4.7
从来没有	143	95.3
合计	150	100.0

表4—27　　　　　　　　您对培训活动效果的态度

	人数(人)	百分比(%)
比较满意	7	4.7
没参加过	143	95.3
合计	150	100.0

大多数村民对少数民族特色村寨保护的观念意识淡薄。其最主要原因还是在少数民族特色村寨保护过程中,与村民的私人利益缺乏直接关

联。只有不断加强对居民参与的支持，才能更好地促进村民保护意识。

第一，提高村民参与村寨旅游开发的积极性。当地政府要对村民参与村寨旅游业发展的途径不断进行扩展，使其直接获得实在的经济收益，才能真正激发参与热情，提高村民保护意识。前提是需要当地政府部门大力宣传与引导村民了解旅游、支持旅游，激发参与旅游的热情，要为村民提供更多地参与旅游开发的条件与机会。当地政府要提供政策扶持，提高村民参与旅游开发的经济收益与补偿机制。只要村民享受到因旅游开发带来的收益远远高于外出务工的收益，村民参与的积极性自然会提高。

第二，当地政府要将旅游开发中的各方利益充分协调好。对村寨旅游开发过程中，政府部门应当置身于利益分配之外，才能公正协调与均衡好各方利益。需要协调的利益方主要是开发商与村民。对村寨作为景区开发时，由于地理因素影响，景区核心带的村民享受开发的好处要比非核心带的村民多，引起村民之间的矛盾。鉴于此，政府部门要协调开发商，对于景区工作人员聘用机会如消防员、保安、保洁员、迎宾与歌舞表演队伍等要倾斜于非核心带的村民。要不断加大对景区非核心带的开发与引导，尽量兼顾到所有村民利益，加大对整个村寨景区交通设施的投入，开发更有价值、观赏性与娱乐性的活动项目，尽量将这些活动项目固定安置在景区非核心带，通过旅游公司加大对非核心带的宣传与引导。样本村寨调查发现，村民很重视自身所获得的利益与保障。有150人认为村寨景区开发利益分配中，很看重现金收入分配、生活环境改善、教育培训、公共福利、基本保障，占样本量的100%（见表4—28至表4—32）。

表4—28 对村寨景区开发利益分配中，您看重哪一些：现金收入分配

	人数（人）	百分比（%）
是	150	100.0
否	0	0
合计	150	100.0

表4—29　对村寨景区开发利益分配中，您看重哪一些：生活环境改善

	人数（人）	百分比（%）
是	150	100.0
否	0	0
合计	150	100.0

表4—30　对村寨景区开发利益分配中，您看重哪一些：教育培训

	人数（人）	百分比（%）
是	150	100.0
否	0	0
合计	150	100.0

表4—31　对村寨景区开发利益分配中，您看重哪一些：公共福利

	人数（人）	百分比（%）
是	150	100.0
否	0	0
合计	150	100.0

表4—32　对村寨景区开发利益分配中，您看重哪一些：基本保障

	人数（人）	百分比（%）
是	150	100.0
否	0	0
合计	150	100.0

第三，要给村民参与旅游开发创造全方位的机会。样本村寨调查发现，当前旅游开发为村民创造就业机会不多。有2人认为旅游开发带来的就业机会较多，占样本量的1.3%；有23人认为一般，占样本量的15.3%；有48人认为不多，占样本量的32%；有77人认为基本没有，占样本量的51.3%（见表4—33）。针对现状，通过加大旅游开发的政策支持力度会为当地村民提供各类就业机会，促使当地村寨价值不断升值的

情形下，当地居民介于无形之中与有形之中，其收入都在不断增加。村寨景区设置合理的摆摊位，应当更多地倾斜于景区非核心区村民和周边地区村民，增加当地村民就业率。为促进村寨旅游业持续而长远发展，从旅游发展所需的市场、专业管理层考虑，应当鼓励外来资本参与村寨旅游发展。提供专业化管理与开发的同时，也为村民提供了更多的就业机会，增加了村寨经济发展的新活力，村寨呈现日益繁荣景象。旅游开发促进了村寨现代化适应性更新，村寨功能恢复，使村民能够享受到像城里人一样的舒适生活环境与乐趣，还能挣到比外出务工更高的收入，吸引外出务工村民回流。鼓励外来企业进寨加大基础设施建设、娱乐性服务投入，借鉴英国乡村田园范式，采用"乡土化"经营模式，如乡村旅馆、农家乐餐饮、大型会议、活动接待、乡村酒吧等文化理念并融合当地村寨文化精神与气息，这种精神也应当体现在把更多的工作机会合适地留给当地村民。

表4—33　　　　　　您认为旅游开发给您带来的就业机会

	人数（人）	百分比（%）
较多	2	1.3
一般	23	15.3
不多	48	32.0
基本没有	77	51.3
合计	150	100.0

三　科学编制保护规划

有专家指出："一些地方的特色村寨保护缺少整体规划，对生态环境重视不够，影响整体建设效果。"① 在样本村寨调查过程中偶遇一位从事民族文化旅游开发的民企老板，他说："政府没有给规划方案，所有的规划方案都是自己搞的，再拿到政府去批就可以了。"作为开发商而言，更多注重的是自身利益的最大化，自行设计的规划方案是以营利为目的的，

---

① 吴正楠：《特色村寨保护既要"面子"也要"里子"——甘肃少数民族特色村寨保护调查（下）》，《甘肃经济日报》2015年3月31日。

关乎村寨保护整体利益的相对甚少，规划都是不科学的。恩施州少数民族特色村寨保护政策制定与实施需规划先行，没有一个正式、统一、科学的规划方案及要求，政策实施很难达到预期目标，科学编制保护规划是实现有效保护与发展少数民族特色村寨的关键。

回顾国际宪章与国内相关规划的立法规定，一系列城市规划的法律、法规都有提出对历史文化遗产、保护历史地段的保护要求。如1986年《内罗毕建议》对保护所提出的要求是："考虑到自古以来历史地段为文化宗教及社会多样化和财富提供确切的见证，保留历史地区并使它们与现代社会生活相结合是城市规划和土地开发的基本因素。"我国《城乡规划法》对于城市规划编制也明确提出了要求，即要制订对城市生态环境保护与改善、历史文化遗产、城市传统风貌、地方特色与自然景观等方面的保护规划。与少数民族特色村寨保护直接相关的规划行政法规是住房和城乡建设部与国家文物局于2013年组织编制的《历史文化名城名镇名村保护规划编制要求（试行）》。这一规划编制要求为各地历史文化名城名镇名村编制保护规划的科学性、规范性、实际可操作性提供了法律依据。[①] 针对少数民族特色村寨保护规划要求规定方面，没有立法行文，但国家民委于2012年12月5日发布的《关于印发〈少数民族特色村寨保护与发展规划纲要（2011—2015年）〉的通知》，对村寨保护与发展规划要求作出了相关规定，主要从指导思想、基本原则、扶持对象、发展目标、主要任务、组织实施和保障措施方面提出宏观规划要求，这一政策纲领性文件为指导少数民族特色村寨保护规划工作提供了政策依据。

不同的少数民族特色村寨有各自人文、地理因素的文化特色风格，编制因地制宜的具有科学性、较强可操作性的保护规划是少数民族特色村寨保护政策顺利实施的基本保障。确定纳入保护范围的少数民族特色村寨要从全局和整体角度考究，及时科学编制保护规划，进行深入细致而又全面的多学科研究。根据村寨历史风貌、历史环境要素、空间格局、传统建筑现状制订保护规划时，要明确人口规模控制村寨格局保护、建设用地的布局及道路交通等调整基础设施安排等需解决问题。在保护现

---

① 周建明：《中国传统村落——保护与发展》，中国建筑工业出版社2014年版，第156页。

有村寨历史整体风貌与空间格局前提下，对村寨的空间格局尺度与形态、基础服务设施、传统建（构）筑物、民族文化场所、历史环境要素、人居环境、自然生态环境等制订相应的保护与整治规划，对不符合要求的各类新建建筑要进行外观样式的改造与整治，对后续新建设项目要进行控制与引导。规划要明确具体的保护措施及基础设施、景观绿化、消防安全、划定新建设村区的建设、整治与安置措施。自然生态环境是少数民族特色村寨真实存在与发展的外部条件，根据保护优先、可持续利用原则，应当将少数民族特色村寨周围存在的生态环境划定适当的保护范围作为建设控制地带，还包括涵盖其中的农田、河流、湖泊、山丘、植被等。少数民族特色村寨保护规划不仅涉及其所承载的物质文化遗产与非物质文化遗产保护，还包括村寨整体文化环境包括社会、经济、教育、科技、道德、宗教、民族心理与传统习俗等保护要求。同时，少数民族特色村寨保护规划应与当地新农村建设、社会经济发展规划相互衔接与协调，还要加强与当地相关农业、国土资源、环保建设、交通水利与林业旅游等部门相关规划的协调。

  科学编制少数民族特色村寨保护规划应当遵从国内与国际公约（宪章）立法思想接轨的《文物保护法》提出的文物工作指导思想，即"保护为主、抢救第一、合理利用、加强管理"。在统一指导思想下，编制少数民族特色村寨保护规划要明确保护目标，也就是要正确处理好保护与发展之间的关系问题。在坚持历史真实性、风貌完整性、生活延续性、保护优先、可持续利用与利益平衡保护原则的前提下，还应当推动当地村寨经济发展，适应村寨社会、经济、文化发展及满足居民的现代化生活、工作环境的现实需要，保持村寨保护、建设、利用协调发展。注重对濒危文化遗产的保护与抢救，注重对少数民族特色村寨民族文化遗产的历史发展过程、性质、形态、规模、分布与保护现状进行分析，确定村寨所保护的具体对象与保护措施。少数民族特色村寨保护规划实施是一个长期过程，要根据不同村寨的保护现状、保护规模、经济发展状况因地制宜地科学制定现阶段与后期保护规划的合适目标、任务与相应保护措施，才能更好地促进村寨保护与持久发展。

四 保障村寨建设资金专用

资金保障决定少数民族特色村寨保护政策执行进度,没有资金,再好的政策也无法实施。政策执行的各个环节都需要经费支撑才能启动,村寨保护周期很长,前期基础设施、环境建设、资源开发与维护、村寨各类文物修复、村民拆迁安置、文化宣传、村寨旅游开发与保护规划等方面都需要非常大的资金投入。政府部门需要较大的财政投入,才能立足于村寨长期稳定保护的良性循环。

案例 CKUM:目前,麻柳溪村还有约 20 户新建的砖房的外观没有统一打造木质结构,这些房子都是在 2013—2014 年新修的,一直在争取资金搞到位。在建设特色村寨时,2011 年包了 20 户,2012 年基本上全部搞完,我们的资金主要是从四个方面来的,是建设特色村寨、发改、民生、扶贫等经费,每个村寨保护都要拨款。对于保护与发展的困惑还是有一点,村寨民居房改造,经费问题,今后的维护需要资金,由于砖房的外观打造都是木制的,经过 3—5 年,外观木制经过雨淋湿,木制腐烂,就需要资金去维护,保护主要针对的是民居房。(CKUM:男,44 岁,土家族,黄金洞乡政府工作)

现阶段,资金不足一直制约着少数民族特色村寨保护进程。许多地方政府财政紧张,使许多政策环节放松,村寨历史风貌被破坏、大量重要的历史文化遗产濒临消失。再者,现有资金用于保护工程建设一半后,先前建设的成果因经费后期没有跟上而荒废,等到经费到位时,又要重新修建,造成资源重复性浪费,村民也没有真正得到实惠。从样本村寨调查发现,国家拨款用于建设少数民族特色村寨资金,并没有全部用于村寨建设,无法确保专款专用。有 121 人认为国家拨款建设与发展村寨,钱只用了部分在村寨上面,占样本量的 80.7%;有 29 人认为没有用在村寨上面,占样本量的 19.3%(见表 4—34)。有 2 人认为用在县(市)建设,占样本量的 1.3%(见表 4—35);有 121 人认为用在乡(镇)建设,占样本量的 80.7%(见表 4—36);有 2 人认为用在村寨其他方面建设,占样本量的 1.3%(见表 4—37);有 24 人认为用在其他方面,占样本量的 16%(见表 4—38)。

表 4—34　　　国家拨款建设与发展村寨，钱都用在村寨了吗

	人数（人）	百分比（%）
用了部分	121	80.7
没有	29	19.3
合计	150	100.0

表 4—35　　　如部分资金没有用在村寨，用在县（市）建设

	人数（人）	百分比（%）
是	2	1.3
否	148	98.7
合计	150	100.0

表 4—36　　　如部分资金没有用在村寨，用在乡（镇）建设

	人数（人）	百分比（%）
是	121	80.7
否	29	19.3
合计	150	100.0

表 4—37　　　如部分资金没有用在村寨，用在村寨其他方面建设

	人数（人）	百分比（%）
是	2	1.3
否	148	98.7
合计	150	100.0

表 4—38　　　如部分资金没有用在村寨，用在其他

	人数（人）	百分比（%）
是	24	16.0
否	126	84.0
合计	150	100.0

因此，设立资金保障制度可以稳定少数民族特色村寨保护政策执行所需资金来源，确保少数民族特色村寨保护资金的专款专用，明确资金的来源渠道，建立政府与民间专业性团体组织共同监督资金使用的监督路径，促进村寨持久、协调、稳定、保护与发展。

第一，将保护资金纳入财政预算。各级政府应当加大少数民族特色村寨保护的投入力度，将其纳入本级政府每年度财政预算。中央政府部门应当将用于扶持少数民族特色村寨建设的资金经各级政府分配规划，划到州级政府后，应当根据各村寨呈报经审核通过的规划，设置专项资金专项分配专项使用。各级政府应当将关于新农村建设用于基础设施补助的经费或政策扶持的一定比例倾斜于少数民族特色村寨基础设施建设。州级政府应当在城市维护费用中确定一定比例的少数民族特色村寨保护费用。县（市）级政府应当将少数民族特色村寨保护所需经费纳入每年度财政预算，以确保少数民族特色村寨保护经费来源。地方政府还应当将少数民族特色村寨出让土地所获得利益部分比例返还用于少数民族特色村寨保护。同时，州级政府也应当考虑将土地出让所盈利部分提出一定比例，建立少数民族特色村寨保护专项基金，用于支持需要重点扶持项目。

政府财政补助资金虽然无法及时解决因资金有限而不能满足随着保护规模扩大而出现的资金贫乏问题，政府投入资金也大部分用于村寨基础设施改善与建设，但已向广大村民及社会各阶层投资者与经营者传递了少数民族特色村寨保护重要性及政府保护村寨决心的信息，为社会化市场运作保护村寨的招商引资确保了安全性。与其说政府财政补助资金是村寨保护的一种经济手段，还不如说是一种实际行动上的宣传手段，是政府给予着力于参与村寨投资开发的企业和个人的一种诚信行动。当前，国家《文物保护法》已明确规定将保护文化遗产类资金纳入国家及各级政府财政预算，此规定为国家及各级政府提供了设置保护专项资金与财政补助的法律保障。

第二，设立保护基金。通过国家及各级政府获取财政补助资金的同时，还应当鼓励与引导社会资本投入少数民族特色村寨保护。地方政府应当多层次、多渠道、采用各类方式筹集少数民族特色村寨保护基金。

保护基金是为少数民族特色村寨保护活动筹集的资金，其必须按时返还，等需同样目的使用时则再次使用，俗称周转基金。其联系到具体操作层面则是：由地方政府牵头采取市场运作方式，将村寨土地、房屋产权进行置换或租赁，鼓励、吸收社会各种资本参与少数民族特色村寨保护与开发。地方政府还应当规范村寨旅游收入分配机制。旅游企业所交纳地方政府的地税收入应当作为村寨保护基金，形成以旅游收入来保养与维护村寨的良性运作长效机制。地方政府还应当对少数民族特色村寨保护与利用所需资金比例进行规范，保护优先，利用在后，合理分配村寨旅游收入。少数民族特色村寨旅游收入应当明确规定遵守"先要提取一部分村寨保护与维护费后再分配原则"，门票收入的30%应当作为村寨保护与维修费。

此外，还可以建立"少数民族特色村寨民间保护基金会"，面向社会、企业募集资金用于少数民族特色村寨保护与利用，加大村寨保护与利用的力度。落实到具体层面，就是接受国内外社会各界机关、团体组织、企业、个人捐赠。这种民间保护基金会可以由政府与自发的非营利性组织共同负责，对所获捐赠的基金进行管理与分配。

第三，建立联合监督管理机制。少数民族特色村寨保护资金使用方面，应当建立政府与民间非营利性专业团体组织联合监督管理机制。少数民族特色村寨保护的专业民间团体主要指的是各地方少数民族特色村寨保护委员会、文物保护协会等，主要由当地城市建设规划专家、民族学、历史学、文化艺术学、美术学、土木工程学类等专家组成的民间专业团体组织，他们不仅具备相关专业知识，还具有较高的保护少数民族特色村寨历史责任感的基本素养。由这类民间专业团体联合政府参与资金使用监督，有利于资金合理规划与公正使用，还有利于保证少数民族特色村寨保护专项资金的专款专用。

结合国家现有监督体制，少数民族特色村寨保护资金使用监督形成对村寨保护进行事中与事后监督的两条路径机制，即少数民族特色村寨保护专家对于保护村寨事中与事后的保护资金具体使用过程中的一系列监督，与国家政府利用公权力手段对少数民族特色村寨保护事中与事后的保护资金具体使用单位的监督，有效健全了少数民族特色村寨保护使用资金监督机制,有效促进了少数民族特色村寨保护资金科学有效地使用,更有效保护了少数民族特色村寨。

五 维护群众利益

保护的目的不是封存起来,而是为了利用和发展。古老的传统文化只有与现代生活进程相协调相一致才是有意义的,才具备了进一步改造、创新并最终获得发展的条件,才能具有旺盛的生命力,也才能继续传承下去。[①] 发展经济的根本目的是维护群众利益,维护人民群众利益要靠发展经济、提高人民物质生活水平作保障,二者统一于科学发展观,即通过经济、政治、社会、文化四位一体的发展,全面协调可持续地发展,真正维护群众利益。经济发展是少数民族特色村寨保护的物质基础,首要任务就是发展当地村寨经济,为广大村寨与村民提供物质保障,这是少数民族特色村寨整体风貌、民族文化有效传承与发展的基础支撑。通过发展村寨农业、工业、服务业等方面的生产经营活动,真正维护村民利益,体现在改善村民居住生活环境条件、增加村民就业渠道、提高村民收入、支持村民参与村寨保护和旅游开发活动等。

截至2015年年底,纳入保护范围的117个少数民族特色村寨,大部分村寨分布在交通不便利的深山偏远地区,经济发展相对落后,村民收入较低,生产方式较落后,农业现代化程度较低。还有少部分村寨处于传统耕作阶段,产业结构单一,经济水平落后。另外,支撑村寨生产发展的基础设施、科技条件、设备装备与产业发展环境存在不足。由于村寨经济水平落后,许多村寨物质文化遗产衰落与消失,保护修缮无力;村寨大量劳动力外出务工,民族传统文化无人继承;村民生活贫困、对本民族文化缺少自信,村寨文化保护意识薄弱,充分体现了村民的切身利益没有得到合理的维护。

自样本村寨调查发现,舍米湖村还是一个很贫困的村寨,经济落后,除了文化广场和接近公路边的七六幢有吊脚楼的木房子装修得好一点外,

---

[①] 吴大华、郭婧:《火灾下正式制度的"失败"——以贵州黔东南地区民族村寨为例》,《西北民族大学学报》(哲学社会科学版) 2013年第3期。

其他都很陈旧且破烂不堪。官坝村内环境脏、乱、破。每家每户大都有狗，养鸡、养猪，凌乱无章，经过的路上随处可见动物的排便，新建的砖房与陈旧的木质建筑纵横交错。彭家寨属于小村寨，缺少公共服务设施。没有小超市或小卖部，没有医务室和乡村小学。村寨远看风景美如画，走进去看到更多的是贫穷与落后。垃圾乱丢，生活卫生环境不太好，有的居民木房外观早已是破破烂烂，大多数村民的屋内充满着黑暗，简易的生活摆设，更破更烂。这三个村寨经济发展较为落后，村内留守人员很少，村民的日子过得很清贫。加强政策扶持村寨建设力度的同时，通过扩宽产业领域，大力培育村寨特色产业，促进当地村寨经济发展，才能真正维护老百姓的切身利益。

第一，发展特色产业。农业是少数民族特色村寨的经济基础。发展经济首先是农业科学化与现代化发展模式，利用现代化农业技术才能使村民增产增收，还要扩宽少数民族特色村寨其他产业领域，在不会破坏村寨文化遗产保护前提下，培育特色产业、发展村寨乡村旅游业来促进村寨经济发展。发展村寨经济具体举措层面，一是针对农业产业发展要依靠农业技术进步与优势产业推广带动农业发展，注重农副产品特色化与产品品质优质化，农副产品加工，加大农副产品转化为商品的力度，加快产业结构调整，提高农业产量。二是加大力度发展林业、牧业、渔业、副业等相关产业来拓展村寨产业领域。三是加大培育村寨特色产业力度，充分有效利用当地村寨资源稀缺性来发掘特色产业。四是大力发展村寨旅游产业。利用村寨得天独厚的自然生态环境与人文景观环境等资源发展旅游业，带动当地村寨景区及周边餐饮、住宿、商品零售、特色文化手工制作工艺旅游品、房地产开发等服务行业发展。扩宽产业领域，提高少数民族特色村寨居民的科技文化素质和致富能力，为加快当地村寨经济发展提供可持续性的科技、人才保障。

第二，加大村寨整体风貌建设力度。通过扩宽村寨产业发展领域来促进村寨经济发展的同时，政府部门也要加大对少数民族特色村寨整体风貌的建设力度，加大对村寨人力、物力与财力等方面的投入力度。随着村寨经济发展，村民居住生活条件也要得到相应的改善，在不改变民居传统建筑外观的前提下，居民房内生活设施应现代化适应性更新功能，允许和指导村民对特色居民传统建筑内部进行适度改造具备现代生活居住要求，改造室内基础设施如供水、排水、排污系统，现代化卫生设备、照明设备、厨房设备、自然通风设备及室内装修、家具、电器等设备，如果村民们能够在村寨享受到城市现代化文明带来的各种便利，就不会远离村寨去外面长久生活，"因为人们对自己出生与成长的地方总是有份很深的情感与依恋"[①]。

第三，村寨经济发展。发展村寨经济是维护村民利益的根本保证，只有村寨经济实力增强，村寨整体风貌焕然一新，村民的居住条件才会得到明显改善；通过扩宽村寨产业领域，特别是农业现代化、特色产业培育、旅游业开发，使村民收入得到提高、扩宽了就业门路，增加就业机会，支持并扶持村民积极参与旅游开发，为村民个体参与经营产业提供优惠政策与扶持性补贴。村寨经济发展好才能真正维护村民利益，村民的生活水平得到提高，参与村寨保护积极性增强，文化保护意识才能成为自觉。

---

① 冯骥才：《思想者独行》，花山文艺出版社 2005 年版，第 219 页。

结　语

　　少数民族特色村寨是一个少数民族族群聚集的乡土社区，既包括人的生存生产活动、乡土社会生活、文化生活、精神生活，也包括经济生活，是一种价值体系的综合表现。少数民族特色村寨是鲜活的历史，为人们提供了最直观、最形象生动的形式去认识历史所存在的条件，具有重要的历史保护价值；少数民族特色村寨包含丰富的文化资源，蕴含着每个民族传统文化的精髓。它是少数民族人民的智慧和情感的鲜活记录，也是文化发展史的活化石，更是巨大的文化财富，具有珍贵的文化保护价值；少数民族特色村寨中那些历史传统建筑、居民特色建筑、传统手工制造、宗教活动场所、民间文艺，以及世代相传的神话、宗教礼仪、民俗、民间歌舞等，是不可多得的人文旅游资源；少数民族特色村寨承载的物质文化遗产与非物质文化遗产含有相当程度的科学因素和成分，具有科学研究的价值。

　　工业现代化的不断推进，加快了经济全球化步伐，也催生了文化全球化。在文化全球化影响下，现代主流文化的强势介入，渐进淡化了少数民族文化保护自觉意识，加快了对主流文化的认同意识，使其部分凸显文化同质化。少数民族特色村寨及所包含的民族文化遗产迅速濒临消失或面目全非。

　　少数民族特色村寨保护的具体目标主要表现在以下三个方面：（一）传统资源有效保护与传承。科学保护少数民族特色村寨自然环境、整体风貌格局、传统古建筑及历史环境要素等方面，有效保护与传承民族传统文化，彰显少数民族特色村寨的地域性、民族性及文化特色。（二）人居环境明显改善。少数民族特色村寨的水、电、路、通信等基础服务设施基本完善，改造传统建筑节能和提升功能方面对村民进行积极的引导，改善村民居住条件，提高村民居住环境质量。（三）发展能力得到提升。一是少数民族特色村寨形成"一村一品"的特色产业；二是正确处理好保护与发展之间的关系；三是正确处理好保护与利用之间的关系。

少数民族特色村寨保护的原则主要表现在以下六个方面：（一）历史真实性。保持少数民族特色村寨的历史真实性，注重村寨物质文化遗产与非物质文化遗产存在的历史真实性，注重村寨物质文化遗产形态的真实性，注重村寨民族文化内涵的真实性，注重村民生存、生产、生活的历史延续真实性。（二）风貌完整性。注重少数民族特色村寨历史空间格局的完整性，保持村寨建筑（群）、公共基础服务设施、自然生态环境、人居环境与其周边环境的整体空间、格局形态及二者之间相互联系的内在关系。（三）生活延续性。"延续性"的提法是针对历史文化遗产传承、发展而言，对真实历史遗存的生命延续。历史文化遗产相关内容上的延续性主要包括寿命的延续、功能的延续、生活的延续、无形历史文化的延续。（四）保护优先。保护与利用二者之间法律上关系定位问题对少数民族特色村寨保护的未来导向具有重要指引作用。少数民族特色村寨最重要的是保护，可持续利用也是为了更好地长久保护，利用就是为保护所实现的服务。（五）可持续发展。为确保少数民族特色村寨代与代间公平传承，就应当做到对所属后代子孙那部分权益的维护，走可持续发展之路。（六）利益平衡。少数民族特色村寨保护与发展过程中存在需要平衡的利益关系，遵守利益平衡原则，包括对少数民族特色村寨中所蕴含的物质文化遗产和非物质文化遗产来源群体权利与义务之间利益平衡；对村寨中民族文化遗产创造者、所有者与使用者之间利益平衡；村寨开发与利用中涉及经济利益平衡；还有公共利益与私人利益之间的平衡。

我国《文物保护法》《非物质文化遗产法》《城乡规划法》《历史文化名城名镇名村保护条例》等"三法一条例"使少数民族特色村寨保护得到初步法律保障。国家民委办公厅、财政部办公厅《关于做好少数民族特色村寨保护与发展试点工作的指导意见》和国家民委《少数民族特色村寨保护与发展规划纲要（2011—2015年）》等政策使少数民族特色村寨保护得到强化。但目前少数民族特色村寨保护存在无专门立法支撑、政策内部困境、政策外部冲突、执法不严、违法难究的瓶颈。

恩施州少数民族特色村寨是川渝古村落群组成部分，具有不同于皖南古村镇群、粤中古村镇群、太湖流域水乡古村镇群、晋中南古村镇群的特殊性，要求保护与发展的差异性。恩施州特殊地区、特殊类型及特殊价值的少数民族特色村寨保护具有独特价值。

恩施州高度重视并开始实施少数民族特色村寨保护与发展工作。在立法方面制定了《恩施州自治条例》《恩施州民族文化遗产保护条例》《恩施州民族文化遗产保护条例实施细则》，并配套制定了《恩施州州人民政府办公室关于加强全州特色村寨保护工作的通知》，对保护工作的总体目标、基本原则、保护范围、主要内容、主要方案、保障措施等方面提出具体要求，完善了恩施州少数民族特色村寨保护工作的主要政策依据。在实践方面实施了确定少数民族特色村寨保护范围、制订少数民族特色村寨保护规划、保护式改造少数民族特色村寨整体面貌、保护少数民族特色村寨民族文化、培育少数民族特色村寨优势产业、开发少数民族特色村寨旅游资源、提高村民素质、加强民族团结进步等措施，使恩施州少数民族特色村寨保护取得了较好成效。这顺应了国家民族政策大环境下，对于少数民族特色村寨发展需求进行宏观调控的必然趋势。但恩施州少数民族特色村寨保护政策在立法、执法、实践参与方面尚存在缺陷和不足。需要分析其原因和表现，为以后政策的完善奠定基础。

国家还没有对少数民族特色村寨保护单行立法，恩施州自治权力机关也没有颁布相应的村寨保护单行条例，存在立法空白，不能对恩施州少数民族特色村寨进行全面而有针对性的保护。现行相关立法没有明确政府与村民应有的权利，使政府与村民彼此相互制约的权力内容无法体现，导致权力内容不实。国家在"三法一条例"处罚条款内容中存在着执法难严、违法难究的缺陷，无法体现国家法律的威慑力。政策内容多是原则性规定，可操作性不强，无法提供政策措施执行保障，政策配套措施缺乏，体现政策体系不完善。政策保护目标是为保护民族文化特色，用发展来促进更好的长久保护，而当前目标都是促进经济发展，重点在于开发和利用，目标明显偏离。政策公众参与原则是国家立法原则在少数民族特色村寨相关环境保护立法中的具体体现，应当作为恩施州少数民族特色村寨地方相关立法的基本原则。综观国家现行相关法律及恩施州相关条例的立法原则，都不能全面适用少数民族特色村寨保护，不符合村寨保护理念，没有充分保护村寨基本特征与本体价值的体现。由于相关立法中缺失政策公众参与原则，导致部分保护主体缺失。恩施州政府还没有专门的少数民族特色村寨保护工作领导小组，领导机制不健全；恩施州少数民族特色村寨没有统一部门牵头进行管理，是由几个部门进行村寨建设、保护与发展等工作，存在机构设置不合理的局面。部门之间相互协调不明确，政策保护机制需要健全。政府监督措施缺乏，政策抢救保护措施不力，无具体可操作性措施，造成政策监督力度不够。上述问题具体反映了恩施州少数民族特色村寨保护政策立法中存在的问题。

现实中许多少数民族特色村寨保护相关政策出现了替代性执行或象征性执行等现象，其原因都是由于政策执行人员缺乏必要的专业知识及能力，理解不了政策或者任意解读甚至歪曲政策的本意，导致了政策在宣传、执行中的失真、失当乃至失误，执行不力。政策执行策略模糊不清表现出"政绩工程"明显的现象，主要有重申报轻保护、重投入轻验收、重"面子"轻"里子"等方面，导致少数民族特色村寨发展缓慢。资金匮乏是开展少数民族特色村寨保护工作所面临的一个普遍问题。资金来源渠道有限与资金量不足是资金匮乏的主要体现。法律没有明确保护主体的权利内容，村民参与权、监督权没有充分体现，而政府部门没有被赋予权力对村民的民居特色建筑等方面的处理权、使用权加以限制，造成权力内容落实不到位。当前，恩施州纳入保护范围的少数民族特色村寨数量涨幅比例不大，略呈下降趋势，而真正纳入村寨建设数量还未过半，其建设也仅限于对特色民居外观改造、人居环境改善、公共基础服务设施建设、生态环境改善等方面，对于"非遗"深度挖掘、保护、传承力度不够，保护内容不全。恩施州大部分村寨保护模式呈现出"轻保护、重发展"趋势，注重村寨经济价值忽略其他价值，保护模式较片面，设计缺乏科学性，有违政策制定构想。以上问题是恩施州少数民族特色村寨保护政策执法存在的问题的具体表现。

恩施州少数民族特色村寨保护政策实践参与存在的问题，包括利益分配失衡和村民参与意识淡薄两个方面。在进行少数民族特色村寨保护过程中，除了对村民民居外观加以打造、加大村寨公共基础服务设施建设，村民有良好的人居生活环境外，对于村寨资源开发与利用，政府和开发商是最大既得利益者，绝大部分村民没有分享利益，是利益分配失衡的主要体现。村民参与能力不足、政策支持力度不强、基层组织工作不力、特色民居建设与改造的经济成本高等一系列因素是村民参与意识淡薄的主要根源。

在新型城镇化和新农村建设背景下，恩施州少数民族特色村寨保护政策的完善需要健全政策体系、细化政策内容、转变保护理念、提高居民保护意识、科学编制保护规划、保障村寨建设资金专用、维护群众利益。

第一，健全政策体系包括修订自治条例、制定单行条例、补充配套政府规章制度。对《恩施州自治条例》第61条第2款内容进行补充，建议补充完整表述为："自治州自治机关制定州民族文化保护规划，大力发展民族传统文化事业和民族文化特色产业。抢救、挖掘、保护、整理、传承、弘扬民族民间文化、民族工艺等非物质文化遗产和鉴定、保存、维护、保护、修复、修缮历史遗迹、文物古迹、民族特色建筑等物质文化遗产，鼓励、支持民族特色村寨的公共文化服务设施体系、人居环境基础设施、自然生态环境改善的建设、保护与管理，培养和保护有才华、有贡献的民族民间艺人。"根据恩施州自治条例第61条第2款的立法依据，建议制定《恩施州少数民族特色村寨保护单行条例》，并对该条例所规定的保护目标、条例适用范围、保护原则、保护机构及职责、保护客体范围、保障及义务、保护具体措施及相应实施具体要求等方面进行法律内容明确，《单行条例》的制定为少数民族特色村寨提供了专门有针对性保护的法律保障。恩施州政府依据立法之规定，补充相应的配套政府规章，利用现有的《关于恩施州少数民族特色村寨保护实施意见》进行新的内容修正，将在现有总体目标、基本原则、保护范围、保护内容、命名方案及保障措施等内容基础上，对保护工作的基本原则与保障措施进行完善与补充。

第二，细化政策内容包括规范政策主体及其地位与职责、完善少数民族特色村寨保护标准、明确具体保护措施。无论国内还是国外在立法上明确表明了相关少数民族特色村寨类保护主体是政府部门、企事业单位及各类组织、公民。对于恩施州少数民族特色村寨而言，不仅在立法上要明确具体的主体，还要明确每一个主体所行使的职责范围、所处的地位、相应具体分工与各自所发挥的作用，以及各主体彼此间的协调、配合与紧密相连，构成利益多元的共同体。因此，恩施州少数民族特色村寨保护主体应当是政府主导、社会参与（市场运作下招商引资的开发机构、民间组织、媒体界、学术界）、村民主体。少数民族特色村寨保护标准的定位应当依据其基本特征属性来衡量，就目前国家政策层面与恩施州地方政策层面而言，所纳入少数民族特色村寨保护范围的评定标准及传统村落的评价体系解读表明：保护条件应当具有历史性、民族性、生态性。中国社会的基层在乡村，村寨属于乡土社区范畴，具有典型的乡土性，国际立法《关于乡土建筑遗产的宪章》也明确了乡土性，完善恩施州少数民族特色村寨评定保护标准应当在之前基础上加入乡土性。

　　针对恩施州少数民族特色村寨保护政策措施仅表现在宏观性指导层面的现实状况，不同的对象提出相应具体做法，对执行者提供了明确的操作步骤。恩施州少数民族特色村寨的物质文化遗产主要包括对传统建（构）筑、历史建筑、特色民居、公共民族文化场所、宗教信仰等标志性建筑以进行调查、认定、维修、保存的方式进行保护，如被列入文物保护单位或中国历史文化名城名镇名村保护的物质文化遗产则依照《文物保护法》与《历史文化名城名镇名村保护条例》要求保护。非物质文化遗产主要包括对民族传统文化、民间歌舞、戏曲、传统技艺、手工制作工艺、宗教风俗仪式等以调查、名录、传承、传播的方式进行保护，如被"申遗成功"的"非遗"则按照《非物质文化遗产保护法》要求进行保护。村寨风貌主要包括对传统格局与历史风貌从格局整治、新建、改建控制、拆除许可制度四个方面进行明确要求与规定制定措施，有效保护村寨传统范围与轮廓、传统肌理与风貌及维持公共空间传统形态与功能。村寨环境主要包括对人工再造环境与自然环境制定措施进行保护，通过禁止破坏人工再造环境，保护山体、水体、自然植被、历史地形地貌等自然环境景观采取生态修复、整治、改造及拆除等措施进行保护。

村寨功能复兴主要包括对村寨的人口、土地、交通、通信、特色产业、旅游等方面制定相对应的具体措施进行现代适应性更新，恢复村寨价值功能。

第三，转变保护理念包括适度原真性保护、注重类型保护、强调整体性保护。少数民族特色村寨保护需要转变保护观念，在充分认识居民对文化价值观和经济价值双重认同基础上，对于少数民族特色村寨所承载的居住功能不应过分强调而是适度原真性保护，传统民居需在现代化保护进程中得到再生发展。当传统材料已不适应传统工艺的现代化改造时，特色村寨现代建造技术应当在保护传统建筑本质所蕴含的精神和传统符号基础上，运用传统建造技术选用可替代材料营造出"神似"的传统建筑，以适应现代生活方式的必然转变，以此体现适度原真性保护理念。

恩施州少数民族特色村寨建设、保护与发展要注重分类型保护，根据特色类型分为生态主导型、文化主导型、产业主导型、综合协调型。其中，生态主导型的村寨生态环境良好，农业生产条件也好，适合继续发展生态农业，但对于交通基础设施和规划控制引导至关重要。文化主导型的村寨虽然民族文化遗产保存完整，民族传统文化自发传承意识具有习惯性，但多位于偏远山区，有一部分可能是空心村，交通不发达，公共基础设施不完善、经济发展相对落后，面临自生自灭的危险，需要注入新的动力机制进行保护。产业主导型的村寨旅游开发条件较好，交通便利，周边具有大客源市场、村民生活水平较高、公共基础设施较齐全、村寨风貌整洁、村寨特色可持续发展。因此，选择合理的商业运作模式，实施产权界定，对原住民进行有效的妥善安置和建立利益分配机制至关重要。综合协调型的村寨地处于318国道、209国道等交通干道沿线和旅游景区周边地区，交通便利、公共基础设施较完整，是民族团结示范村，生态、文化、旅游及特色产业等综合协调发展。因此，全面采用上述已阐述的产业主导型保护和生态主导型保护的应对策略之外，充分利用良好的基础条件优势，大力发展生态特色产业，综合协调发展很重要。

整体性保护就是要求人、房子及周围的环境一起保护，这样可以共生互补，彼此滋养，既是民生利益需求的体现，也是文化遗产活态传承延续的根本所在，更是体现了人与自然的和谐相处。强调整体性保护理念，尊重民意，将原住民切身利益放在村寨保护和利用的首位，兼顾协调各方利益和平衡各种关系，切实改善人居环境条件，适宜人居，真正体现"为人民服务"的宗旨，实现社会、经济、文化全面发展。

第四，完善恩施州少数民族特色村寨保护政策的落实途径主要包括五个方面：一是提高居民保护意识，支持居民参与。提高居民保护意识，政府部门就要加大政策力度，深入开展少数民族特色村寨保护的宣传教育，增强居民的村寨保护意识，对村民进行引导、鼓励，并用实际行动支持村民参与村寨保护的各项工作；将村寨民族文化特色编入乡土文化教材，列入教学计划，培养乡土文化情怀，提高居民保护意识。

二是支持居民参与就要提高村民参与村寨旅游开发的积极性。当地政府部门要将旅游开发中的各方利益充分协调好，给村民参与旅游开发创造全方位的机会，支持居民参与的同时，切实尊重村民主体地位，维护其切身利益，村民享受到真正的实惠，村民对于村寨保护意识才会逐渐增强。

三是科学编制保护规划。政策执行必须要制订合理的规划，不同的少数民族特色村寨有各自人文、地理因素的文化特色风格，编制具有科学性、较强可操作性的保护规划是恩施州少数民族特色村寨保护政策顺利实施的基本保障。秉承保护优先、可持续利用原则，遵从国内与国际公约（宪章）立法思想的指导要求，根据村寨历史风貌、历史环境要素、空间格局、传统建筑、自然生态环境、文化环境现状制订保护规划方案，并规定具体操作要求。同时，要根据不同村寨的保护现状、保护规模、经济发展状况因地制宜地制订现阶段与后期保护规划。

四是保障村寨建设资金专用。建议设立资金保障制度可以稳定少数民族特色村寨保护政策执行所需资金来源，确保少数民族特色村寨保护资金的专款专用，明确资金的来源渠道，建立政府与民间专业性团体组织共同监督资金使用的监督路径，促进村寨持久、协调、稳定保护与发展。确保资金来源方面，可以将少数民族特色村寨保护经费纳入本级政府每年度财政预算，设置专项资金专项分配专项使用。各级政府应当将新农村建设中用于基础设施补助的经费或政策扶持的一定比例倾斜于少数民族特色村寨基础设施建设；州级政府应当在城市维护费用中确定一定比例的少数民族特色村寨保护费用；县（市）级政府应当将少数民族特色村寨保护所需经费纳入每年度财政预算，以确保少数民族特色村寨保护经费来源。地方政府还应当将少数民族特色村寨出让土地所获得利益部分比例返还用于少数民族特色村寨保护，同时州级政府也应当考虑将土地出让所盈利部分提出一定比例，建立少数民族特色村寨保护专项基金，用于支持需要重点扶持项目。还应当鼓励与引导社会资本投入少数民族特色村寨保护与发展，建立保护基金。此外，还可以建立"少数民族特色村寨民间保护基金会"，面向社会、企业募集资金用于少数民族特色村寨保护与利用，加大村寨保护与利用的力度。保护资金使用方面，建议建立政府与民间非营利性专业团体组织联合监督管理机制，意指结合国家现有监督体制，少数民族特色村寨保护资金使用监督形成对村寨保护进行事中与事后监督的两条路径机制，即少数民族特色村寨保护专家对于保护村寨事中与事后的保护资金具体使用过程中的一系列监督，与国家政府利用公权力手段对少数民族特色村寨保护事中与事后的保护资金具体使用单位的监督。由这类民间专业团体联合政府参与资金使用监督，有利于资金合理规划与公正使用，还有利于保证少数民族特色村寨保护专项资金的专款专用。

五是发展经济，维护群众利益。只有通过政策推动发展当地村寨经济，经济实力增强，政府部门才有条件有实力维护老百姓在居住、就业、收入、参与等方面的切身利益。不断加大对少数民族地区政策扶持与倾斜力度，促进村寨产业多元化，扩宽产业渠道，加大对农村地区相适应的农业现代化、林业、牧业、渔业、副业及服务业支持力度，充分利用村寨特有的稀有性资源进行特色主导产业培育与旅游产业开发，随着经济发展，村民居住生活条件得到相应改善，产业领域扩宽，增加了村民就业机会，收入不断提高，老百姓看到了生活富裕的希望，保护意识提升，参与村寨保护与发展的积极性增强。

行文至此，拟将结束全书。虽然历经博览书阁与足迹村寨，在长期田野中完成研究初成而倍感欣慰，但也为本书中明显不足而甚感不安，有些问题还需要作进一步的研究和探讨。例如，对政策制定及执行中存在问题研究理论深度不够，对于政策研究模式的理论驾驭尚有不足，从公共政策角度评价政策体系缺少关注，政策影响下的村寨乡土文化生活变迁理论分析没有涉足，少数民族特色村寨现代适应性保护模式创新研究需要不断深入，这是笔者才疏学浅、研究视野狭窄以及时间精力有限所致，但亦成为今后所加倍努力的学术研究方向。

参考文献

（按作者姓氏拼音首字母排序）

一　中文专著类

［1］安学斌：《少数民族非物质文化遗产研究——以云南巍山彝族打歌为例》，民族出版社 2008 年版。

［2］郝苏民、文化主编《抢救保护非物质文化遗产：西北各民族在行动》，民族出版社 2006 年版。

［3］包桂荣等：《民族自治地方少数民族非物质文化遗产的法律保护研究——以蒙古族为例》，民族出版社 2010 年版。

［4］单霁翔：《城市化发展与文化遗产保护》，天津大学出版社 2006 年版。

［5］单霁翔：《从"文物保护"走向"文化遗产保护"》，天津大学出版社 2008 年版。

［6］戴彦：《巴蜀古镇历史文化遗产适应性保护研究》，东南大学出版社 2010 年版。

［7］邓显超：《中国文化发展战略研究》，江西人民出版社 2009 年版。

［8］费孝通：《江村经济》，上海人民出版社 2007 年版。

［9］费孝通：《中华民族多元一体格局》，中央民族大学出版社 1989 年版。

［10］费孝通：《江村经济——中国农民的生活》，上海人民出版社 2006 年版。

[11] 方明、薛玉峰、熊燕:《历史文化村镇与发展指南》,中国社会出版社 2006 年版。

[12] 樊传庚:《新疆文化遗产的保护与利用》,中央民族大学出版社 2006 年版。

[13] 方慧等:《云南少数民族传统文化的法律保护》,民族出版社 2002 年版。

[14] 高轩:《我国非物质文化遗产行政法保护研究》,法律出版社 2012 年版。

[15] 高丙中:《现代化与民族生活方式的变迁》,天津人民出版社 1997 年版。

[16] 高丙中、纳日碧力戈等:《现代化与民族生活方式的变迁》,天津人民出版社 1997 年版。

[17] 高其才:《中国习惯法论》,湖南出版社 1995 年版。

[18] 高发元:《中国民族村寨调查丛书》,云南大学出版社 2004 年版。

[19] 国家民委政策研究室编:《国家民委民族政策文件选编(1979—1984)》,中央民族学院出版社 1988 年版。

[20] 国家民委办公厅等:《中华人民共和国民族政策法规选编》,中国民航出版社 1997 年版。

[21] 国家民委经济发展司编著:《中国少数民族特色村寨保护与发展经验研究》,民族出版社 2013 年版。

[22] 国务院法制办农业资源环境保护法制司、住房和城乡建设部法规司、城乡规划司共同编:《历史文化名城名镇名村保护条例释义》,知识产权出版社 2009 年版。

[23] 胡惠林:《文化政策学》,上海文艺出版社 2003 年版。

[24] 何龙群:《中国共产党民族政策史论》,人民出版社 2005 年版。

[25] 黄海珠:《民族旅游村寨建设研究》,中国经济出版社 2009 年版。

[26] 李墨丝:《非物质文化遗产保护国际法制研究》,法律出版社 2010 年版。

[27] 李资源等：《中国共产党少数民族文化建设研究》，人民出版社 2011 年版。

[28] 刘锡诚：《非物质文化遗产：理论与实践》，学苑出版社 2009 年版。

[29] 李珊：《新中国文化政策与少数民族音乐舞蹈艺术的发展》，西南交通大学出版社 2011 年版。

[30] 李资源：《中国共产党民族法制建设史研究》，人民出版社 2009 年版。

[31] 林庆：《民族记忆的背影：云南少数民族非物质文化遗产研究》，云南大学出版社 2007 年版。

[32] 雷振扬：《中国特色民族政策的完善与创新研究》，民族出版社 2009 年版。

[33] 贾银忠：《中国少数民族非物质文化遗产教程》，民族出版社 2008 年版。

[34] 金炳镐、王铁志主编：《中国共产党民族纲领政策通论》，黑龙江教育出版社 2002 年版。

[35] 金炳镐主编：《民族纲领政策文献选编·第二编》，中央民族大学出版社 2006 年版。

[36] 金炳镐主编：《中国共产党民族工作理论与实践》，中央民族大学出版社 2007 年版。

[37] 金炳镐主编：《中国改革开放 30 年民族政策发展》，中央民族大学出版社 2009 年版。

[38] 金炳镐：《中国共产党民族政策发展史》，中央民族大学出版社 2006 年版。

[39] 金炳镐、青觉：《中国共产党三代领导集体的民族理论与实践》，黑龙江教育出版社 2004 年版。

[40] 金炳镐主编：《新中国民族政策 60 年》，中央民族大学出版社 2009 年版。

[41] 金炳镐主编：《新中国民族理论 60 年》，中央民族大学出版社 2010 年版。

[42] 康保成主编:《中国非物质文化遗产保护发展报告》,社会科学文献出版社 2013 年版。

[43] 马京:《中国民族村寨调查纪实》,云南大学出版社 2004 年版。

[44] 马莉:《非物质文化遗产与历史变迁中的地方社会——以歌谣为中心的解读》,北京师范大学出版社 2011 年版。

[45] 马林:《民族地区可持续发展论》,民族出版社 2006 年版。

[46] 马曼丽等:《中国西北跨国民族文化变异研究》,民族出版社 2003 年版。

[47] 马克林:《回族传统文化研究》,中国社会科学出版社 2006 年版。

[48] 马丽雅等编:《中国民族语文政策与法律评述》,民族出版社 2007 年版。

[49] 马京、李菊梅:《中国民族村寨调查纪实》,云南大学出版社 2004 年版。

[50] 马翀炜、陆群:《中国民族村寨调查——湖南永顺县双凤村调查》,云南民族出版社 2004 年版。

[51] 穆殿春、林钧昌:《民族政策概论》,民族出版社 2010 年版。

[52] 普丽春:《少数民族非物质文化遗产教育传承研究》,民族出版社 2010 年版。

[53] 祁庆富:《少数民族文化遗产保护的难点及对策》,参见侯远高、刘明新编《西部开发与少数民族权益保护》,中央民族大学出版社 2006 年版。

[54] 宋蜀华、白振声:《民族学理论与方法》,中央民族大学出版社 1998 年版。

[55] 宋蜀华、满都尔图:《中国民族学五十年》,人民出版社 2004 年版。

[56] 宋志斌:《一个回族村的当代变迁》,宁夏人民出版社 1998 年版。

[57] 司马俊莲:《少数民族文化权利的法理研究》,中国社会科学出版社 2014 年版。

[58] 司马俊莲：《少数民族文化权利研究》，民族出版社2009年版。

[59] 司永成：《民族教育政策法规选编》，民族出版社2011年版。

[60] 沈桂萍：《少数民族干部教育问题研究》，民族出版社2004年版。

[61] 索晓霞：《并非两难的选择：云贵少数民族文化保护与开发问题研究》，贵州人民出版社2002年版。

[62] 吴浩：《中国侗族村寨文化》，民族出版社2004年版。

[63] 王文章主编《非物质文化遗产概论》，教育科学出版社2013年版（2014年重印）。

[64] 王文章主编《中国非物质文化遗产保护论坛论文集》，文化艺术出版社2006年版。

[65] 王文章：《非物质文化遗产保护研究》，文化艺术出版社2009年版。

[66] 文日焕、祁庆富主编《民族遗产·第1辑》，学苑出版社2008年版。

[67] 文日焕、祁庆富主编《民族遗产·第2辑》，学苑出版社2009年版。

[68] 文日焕、祁庆富主编《民族遗产·第3辑》，学苑出版社2010年版。

[69] 王军、董艳主编《民族文化传承与教育》，中央民族大学出版社2007年版。

[70] 王铁志主编《新时期民族政策的理论与实践》，民族出版社2001年版。

[71] 王继光主编《中国西部民族文化研究》，民族出版社2003年版。

[72] 王鹤云：《保护民族民间文化的立法模式思索》，参见郑成思编《知识产权文丛》（第8卷），中国方正出版社2002年版。

[73] 王金凯、吴恩福：《中国特色村寨实践探索》，中国社会出版社2007年版。

[74] 吴浩：《中国侗族村寨文化》，民族出版社2004年版。

［75］乌丙安：《非物质文化遗产保护理论与方法》，文化艺术出版社2010年版。

［76］吴一文：《文化多样性与乡村建设》，民族出版社2008年版。

［77］徐中起主编：《中国少数民族文化权益保护研究》，中央民族大学出版社2009年版。

［78］徐万邦、祁庆富：《中国少数民族文化通论》，中央民族大学出版社1996年版。

［79］徐万邦、祁庆富：《中国少数民族文化通论》，中央民族大学出版社1996年版。

［80］肖青：《民族村寨文化的现代建构——一个彝族村寨的个案研究》，云南大学出版社2009年版。

［81］肖琼：《民族旅游村寨可持续发展研究》，经济科学出版社2013年版。

［82］肖丽春：《少数民族非物质文化遗产教育传承研究：以云南为例》，民族出版社2010年版。

［83］肖青等：《西南少数民族地区村寨生态文明建设研究》，科学出版社2014年版。

［84］杨兆麟：《原始物象：村寨的守护和祈愿》，云南教育出版社2000年版。

［85］杨明：《非物质文化遗产的法律保护》，北京大学出版社2014年版。

［86］苑利、顾军：《非物质文化遗产学》，高等教育出版社2009年版。

［87］姚重军：《少数民族传统体育文化研究》，民族出版社2004年版。

［88］姚顺增：《云南民族村寨调查——理论与实际相结合的三个环节》，云南民族出版社2004年版。

［89］易小明等：《民族文化差异与经济发展》，湖南师范大学出版社1998年版。

［90］尹绍亭：《民族文化生态村——云南试点报告》，云南民族出版

社 2002 年版。

［91］严永和：《论传统知识的知识产权保护》，法律出版社 2006 年版。

［92］延林、谭宏、刘壮主编《非物质文化遗产概论》，北京师范大学出版社 2010 年版。

［93］张跃：《中国民族村寨研究》，云南大学出版社 2004 年版。

［94］张金鹏、寸云激：《民居与村落：白族聚居形式的社会人类学研究》，云南美术出版社 2002 年版。

［95］张庆善编《中国少数民族艺术遗产保护与艺术发展国际学术研讨会论文集》，文化艺术出版社 2004 年版。

［96］张仲谋：《非物质文化遗产传承研究》，文化艺术出版社 2008 年版。

［97］赵勇：《中国历史文化名镇名村保护理论与方法》，中国建筑工业出版社 2008 年版。

［98］赵学先：《云南少数民族非物质文化遗产研究》，云南民族出版社 2009 年版。

［99］赵学义、关凯主编《政策视野中的少数民族非物质文化遗产》，民族出版社 2010 年版。

［100］周勇：《少数人权利的法理》，社会科学文献出版社 2002 年版。

［101］周欣宜：《传统知识特殊保护制度之探讨》，参见郑成思编《知识产权文丛》（第 13 卷），中国方正出版社 2006 年版。

［102］周岚：《历史文化名城的积极保护与整体创造》，科学出版社 2010 年版。

［103］周建明：《中国传统村落——保护与发展》，中国建筑工业出版社 2014 年版。

［104］张跃：《中国民族村寨研究》，云南大学出版社 2004 年版。

［105］张松：《历史城市保护学导论》，上海科学技术出版社 2001 年版。

二 期刊类

[1] 郝苏民:《文化场域与仪式里的"花儿"——从人类学视野谈非物质文化遗产保护》,《民族文学研究》2005年第4期。

[2] 郝亚明:《少数民族文化与中华民族共有精神家园建设》,《广西民族研究》2009年第1期。

[3] 陈立鹏:《改革开放30年来我国民族教育政策回顾与评析》,《民族研究》2008年第5期。

[4] 陈立鹏等:《我国民族教育政策30年》,《中国民族教育》2008年第11期。

[5] 陈仲、李印、杨姗姗:《广西少数民族非物质文化遗产开发式保护研究——以融水苗族系列坡群旅游开发为例》,《前沿》2009年第12期。

[6] 陈志勤:《非物质文化遗产的创造与民族国家认同——以"大禹祭典"为例》,《文化遗产》2010年第2期。

[7] 陈兴贵:《多元文化教育与少数民族文化的传承》,《云南民族大学学报》(哲学社会科学版)2005年第5期。

[8] 陈乐齐:《关于少数民族文化体制改革的若干思考》,《中南民族大学学报》(人文社会科学版)2011年第2期。

[9] 陈路芳:《少数民族文化政策的功能定位探析》,《云南社会科学》2011年第3期。

[10] 陈燕:《民族村寨旅游开发的传统模式与生态博物馆模式比较》,《玉溪师范学院学报》2009年第3期。

[11] 陈金龙:《包容性发展视野下的西部少数民族文化利益保护》,《西南民族大学学报》(人文社会科学版)2012年第8期。

[12] 曹小琳、马小均:《小城镇建设的国际经验借鉴及启示》,《重庆大学学报》(社会科学版)2010年第2期。

[13] 曹大明、黄柏权、葛政委:《宜昌车溪少数民族特色村寨的"特色"建构及其社会变迁研究》,《黑龙江民族丛刊》2011年第4期。

[14] 丁煌:《政策执行》,《中国行政管理》1999年第11期。

[15] 丁煌：《利益分析：研究政策执行问题的基本方法论原则》，《广东行政学院学报》2004年第3期。

[16] 丁健、彭华：《民族旅游开发的影响因素及开发模式》，《中南民族大学学报》（人文社会科学版）2002年第2期。

[17] 段超：《保护和发展少数民族特色村寨的思考》，《中南民族大学学报》（人文社会科学版）2011年第5期。

[18] 房亚明：《关于少数民族特色村寨保护与发展的思考》，《农村财政与财务》2011年第3期。

[19] 冯静、杨云：《利益视角下的公共政策过程分析》，《中国行政管理》2009年第1期。

[20] 方慧：《云南少数民族文物法律保护的问题与思考》，《民族研究》2000年第4期。

[21] 高兆明：《多民族国家中少数民族文化保护的主体问题》，《西南民族大学学报》（人文社会科学版）2011年第10期。

[22] 贺能坤：《民族村寨开发的基本要素研究》，《贵州民族研究》2010年第1期。

[23] 贺学君：《关于非物质文化遗产保护的理论思考》，《江西社会科学》2005年第2期。

[24] 哈正利：《当代中国少数民族宗教政策简评》，《中共济南市委党校学报》2009年第2期。

[25] 何永斌：《云南少数民族非物质文化遗产的特点与保护策略》，《西南民族大学学报》（人文社科版）2009年第8期。

[26] 黄惠琨：《西双版纳曼景兰旅游新村总策划》，《思想战线》2001年第5期。

[27] 黄才贵：《调查研究对民族村寨的认识与保护发展》，《贵州民族研究》2002年第3期。

[28] 黄萍：《创建四川民族文化生态旅游可持续发展模式研究》，《西南民族大学学报》2005年第8期。

[29] 黄亮、陆林、丁雨莲：《少数民族村寨的旅游发展模式研究》，《旅游学刊》2006年第5期。

［30］黄桂秋、黄燕熙：《广西非物质文化遗产保护问题与对策》，《广西师范学院学报》（哲学社会科学版）2009年第2期。

［31］黄涛：《论非物质文化遗产的情境保护》，《中国人民大学学报》2006年第5期。

［32］胡祥华：《深入推进少数民族特色村寨保护和发展试点工作》，《民族大家庭》2010年第5期。

［33］姜爱：《湖北少数民族特色村寨保护与发展经验探析》，《湖北社会科学》2012年第5期。

［34］江晓云：《少数民族村寨生态旅游开发研究——以临桂东宅江瑶寨为例》，《经济地理》2004年第4期。

［35］金颖若：《试论贵州民族文化村寨旅游》，《贵州民族研究》2002年第1期。

［36］李洋、王辉：《利益相关者理论的动态发展与启示》，《现代财经》2004年第7期。

［37］李善民、毛雅娟、赵晶晶：《利益相关者理论的新进展》，《经济理论与经济管理》2008年第12期。

［38］李昕：《社会参与非物质文化遗产保护的学理性分析》，《民族艺术》2008年第2期。

［39］李龙熙：《对可持续发展理论的诠释与解析》，《行政与法》2005年第1期。

［40］李艳晖、陈才佳、罗菲：《非物质文化遗产保护视角的平地瑶蝴蝶歌传承人调查》，《黑龙江民族丛刊》2011年第1期。

［41］李晓霞：《论我国民族文化政策的"求同"与"存异"》，《新疆大学学报》（哲学社会科学版）2003年第1期。

［42］李智伟、张超：《旅游开发中贵州民族村寨文化遗产的保护》，《西南民族大学学报》2008年第4期。

［43］李安辉：《社会转型期民族区域自治政策的完善与创新研究》，《中南民族大学学报》2009年第5期。

［44］李强：《少数民族村寨旅游的社区自主和民族文化保护与发展》，《贵州民族研究》2010年第2期。

［45］李吉和:《论少数民族流动人口与民族交融——基于中东部地区穆斯林群体的研究》,《中南民族大学学报》2012年第5期。

［46］李安辉:《少数民族特色村寨保护与发展政策探析》,《中南民族大学学报》2014年第4期。

［47］李强:《少数民族村寨旅游的社区自主和民族文化保护与发展》,《贵州民族研究》2010年第2期。

［48］罗永常:《民族村寨旅游发展问题与对策研究》,《贵州民族研究》2003年第8期。

［49］罗永常:《黔东南民族文化旅游资源开发现状分析与对策研究》,《贵州民族研究》2004年第6期。

［50］龙祖坤:《民族地区村寨经济的发展模式探析》,《湖南大学学报》(社会科学版)2010年第2期。

［51］龙运荣:《近十年来我国少数民族非物质文化遗产研究述评》,《贵州师范大学学报》(社会科学版)2012年第1期。

［52］郎玉屏:《现代化进程中少数民族非物质文化遗产传承研究》,《西南民族大学学报》(人文社科版)2009年第10期。

［53］林文勋、张锦鹏:《云南少数民族特色村寨经济发展的结构特征》,《云南师范大学学报》2002年第1期。

［54］林文勋、张锦鹏、杨华星:《云南少数民族村寨经济现状及发展对策》,《云南民族学院学报》2002年第4期。

［55］牟延林、吴安新:《非物质文化遗产保护中的政府主导与政府责任》,《现代法学》2008年第1期。

［56］南文渊:《少数民族自治区建立民族特色文化生态保护区研究》,《黑龙江民族丛刊》2012年第1期。

［57］沙爱霞:《宁夏纳家户民族生态旅游村的建设研究》,《宁夏大学学报》(自然科学版)2004年第3期。

［58］石雯慧、李忠斌:《少数民族特色村寨保护发展研究综述》,《民族论坛》2013年第2期。

［59］申小卉、苏哲:《论民族民间文化的版权保护》,《中南民族大学学报》(人文社会科学版)2006年第4期。

［60］田敏莉、龙晔生、李忠斌："少数民族特色村寨的保护与发展——以咸丰县官坝村为例"，《民族论坛》2014年第1期。

［61］田敏："湘西民族文化旅游资源开发的理论思考"，《中南民族大学学报》2006年第2期。

［62］谭红春："关于少数民族非物质文化遗产保护实践的反思——以中国瑶族盘王节为例"，《广西民族研究》2009年第2期。

［63］唐小冬："少数民族非物质文化遗产的立法保护——以内蒙古自治区为例"，《内蒙古大学学报》（哲学社会科学版）2008年第5期。

［64］王岚：《四川少数民族特色村寨保护与发展现状及对策分析》，《贵州民族研究》2013年第6期。

［65］王伯承：《贵州省民族村寨保护与发展的现状、问题及对策》，《贵州民族学院学报》2011年第5期。

［66］王戈：《文化多样性与我国民族民间文化的保护》，《中南民族大学学报》（人文社会科学版）2003年第3期。

［67］汪立珍：《少数民族非物质文化遗产的保护与教育》，《民族教育研究》2005年第6期。

［68］吴泽荣：《广东少数民族特色村寨保护与发展思考——以连南南岗千年瑶寨和乳源必背瑶寨为例》，《广东技术师范学院学报》2012年第4期。

［69］肖青、李宇峰：《民族村寨文化的理论架构》，《云南师范大学学报》2008年第3期。

［70］许宪隆：《文化生态学语境下的共生互补观——关于散杂居民族关系研究的新视野》，《中南民族大学学报》2011年第5期。

［71］严永和：《我国台湾非物质文化遗产法律保护制度述评》，《中央民族大学学报》2009年第5期。

［72］姚顺增：《云南少数民族村寨向"经济型、社会型、全面型"发展》，《云南民族大学学报》（哲学社会科学版）2010年第1期。

［73］杨福泉：《少数民族文化保护与传承新论》，《云南社会科学》2007年第6期。

［74］杨顺清：《繁荣发展少数民族文化的原则与政策浅析》，《西南

民族大学学报》（人文社科版）2007年第11期。

［75］杨英姿：《少数民族特色村寨的保护与开发——以黔江区小南海镇板夹溪十三寨为视角》，《清江论坛》2011年第4期。

［76］张太保：《论公民监督与制度保障》，《四川行政学院学报》2011年第1期。

［77］张同基、吴克泽：《村政管理中面临的几个问题和思考——纳家户村调查记》，《宁夏社会科学》1998年第6期。

［78］张爱琴：《我国少数民族非物质文化遗产学校教育传承的政策分析》，《民族教育研究》2010年第1期。

［79］张宏玉：《论现代化进程中少数民族文化的传承与发展》，《学术交流》2012年第11期。

［80］张华明、滕健：《民族村寨旅游开发的CCTV模式——以西双版纳"中缅第一寨"勐景来为例》，《贵州民族研究》2006年第3期。

三 学位论文类

［1］陈廷亮：《守护民族的精神家园》，中央民族大学2009年博士学位论文。

［2］樊传庚：《新疆文化遗产的保护与利用》，中央民族大学2005年博士学位论文。

［3］韩小兵：《中国少数民族非物质文化遗产法律保护基本问题研究》，中央民族大学2010年博士学位论文。

［4］黎明：《少数民族文化遗产的现代传承与法律保护》，兰州大学2007年博士学位论文。

［5］田艳：《中国少数民族文化权利法律保障研究》，中央民族大学2007年博士学位论文。

［6］吴磊：《我国少数民族非物质文化遗产政策研究》，中央民族大学2012年博士学位论文。

［7］向明：《基于社区居民感知与态度的民族村寨旅游发展研究——以德夯苗寨为例》，陕西师范大学2008年硕士学位论文。

［8］姚俊一：《少数民族特色村寨保护与发展政策研究——以来凤县

舍米湖村为例》，中南民族大学2012年硕士学位论文。

四　译文著作类

［1］［挪］A. 艾德、C. 克洛斯、A. 罗萨斯：《经济、社会和文化权利教程》（修订第二版），中国人权研究会组织翻译，四川出版集团、四川人民出版社2004年版。

［2］［新］阿努拉·古纳锡克拉、［荷］塞斯·汉弥林克、［英］文卡特·耶尔：《全球化背景下的文化权利》，张毓强等译，中国传媒大学出版社2006年版。

［3］［英］厄内斯特·盖尔纳：《民族与民族主义》，韩红译，中央编译出版社2002年版。

［4］［美］艾尔·巴比：《社会研究方法》（第10版），邱泽奇译，华夏出版社2005年版。

［5］［西］比尼亚斯：《当代保护理论》，张鹏译，上海同济大学出版社2012年版。

［6］［美］道格拉斯·C. 诺斯：《经济史中的结构与变迁》，陈郁、罗华平等译，上海三联书店1994年版。

［7］［英］弗里德里希·冯·哈耶克：《通往奴役之路》，王明毅等译，中国社会科学出版社1997年版。

［8］［瑞典］格德门德尔·阿尔弗雷德松、［挪威］阿斯布佐恩·艾德：《世界人权宣言》《努力实现的共同标准》，中国人权研究会组织翻译，四川人民出版社1999年版。

［9］［英］E. 霍布斯鲍姆、T. 兰格：《传统的发明》，顾杭、庞冠群译，译林出版社2004年版。

［10］［美］克利福德·格尔兹：《文化的解释》，韩莉译，译林出版社1999年版。

［11］［美］肯尼思·D. 贝利：《现代社会研究方法》，许真译，上海人民出版社1986年版。

［12］［美］拉雷·N. 格斯顿：《公共政策的制定——程序和原理》，朱子文译，重庆出版社2001年版。

[13][德]赖纳·特茨拉大主编《全球化压力下的世界文化》,吴志成、韦苏等译,江西人民出版社2001年版。

[14][英]乔治·拉伦:《意识形态与文化身份:现代性和第三世界的在场》,戴从容译,上海教育出版社2005年版。

[15][美]斯图亚·S.那格尔编著:《政策研究百科全书》,林明等译,北京科学技术文献出版社1991年版。

[16][日]松本真澄:《中国民族政策之研究》,鲁忠慧译,民族出版社2003年版。

[17][加]威尔·金里卡:《少数人的权利》,邓红枫译,上海世纪出版集团2005年版。

[18][加]威尔·金里卡:《自由主义、社群与文化》,应奇、葛水林译,上海世纪出版集团2005年版。

[19][美]韦斯:《商业伦理——利益相关者分析与问题管理方法》,符彩霞译,中国人民大学出版社2005年版。

[20][英]约翰·斯道雷:《文化理论与通俗文化导论》,杨竹山等译,南京大学出版社2006年版。

五 网络类

[1]李长春:《深入学习实践科学发展观开创少数民族文化事业新局面》,2009年6月12日,新华社网站。

[2]国家民委关于印发《少数民族特色村寨保护与发展规划纲要(2011—2015)》的通知,参见中华人民共和国国家民族事务委员会网站。

[3]胡祥华:《对少数民族特色村寨保护发展工作的实践与思考》,湖北民宗网,http://www.tujiazu.org.cn/con-tant.asp?channelid=5&classid=21&id=446,2010年。

[4]田力:《关于开展少数民族特色村寨保护与发展工作的思考》,湘西民族网,http://www.xxzmw.com/yj/ShowInfo.asp?InfoID=1030,2011年。

[5]罗奋飞:《湘西州少数民族特色村寨的保护与开发研究》,中国民族宗教网,http://www.mzb.com.cn/html/report/221864-1.htm,

2011年。

［6］田力：《关于开展少数民族特色村寨保护与发展工作的思考》，湘西民族网，http：//www.xxzmw.com/yj/ShowInfo.asp？InfoID=1030，2011年。

附 录 一

少数民族特色村寨保护政策调查问卷
——以恩施州6个少数民族特色村寨为例

尊敬的先生/女士：您好！

非常感谢您在百忙之中抽出时间填写这份调查问卷！我们是中南民族大学的博士研究生，现从事少数民族特色村寨保护与发展政策的研究。我们进行此次问卷调查，旨在通过了解少数民族特色村寨保护与发展试点工作及政策执行情况，以便能进一步完善当前政策，促进少数民族特色村寨保护与发展，以维护好老百姓的切身利益为己任。本次调查结果不记名，对于您的回答也将保密，调查数据只用于统计分析。您对问卷中问题的回答无对错、好坏之分，真诚地希望您能如实进行作答，不必有任何顾虑。

填写要求：

1. 此次调查对象是少数民族特色村寨村民，请属于村寨村民及其他相关人员填写；

2. 凡符合您的情况和想法的项目，请在答案后的□内打"√"，或在横线"＿＿"上填写有关内容；

3. 有下划线"＿＿＿"的问题请符合这一情况的填写，不符合情况的请跳过回答下一题；

4. 如果有些题目未列出您的情况和想法，请在该题的空白处写出您的具体情况和想法；

5. 如果没有特别说明，题目均为单项选择；

6. 务必请您耐心逐项填写，请不要遗漏。

真诚感谢您的合作！

问卷编号：_____   调查地点：_____   调查时间：2016 年 ___ 月 ___ 日

一 调查对象基本情况

1. 您的性别：1）男□ 2）女□

2. 您的年龄：_____ 周岁

3. 您的民族：1）土家族□ 2）苗族□ 3）侗族□ 4）羌族□ 5）其他_____

4. 您的政治面貌：1）中共党员□ 2）民主党派□ 3）共青团员□ 4）群众□

5. 您的婚姻状况：1）已婚□（配偶民族_____） 2）未婚□（欲择偶对象民族_____）

6. 您的文化程度：1）不识字或识字很少□ 2）小学□ 3）初中□ 4）高中或中专□ 5）大专□ 6）本科及以上□

7. 您的职业：
1）家里务农□ 2）外地打工□ 3）本地经商□ 4）外地经商□ 5）乡村及以上干部□ 6）自由职业□ 7）其他□

二 家庭收入及消费情况

8. 您如在外务工月收入：
1）1000 元以下□ 2）1000—3000 元□ 3）3001—5000 元□ 4）5001—8000 元□ 5）8001—10000 元□ 6）1 万元以上□

9. 您如在家里务工或务农月收入：
1）500 元以下□ 2）500—1000 元□ 3）1001—3000 元□ 4）3001—5000 元□ 5）5001—8000 元□ 6）8001-1 万元□ 7）1 万元以上□

10. 您家庭平均年收入在村寨进行开发前后的变化程度：
1）很大提高□ 2）有一点提高□ 3）较大提高□ 4）下降了一些□ 5）下降了很多□ 6）没有改变□

11. 您现在收入的主要来源：（可多选，收入比重进行排序）

1）外地务工□　2）务农□　3）旅游纪念品销售□　4）旅游餐饮□　5）旅游住宿□　6）门票分红□　7）其他_____

12. 您的家庭支出在开发前后的变化程度（侧重生活开销与娱乐教育、高档品等消费结构方面）：

　　1）很大□　2）较大变化□　3）有一点变化□　4）变化不大□　5）没有变化□

13. 您是否参加了农村养老保险或低保：1）是□（_____保险）　2）否□

三　少数民族特色村寨保护政策实施情况（可多选）

14. 您家房子是否被纳入文物保护：1）是□　2）否□

15. 如被纳入文物保护后，政府有没有出台另批地基建房的规定：1）有□　2）没有□

16. 少数民族特色村寨建设主要是谁在负责做：

　　1）开发商□　2）政府□　3）村民□　4）其他□

17. 少数民族特色村寨保护的主人：

　　1）政府□　2）村民□　3）村委干部□　4）开发商□　5）其他_____

18. 你有参与过少数民族特色村寨的建设、保护与发展吗：1）有□　2）没有□

19. 如参与后，你有没有从中获利：

　　1）获利不多□　2）没有一点□　3）获利较多□

20. 少数民族特色村寨进行保护，你认为是谁的事情：

　　1）政府□　2）自己□　3）开发商□　4）不知道□　5）其他_____

21. 你们对政策制定的具体做法是否了解：

　　1）了解□　2）了解不多□　3）不了解□

22. 村寨建设，政府主要做了哪些方面：（可多选）

1）生态环境与人居环境的改善□　2）基础服务设施（水、电、网、路等）□　3）特色民居外观改造□　4）重要公共传统建筑□　5）民族传统文化挖掘、保护、管理、传承□　6）特色主导产业培育及旅游开发□

23. 村寨建设、保护与发展具体主要由哪些部门负责：

1）民宗局部门□　2）文体局部门□　3）建设部门□　4）旅游局部门□　5）农业部门□　6）档案局部门　7）委托基层村委组织　8）其他_____

24. 你家房子外观统一改造后，政府部门有没有负责人来验收：

1）有□　2）没有□　3）其他_____

25. 如有，验收过关或不过关都要签字吗：1）是□　2）否□　3）不知道□

26. 谁让你签字：

1）政府派人□　2）具体施工队负责人□　3）其他_____

27. 村寨搞旅游开发，有没有分享收益：

1）有，很多□　2）没有□　3）有，很少□

28. 如有，你觉得利益分配公平吗：1）公平□　2）不公平□

29. 村寨进行建设与旅游开发，相应政府补偿是否满意：1）满意□　2）不满意□

30. 补偿是否到位：

1）到位□　2）不到位□

31. 您对现在村寨保护政策执行态度：

1）比较满意□　2）满意□　3）不太满意□　4）非常不满意□　5）说不清□

32. 您对本寨建设、保护与发展积极性：1）高□　2）不太高□　3）说不清□

33. 参与积极性不高，主要问题：（可多选）

1）政策支持力度不强□　2）基层组织工作不力□　3）村民参与能力不足□　4）建造木房成本不高□　5）思想意识发生变化□　6）其他_____

34. 政府为村民居房外观打造，你家打造了吗：

　　1）打造□　　2）没有打造□

35. 政府主要打造哪些地方的民居房：（可多选）

　　1）公路边上的□　2）景区内的□　3）村寨重要的公共历史特色建筑□　4）划为文物保护区的□　5）上级领导视察看得见的地方□　6）其他_____

36. 村委基层组织对于村寨保护政策内容是否宣传到位：1）是□　2）否□

37. 村委组织领导经常与村民交流吗：

　　1）是□　　2）否□　　3）不知道□　　4）其他_____

38. 当前，对于村寨建设与开发而言，你最关心的是什么：（可多选）

　　1）经济利益□　2）文化保护与传承□　3）就业机会□　4）居民房外观打造□　5）生活环境□　6）娱乐活动□

39. 国家拨款建设与发展村寨，钱都用在村寨了吗：

　　1）全部用了□　2）用了部分□　3）没有□　4）其他_____

40. 如部分资金没有用在村寨，用在哪：（可多选）

　　1）县（市）建设□　2）乡（镇）建设□　3）村寨其他方面□　4）其他_____

41. 政府对村寨进行"穿衣戴帽"式投入外观打造，是否符合本村寨历史遗存的原生态特色？

　　1）大致符合□　2）部分符合□　3）完全不符合□

42. 有没有不属于村寨中的传统特色文化而移到本村寨打造的：

　　1）有□　2）没有□　3）不知道□

43. 村寨建设中出现问题需要解决：（可多选）

　　1）村委组织说了算□　2）村委会与村民集体交流解决□　3）上级政府说了算□　4）其他_____

44. 你是否愿意参加政府举办的各类培训活动：

　　1）十分愿意□　2）比较愿意□　3）一般□　4）不大愿意□　5）不愿意□

45. 您目前是否参加过政府举办的各类培训活动：
1）是，一直在□ 2）是，经常□ 3）是，偶尔□ 4）从来没有□ 5）不清楚□

46. 您对培训活动效果的态度：
1）十分满意□ 2）比较满意□ 3）一般□ 4）不满意□ 5）很不满意□

四　村民对旅游开发的看法

47. 大量游客进入您所在村寨，您的态度是：
1）欢迎□ 2）不欢迎□ 3）无所谓□ 4）讨厌□ 5）极其讨厌□

48. 您对大量投资者与从业人员进入村寨的态度是：
1）欢迎□ 2）不欢迎□ 3）无所谓□ 4）讨厌□ 5）极其讨厌□

49. 您认为游客到来对当地物价上涨带来的影响：
1）影响很大□ 2）影响较大□ 3）影响一般□ 4）影响不大□ 5）没有影响□

50. 您认为旅游开发给您带来的就业机会：
1）很多□ 2）较多□ 3）一般□ 4）不多□ 5）基本没有□

51. 您认为旅游开发给您带来的新的信息：
1）很多□ 2）较多□ 3）一般□ 4）不多□ 5）基本没有□

52. 您认为旅游开发给您带来的生活水平：
1）提高很多□ 2）提高较多□ 3）一般□ 4）没有提高□ 5）反而下降□

53. 您认为村寨建设与开发给您带来的环境影响（基础设施、卫生状况等）：
1）很大改善□ 2）较大改善□ 3）有一点改善□ 4）没有改善□ 5）反而恶化□

54. 您认为旅游开发给您带来的民族自豪感与文化认同：
1）很强☐　2）较强☐　3）一般☐　4）基本没有影响☐

55. 您觉得旅游业对日常劳作有无影响：
1）很大影响☐　2）较大影响☐　3）有一点影响☐　4）影响不大☐
5）没有影响☐

56. 您觉得旅游业对娱乐活动有无影响：
1）很大影响☐　2）较大影响☐　3）有一点影响☐　4）影响不大☐
5）没有影响☐

五　旅游开发对村民的影响

57. 现在过民族传统节日：
1）自发的☐　2）为满足游客需要刻意组织☐　3）二者兼之☐

58. 现在村民唱歌与舞蹈：
1）民族歌舞☐　2）流行歌舞☐　3）两者兼之☐

59. 现在村民进行歌与舞的娱乐活动：
1）精神感情活动☐　2）迎合游客需要☐　3）二者兼之☐

60. 有没有旅游开发前被村民们遗忘的节庆、歌舞，因为旅游业的需要被重新认识与开发的：1）有☐　2）没有☐

61. 何时穿本民族服饰：（可多选）
1）任何时候☐　2）节日喜庆☐　3）满足游客需要穿☐　4）从来不穿☐　5）为迎接上级领导视察工作时穿☐

62. 您对下一代外出务工的看法：
1）非常鼓励☐　2）有些鼓励☐　3）无所谓☐　4）反对☐
5）坚决反对☐

六　村民对政府及开发商的信任度与满意度

63. 您相信开发商做出的承诺吗：
1）非常相信☐　2）比较相信☐　3）有一点相信☐　4）不太相信

5）完全不相信□

64. 您对政府与开发商制定的门票收入分配方法满意吗：

  1）非常满意□ 2）比较满意□ 3）有一点满意□ 4）不太满意□ 5）完全不满意□

65. 您觉得政府在开发旅游这个问题方面，相信县（市）政府能从老百姓利益出发，制定出公平政策吗：

  1）非常相信□ 2）比较相信□ 3）有一点相信□ 4）不太相信□ 5）完全不相信□ 6）说不清□

66. 景区开发利益分配中，您看重哪一些：（可多选）

  1）现金收入分配□ 2）生活环境改善□ 3）教育培训□ 4）公共福利□ 5）基本保障□

67. 旅游开发过程中，您是否参与决策：

  1）有，参与程度很高□ 2）有，参与程度较高□ 3）一般□ 4）有，但只是走形式□ 5）完全没有□

68. 您对现阶段少数民族特色村寨保护政策的制定与执行有什么好的建议：

_____

69. 如何保护少数民族特色村寨的"文化特色"（如村寨的传统民居建筑），您有什么好的看法：

_____

附录二

少数民族特色村寨保护政策访谈提纲

一 访谈对象的基本情况

姓名、性别、年龄、民族、文化水平、职业、收入、家庭生活情况等。

二 政策执行于村寨中的现实情况了解

对所选点的少数民族特色村寨村委组织工作人员及本村德高望重的村民长辈进行个案访谈，了解少数民族特色村寨保护政策执行前后村寨基本情况。访谈内容：村寨建设后，相比之前有什么变化？村寨整体风貌具体表现有哪些方面的变化？比如，特色民居与特色公共传统建筑外观改造、公路、田间、院前后、山坡上、山、水等自然生态环境、人居环境改善、村寨是否整洁与卫生、公共服务基础设施等，还有村寨电、网、自来水等改造是否跟上城里生活现代水平？村寨是否有特色主导产业？如有，发展怎样？民族文化挖掘、保护与传承情况如何？村寨贫困人员有多少？外出务工人员有多少？留守村寨主要是哪些人群？老百姓年平均收入有多少？村民本地就业情况怎样？乡（镇）政府及村委组织有没有为村民提供就近就业机会？新农村建设中的"五改三建"情况怎样？

三 政策落实具体情况了解

对所选点的各少数民族特色村寨的普通村民进行个案访谈，了解政策落实基本情况。访谈内容：政府给村民改造民居特色建筑外观方面，具体建设有哪些方面？具体做法？政府为村寨修公路、户连户路修到位没？因修公路占了村民的田地，有补偿没？补了多少？怎么算的？村里的生活环境比以前有什么改观？如水、电、网、山、植被、村寨环境卫生等。村寨里特色产业有哪些？收入情况与没有进行村寨保护与开发之前是否增加？村寨里经常组织文化活动没？有没有固定的文化娱乐场所？"五改三建"中建沼气池等是否有补贴？有没有在自家房开农家乐生意，开农家乐政府有没有补贴？一年补多少？村寨进行旅游开发后，生活水平比以前高吗？游客来欣赏村民表演的传统文化节目给钱没？一次给多少？你自己家里是否保存有完好的传统物工艺及传统工艺制作手法？是否会跳民族传统舞蹈？是否会唱山歌、民歌、民谣、农家小调等？村里有没有宣传与组织培训传统民间文化？

四　政策存在问题具体情况了解

对所选点各少数民族特色村寨的普通村民及所属乡（镇）、县（市）相关领导进行个案访谈，了解政策制定及执行中所存在问题。访谈内容：政策文件是否有统一而具体的操作方案与内容？是否有详尽的规划方案？通过什么形式上传下达政策内容，政策执行是否有具体的操作程序？是否有政策相应的配套措施？如划定文物保护区的民居房规定不准动、不准拆、不准改扩建，整旧如旧不能改变，家里子女多了有没有另批地建房政策？旅游资源开发收益方面，村民有没有分享利益？划分文物保护单位后，你家古民居有没有给及时维护与修缮？别家住户有没有维护？有的民居维护而有的没有，你怎么看？村委组织有没有对这种情况给村民合理解释？如说明，那理由是什么？没有划为文物保护单位的村寨的特色民居外观都改造过吗？还有没有进行改造的吗？你的改造过没有？如有的改造而有的没有改造，村委组织有没有政策文件规定及说明？对全村进行公开透明解释没有？民居房外观改造是否美观是否实用？是否注重地方民族特色？对村寨进行旅游开发后，向游客们收取门票费没有？如收了，是多少钱一张？门票费归谁？村民有没有分享一点利益？收门票费的公司或其他行政机构有没有为村寨的基础设施环境及文化挖掘进行投资改善？村寨保护、建设与发展具体规划及措施执行方面，村民有没有发言权、参与权、监督权？上级组织有没有真正给予村民个体应当享受的权利？村寨有哪些特色？具体是什么？对村寨保护与规划了解多少？村委组织有没有将具体内容告知给全体村民？打造村寨、修公路等需要征地，你觉得政府所给的补偿满意吗？政府做的是否公平？是强制执行还是沟通后村民自愿？你在中央新闻等媒介上所看到国家对村寨保护政策，传达到村里，政策执行内容是一样的吗？不同的有哪些方面？如果你家民居房没有整修，村委组织有没有和你进行沟通？是怎样向你解释的？你有没有参与村寨保护工作？政府是请的哪里队伍？质量怎样？政府有没有指定专业人员来验收？

　　国家政策带给你的收益多还是少？如少，具体有哪些你应当享有而又没有的？如影视公司或其他传媒公司到你们村寨拍电影、取景，村里有没有收费？谁拿了？你个人有没有参加配角表演？如有，一次给多少钱？没有参加的村民有没有钱？政府给村民的各种政策补贴有没有及时到位？每年的政策是否一致？具体是哪些方面不同？你对政策执行现状满意么？不满意表现在哪些方面？你觉得村组织为老百姓办事公平么？不公平表现在哪些方面？你是否热爱本民族传统文化、习俗？是否有保护与传承意识？如没有原因是什么？你现在最看重的是什么？如收益、生活方式、民族文化的热爱等。

附录三

田野调查相关照片

舍米湖村人在百福司镇篝火晚会跳摆手舞

舍米湖村村委会办公室

舍米湖村访谈对象

舍米湖神堂（摆手堂）

附录三 田野调查相关照片 / 253

舍米湖村神堂院坝正门

舍米湖村民居

舍米湖村的民居（吊脚楼）

舍米湖村生态环境

舍米湖村摆手舞队在摆手堂遗址跳舞

舍米湖村摆手舞人合影

麻柳溪羌寨茶园　　　　　　麻柳溪村民在茶园摘春茶

麻柳溪自然生态环境景观　　麻柳溪村寨整体风貌

麻柳溪村人与自然和谐共处　　彭家寨古老的铁链桥

附录三 田野调查相关照片 / 255

彭家寨已打造外观的吊脚楼

彭家寨没有维护与打造的旧民居房

彭家寨民居房内部环境
（烤火与熏腊肉屋）

彭家寨村民吃晚饭

彭家寨正在维修的民居房

彭家寨没有修缮的民居房

官坝村整体院落　　　　　　　　官坝村风雨桥

官坝村7年前村寨风貌　　　　　官坝村特色民居

庆阳坝村古街　　　　　　　　　库口村特色民居，茶园

附录三 田野调查相关照片 / 257

庌口村已修护的唐家大院　　　　　　庌口村自然生态环境

庌口村砖房外观打造的木房样式　　　庌口村唐家大院（文物保护单位）

黄柏村砖房外观包装成木房样式 　　　黄柏村人居环境与自然环境和谐统一

黄柏村葡萄产业基地

黄柏村千年古杨梅

民居房与自然融为一体

黄柏村标志

黄柏村烟叶基地

黄柏村景区公厕

附录三 田野调查相关照片 / 259

黄柏村砖房打造的木房外观的特色民居

黄柏村特色民居

杨梅古寨正门

黄柏村藤茶基地

附录四

传统村落评价认定指标体系

一 村落传统建筑评价指标体系

类别	序号	指标	指标分解	分值标准及释义	满分	得分
定量评估	1	久远度	现存最早建筑修建年代	明代及以前，4分；清代，3分；民国，2分；新中国成立至1980年以前，1分	4	
			传统建筑群集中修建年代	清代及以前，6分；民国，4分；新中国成立初至1980年以前，3分	6	
	2	稀缺度	文物保护单位等级	国家级，5分，超过1处每处增加2分；省级，3分，超过1处每处增加1.5分；市县级，2分，超过1处每处增加1分；列入第三次文物普查的登记范围，1分，超过1处每增加1处0.5分。满分10分	10	
	3	规模	传统建筑占地面积	5公顷以上，15—20分；3—5公顷，10—14分；1—3公顷，5—9分；0—1公顷，0—4分	20	
	4	比例	传统建筑用地面积占全村建设用地面积比例	60%以上，12—15分；40%—60%，8—11分；20%—40%，4—7分；0—20%，0—3分	15	
	5	丰富度	建筑功能种类	居住、传统商业、防御、驿站、祠堂、庙宇、书院、楼塔及其他种类。每一种得2分，满分10分	10	

续表

类别	序号	指标	指标分解	分值标准及释义	满分	得分
定性评估	6	完整性	现存传统建筑（群）及其建筑细部乃至周边环境保存情况	1. 现存传统建筑（群）及建筑细部乃至周边环境原貌保存完好，建筑质量良好且分布连片集中，风貌协调统一，仍有原住居民生活使用，保持了传统区的活态性，12—15分 2. 现存传统建筑（群）及细部乃至周边环境基本上原貌保存较完好，建筑质量较好且分布连片，仍有原住居民生活使用，不协调建筑少，8—11分 3. 现存传统建筑（群）部分倒塌，但"骨架"存在，部分建筑细部保存完好，有一定时期风貌特色，周边环境有一定破坏，不协调建筑较多，4—7分 4. 传统建筑（群）大部分倒塌，存留部分结构构件及细部装饰，具有一定历史与地域特色风貌，周边环境破坏较为严重，0—3分	15	
	7	工艺美学价值	现存传统建筑（群）所具有的建筑造型、结构、材料或装饰等美学价值	1. 现存传统建筑（群）所具有的造型（外观、形体等）、结构、材料（配置对比、精细加工、地域材料）、装修装饰（木雕、石雕、砖雕、彩画、铺地、门窗隔断）等具有典型地域性或民族性特色，建造工艺独特，建筑细部及装饰十分精美，工艺美学价值高，9—12分 2. 建筑造型、结构、材料或装饰等具有本地域一般特征，代表本地文化与审美，部分建筑具有一定装饰文化，美学价值较高，5—8分 3. 建筑造型、结构、材料或装饰等不具备典型民族或地域代表性，建造与装饰仅体现当地乡土特色，美学价值一般，0—4分	12	

续表

类别	序号	指标	指标分解	分值标准及释义	满分	得分
定性评估	8	传统营造工艺传承	至今仍大量应用传统技艺营造日常生活建筑	1. 至今日常生活建筑营造仍大量应用传统材料、传统工具和工艺，采用的传统建筑形式、风格与传统风貌相协调，具有传统禁忌等地方习俗，成为非物质文化遗产，技术工艺水平有典型地域性，8—10分 2. 至今日常生活建筑营造较多应用传统材料、传统工具和工艺，采用的传统建筑形式、风格与传统风貌相协调，具有传统禁忌等地方习俗，技术工艺水平有地域代表性，5—7分 3. 至今日常生活建筑营造较少应用地域性传统材料、传统工具和工艺，采用的传统建筑形式与风格或与传统风貌一定程度上协调，营造特色有地域代表性，0—4分	8	
合计					100	

二 村落选址和格局评价指标体系

类别	序号	指标	指标分解	分值标准及释义	满分	得分
定量评估	1	久远度	村落现有选址形成年代	明清及明清以前，5分；民国，3分；新中国成立后，1分	5	
	2	丰富度	现存历史环境要素种类	古河道、商业街、公共建筑、特色公共活动场地、堡寨、城门、码头、楼阁、古树及其他历史环境要素种类。每一种得2分，满分15分	15	

续表

类别	序号	指标	指标分解	分值标准及释义	满分	得分
定性评估	3	格局完整性	村落传统格局保存程度	1. 村落保持良好的传统格局，街巷体系完整，传统公共设施利用率高，与生产生活保持密切联系，整体风貌完整协调，格局体系中无突出不协调新建筑，26—30分 2. 村落基本保持了传统格局，街巷体系较为完整，传统设施活态使用，与生产生活有一定联系，格局体系中不协调新建筑少，不影响整体风貌，16—25分 3. 村落保留了一定的集中连片格局，保持了较为完整的骨架体系，能较为完整看出原有的街巷体系，传统设施基本不使用，格局体系中不协调新建筑较多，影响了整体风貌，6—15分 4. 传统区保持了少量的传统基本骨架体系，能零散看出原有的街巷体系，传统设施完全不使用，传统区存在较多新建不协调建筑，风貌非常混乱，0—5分	30	
	4	科学文化价值	村落选址、规划、营造反映的科学、文化、历史、考古价值	1. 村落选址、规划、营造具有典型的地域、特定历史背景或民族特色，村落与周边环境能明显体现选址所蕴含的深厚的文化或历史背景，有很高的科学、文化、历史、考古价值，25—35分 2. 村落选址、规划、营造具有一定地域和文化价值，村落与周边环境能体现选址所蕴含的深厚的文化或历史背景，有较高的科学、文化、考古、历史价值，15—24分 3. 村落选址、规划、营造保持本地区普遍的传统生活特色，村落与周边环境勉强体现选址所蕴含的深厚的文化或历史背景，科学、文化、历史、考古价值一般，0—14分	35	

续表

类别	序号	指标	指标分解	分值标准及释义	满分	得分
定性评估	5	协调性	村落与周边优美的自然山水环境或传统的田园风光保有和谐共生的关系	1. 村落周边环境保持良好，与村落和谐共生，清晰体现原有选址理念，11—15分 2. 村落周边环境有一定程度改变，但与村落较和谐，能够体现原有选址理念，5—10分 3. 村落周边环境遭受较为严重的破坏，与村落建设相冲突，几乎不能体现原有选址理念，0—4分	15	
合计					100	

三 村落承载的非物质文化遗产评价指标体系

类别	序号	指标	指标分解	分值标准及释义	满分	得分
定量评估	1	稀缺度	非物质文化遗产级别	世界级15分；国家级10分；省级5分（多项不累加）	15	
	2	丰富度	非物质文化遗产种类	省级，每项1分；国家级，每项2分。满分5分	5	
	3	连续性	至今连续传承时间	至今连续传承100年以上，15分；连续传承50年以上，8分	15	
	4	规模	传承活动规模	全村参加5分；30人以上4分；10—30人3分；10人以下2分	5	
	5	传承人	是否有明确代表性传承人	有，且为省级以上，5分；有，且为市级以上，3分；无，0分	5	

续表

类别	序号	指标	指标分解	分值标准及释义	满分	得分
定性评估	6	活态性	传承情况	1. 传承良好，具有传承活力，25分 2. 传承一般，无专门管理，18分 3. 传承濒危无活力，10分	25	
	7	依存性	非物质文化遗产相关的仪式、传承人、材料、工艺以及其他实践活动等与村落及其周边环境的依存程度	1. 遗产相关生产材料、加工、活动及其空间、组织管理、工艺传承等内容与村落特定物质环境紧密相关，不可分离，26—30分 2. 遗产活动空间、工艺传承与村落空间具有一定依赖性，活动组织与村民联系密切，具有民间管理组织，16—25分 3. 遗产活动组织与工艺传承与村落较为密切，为本地域共有特色遗产，具有代表性，6—15分 4. 遗产可不依赖村落保持独立传承，0—5分	30	
合计					100	